JN262157

アイヌの熊祭り

煎本　孝

The Ainu Bear Festival

Takashi Irimoto

口絵1　子グマの檻のまわりでの踊り（村上島之丞秦檍丸 1799年『蝦夷島奇観』）
（東京国立博物館所蔵　Image:TNM Image Archives Source:http://TnmArchives.jp/）

口絵2　子グマを仮の弓矢（花矢）で射る（村上島之丞秦檍丸 1799年『蝦夷島奇観』）
（東京国立博物館所蔵　Image:TNM Image Archives Source:http://TnmArchives.jp/）

口絵3　絞木にて絞殺する（村上島之丞秦檍丸 1799年『蝦夷島奇観』）
（東京国立博物館所蔵　Image:TNM Image Archives Source:http://TnmArchives.jp/）

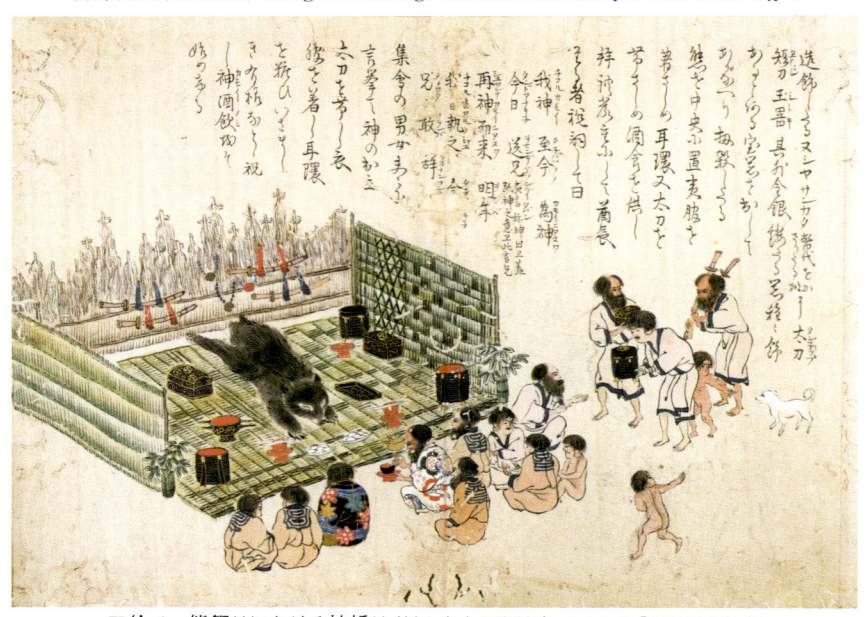

口絵4　熊祭りにおける神祈り（村上島之丞秦檍丸 1799年『蝦夷島奇観』）
（東京国立博物館所蔵　Image:TNM Image Archives Source:http://TnmArchives.jp/）

口絵5　屋外での宴席（村上島之丞秦檍丸 1799年『蝦夷島奇観』）
（東京国立博物館所蔵　Image:TNM Image Archives Source:http://TnmArchives.jp/）

口絵6　檻から引き出された子グマ（竜円斉小玉貞良 1700年代半ば『蝦夷国風図絵』）
（函館市中央図書館蔵）

口絵7　絞木でクマを絞殺する（竜円斉小玉貞良 1700年代半ば『蝦夷国風図絵』）
（函館市中央図書館蔵）

口絵8　莫蓙の上で腹這いにされたクマ（竜円斉小玉貞良 1700年代半ば『蝦夷国風図絵』）
（函館市中央図書館蔵）

口絵9　酒宴における賓客（竜円斉小玉貞良 1700年代半ば『蝦夷国風図絵』）
（函館市中央図書館蔵）

目　次

序　論 ………………………………………………………………… 1

第 1 章　アイヌのクマ狩猟 ……………………………………… 9
　1　狩猟技術　9
　2　狩猟活動と象徴的意味　21
　3　狩猟の行動戦略　39

第 2 章　アイヌの熊祭りの儀式次第 …………………………… 45
　1　準　備　47
　2　子グマの儀礼的屠殺　54
　3　大饗宴　70
　4　神送り　74
　5　小饗宴　80
　6　追加神祈り　81

第 3 章　熊祭りの地域的差異 …………………………………… 83
　1　儀式次第の地域的差異　83
　2　幣所の構成の地域的差異　88
　3　幣所の神々の地域的差異　106
　4　文化要素の地域的差異　111

第 4 章　熊祭りの時代的変異 …………………………………… 159
　1　時代区分 1 : 1599 – 1798 年　159
　2　時代区分 2 : 1799 – 1821 年　163
　3　時代区分 3 : 1822 – 1867 年　169
　4　時代区分 4 : 1868 – 1912 年　170
　5　時代的変異の考察　175

第5章　熊祭りの意味 ……………………………………… 181
1　互恵性と狩猟の行動戦略　181
2　社会的序列と平等原理　186
3　交易と富の再分配　190
4　祭りと初原的同一性　193

第6章　熊祭りの起源と動態 ……………………………… 199
1　位相1：野生グマの送り儀礼　199
2　位相2：子グマ飼育の開始　200
3　位相3：熊祭りの確立　210
4　位相4：文化復興　217

第7章　熊祭りの復興 ……………………………………… 221
1　復興の背景　222
2　復興の動機　223
3　復興における葛藤　226
4　葛藤の解決　229
5　熊祭りの実践　231
6　伝統文化の継続と民族的共生　240

第8章　結論と展望 ………………………………………… 243
1　アイヌの熊祭り動態系　243
2　人間の心と人類の未来　252

あとがき ……………………………………………………… 257

文　献 ………………………………………………………… 261

序　論

　アイヌの熊祭りは18世紀初頭の1710年、松宮観山により記された『蝦夷談筆記』以来、しばしば日本の北方探検家たちによって記録されてきたところである。とりわけ、18世紀中頃の竜円斉小玉貞良による『蝦夷国風図絵』、18世紀末の村上島之丞秦檍丸による『蝦夷島奇観』には、熊祭りの過程を描いたいくつかの絵が含まれており、200年から300年前のアイヌの熊祭りの様子を知るための貴重な記録となっている（口絵）。

　熊祭りというアイヌ語はイオマンテ（iomante）で物（イ）を送る（オマンテ）の意である。この場合の「物」とはクマ、すなわち山の神（kimun kamui）を婉曲に言ったものである。また、「送る」を意味するオマンテという話は、ホプニレ（hopunire）（送る）と同様、クマのみならず、キツネ、タヌキ、フクロウ、カラス、ワシ、カケス、スズメなどにも用いられる。山で狩猟したクマを家へ持ち帰り、その霊を送るのはオマンテで、子グマを飼育し、これを屠殺して、人々を招待し盛大な祭りを行なうのは、特にカムイ・オマンテ（神・送り）、あるいはイオマンテという（Batchelor 1932：37；金田一 1929：82-83）。

　もっとも、実際の言葉の用い方は地域により相違が見られ、北海道東中央部の十勝地方では、飼グマ送りであるイオマンテと区別して、山で狩猟した野生のクマを村で送ることをカムイ・オブギレ（kamui obugire＜kamui hopunire）（犬飼、名取 1939：255）と呼ぶ。また、北海道東南部の釧路地方では山で狩猟した野生のクマを送る儀式をカムイ・オブニレ（kamui obunire＜kamui hopunire）といい、生け捕りにした子グマを飼育後、送る儀式をイオマンデ（i omande＜i omante）（佐藤 1958：9）という。さらに、北海道東部の網走地方においては、飼育された子グマの熊祭りはペウレプ・オマンテ（peurep omante）（子グマ送り）（米村 1952：3）と呼ばれる。

　したがって、アイヌの熊祭りは、狩猟された野生のクマ送りと、生け捕りにされ飼育された子グマの送りという2種類が併存し、「送る」という意味のアイヌ語はオマンテ、もしくはホプニレであるが、一般的には狩猟された野生のクマ送りはカムイ・ホプニレ、飼育された子グマのクマ送りはカムイ・オマ

ンテ、あるいはイオマンテと呼ばれることが明らかになる。もちろん、カムイホプニレもイオマンテも送りという儀礼の基本的な意味は同じである。差違は対象が野生のクマか、飼育されているクマかの違いによるものである。したがって、実際にクマを送ることに関しては、飼育グマも野生のクマも相違なく、猟場で送る場合でも猟場の山にある幣所を用い、幣所から離れた場所では別に新しく幣所を作って送ることになっている。場合によっては略式で行なうことがあるが、最も重要なクマの頭骨の飾り付けであるウンメムケ（ummemke）は決して簡略にすることはない（犬飼、名取 1939：241）という。

アイヌの熊祭りは北半球に広く見られる「熊崇拝（bear cult）」（図1）、より正確にいえばクマに対する尊敬に基づく儀礼、の一環であり、北方研究という視点からは19世紀から20世紀における、フランスの後期旧石器時代の狩猟民と北極のエスキモーとを結びつけようとした試みの産物である周極文化研究（de Laguna 1994；Gjessing 1944；Hallowell 1926）の延長線上に位置づけられる研究課題である。「熊崇拝」について、デ・ラグーナ（de Laguna 1994：38-39）が指摘したように、ハロウェルは当初は単にクマに対する特別な崇拝に着目していたが、後にロット─ファルク（Lot-Falck 1953）、渡辺（Watanabe 1964a）、グンサー（Gunther 1928）、ドラッカー（Drucker 1955）などの北方狩猟儀礼の研究を参考に、動物は本質的に人間とそれほど違いはなく、支配する「主霊」によって狩猟者のもとに送られるという、より一般的な信仰がその背景にあること（Hallowell 1968：12, cf.de Laguna 1994：39）を認めるに至っている。もっとも、アイヌの場合は主霊の概念が明確ではなく、この解釈は必ずしもあてはまらない。

熊祭りは、イオマンテというアイヌ語の名称に端的に表現されるように、言葉の意味としては、「山の神であるクマを送ること」である。旧記においては、「熊送祭」（秦檍丸 1798）、「熊送り」（大内餘庵 1861）と字義通りに記されている場合もあるが、多くは、胆のうを取るため（松宮観山 1710）、神霊に供える、あるいは氏神の生贄に備えるため（最上徳内 1790）、先祖を祭るため（平秩東作 1784；松前廣長 1781）、クマを殺し神に祀る事（秦檍丸 1799）など、後の民族学の記述にも見られるような唯物論、供儀、先祖供養などとさまざまに解釈されてきた。バチェラー（Batchelor 1889：108；1932：38）も当初は熊祭りを「進

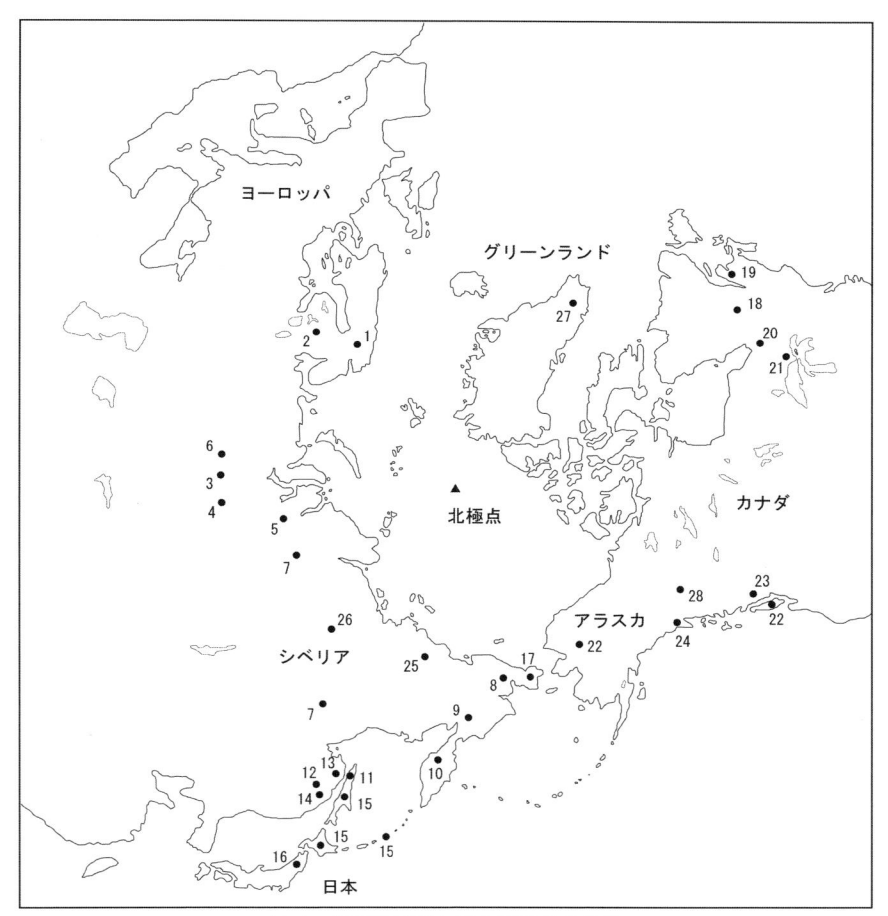

図 1　周極地域における熊祭りの分布

狩猟された野生のクマの熊祭りはすべての地域において見られるが、さらに、飼育された子グマの儀礼的屠殺を伴なう熊祭りは 11 – 15（アイヌ、ニヴフ等）に見られる。
民族名、言語族名は以下の通り。1. サーミ（ラップ）、2. フィン、3. ハンティ（オスチャーク）、4. セリクプ（オスチャーク）、5. ケット（エニセイ・オスチャーク）、6. マンシ（ボグール）、7. エヴェンキ（北方ツングース）、8. チュクチ、9. コリヤーク、10. イテルメン（カムチャダール）、11. ニヴフ、12. ナーナイ（ゴルディ）、13. ウルチ（オルチャ）、14. オロチ、15. アイヌ、16. マタギ、17. アジア・エスキモー、18. モンターネ・ナスカピ、19. ミクマック、20. 北方アルゴンキアン語族、21. 中央アルゴンキアン語族、22. ノートカ、23. クワキウトル、24. トリンギット。
（なお、頭骨の掲揚など、クマに対する特別の敬意も含めると、ユーラシアでは 25. ユカギール、26. サハ（ヤクート）など、北アメリカでは 27. イヌイット（エスキモー）、28. 北方アサパスカン語族などがさらに含まれる。Hallowell（1926：61-144）、de Laguna（1994：40）の記述、および煎本（1990；2002a）、Irimoto and Yamada（1994；2004）、Yamada and Irimoto（1997）の周極地域図と民族名に基づいて作成。）

物する。祝のためにクマを殺す（To kill and send as a present to another person. To kill as a bear for a feast）」と解釈していた。彼はアイヌの熊祭りを供犠と考えたのである。しかし、熊祭りは供犠ではなく、クマの霊を他の高位の神々や至高神に供することなく、クマ自身の世界に送り返すという送還儀礼なのである。送還儀礼は牧畜民に広く見られる供犠とは世界観として異なる概念に基づくものなのである。後にバチェラーは熊祭りはクマの霊を彼らの祖先のところへ送り、さらにクマの美徳と力を得るために肉を食べ血を飲むもの、と考えを変えている。もっとも、これも熊祭りの本質の理解には不十分である。さらに、1920-50年代を中心とする民族学および言語学の調査において、イオマンテを「クマの霊を送る儀式である」としていること（伊福部 1969；犬飼、名取 1939；金田一 1929；久保寺 1956；佐藤 1961）は、後述するように熊祭り全体の一部にしかすぎず、また現象レベルでの説明にすぎないと言えるかも知れない。また、前述の渡辺（Watanabe 1994）もアイヌの熊祭りを霊の送り儀礼であるとし、これが北方狩猟採集民に広く見られる儀礼であることを提示するに至っている。

　これら一連の研究を踏まえて、煎本（1987a；1988a；Irimoto 1994a；1996a）は周極文化の広範囲な比較研究（Irimoto and Yamada 1994；2004；Yamada and Irimoto 1997）および沙流川流域アイヌの文化人類学的情報資料に関するデータベース（煎本 1988b；Irimoto 1992a）に基づいて、アイヌの熊祭りは狩猟の行動戦略の一環であると分析した。その結果、「クマの霊を送る」という現象レベルでの説明の背後にある相補二元的宇宙観というアイヌの世界観の原理（山田 1994；Yamada 2001a）、すなわち人間と自然との間の初原的同一性と互恵性（煎本 1983；1996b）という思考に基づいた戦略的行動という人類学的視点からの熊祭りの意義が明らかにされることになったのである。

　また、アイヌの熊祭りの起源に関して、飼育されたクマの熊祭りが子グマの飼育を可能にするアイヌの定住性と余剰食料の存在を条件とし、熊祭りの発展がアイヌの社会的側面と関連すること（渡辺 1964b：212-213；大林、パプロート 1964：233）が指摘された。さらに、渡辺（1972；1974：81）は熊祭りを中心とした文化要素の複合体を熊祭文化複合体とし、民族学、歴史学、考古学の合流点であることを提示し、考古学的資料に基づいて、アイヌ文化の核心をなす熊祭りの信仰儀礼体系の源流は北方文化に根ざし、最も直接的にはオホーツク

文化の流れを汲むものではないかと推論している。これは、アイヌの熊祭りがアムール河流域から沿海州にかけての北方森林狩猟漁撈民における飼育されたクマの熊祭りから波及した（大林 1973：77）との民族学的視点からの推測と軌を一にしている。しかし、なぜ、いかにして、熊祭りがアイヌ文化の中核になったのかという熊祭りを行なう動機や熊祭りの伝播、変化の過程という重要な問題が論じられるには至っていない。

　じっさいのところ、現在までに熊祭りの起源を論ずるに足るほどの十分に整理された民族学的資料が提示されていたわけではない。アイヌの熊祭りに地域差があるということはしばしば言われてきたところであるが、その全体的、体系的分析は行なわれてはいなかった。すなわち、熊祭りに関する個々の記述はあっても、それらを比較、分析、統合するという人類学的研究はいまだなかったのである。さらに、熊祭りは山の神であるクマの霊の送り儀礼ではあるが、それが熊祭りのすべてではない。子グマの霊を送ることと平行しながら、遊戯や饗宴を含むアイヌの生態、社会、世界観に係わるさまざまな活動が展開され、祭りとしての特別な場が作り上げられ、そこに霊の送り儀礼以上の意味を持たせるに至っているのである。

　したがって、本著では熊祭りを、クマ送り儀礼を中軸にしながら象徴的活動を通してアイヌ世界を演出、活性化する動態系としての祭りの場であると捉える。この定義に基づいて、第1に、アイヌの生態と世界観の関係を理解するという広い枠組みのもとに、アイヌのクマ狩猟とその象徴的意味を分析し、狩猟における行動戦略を明らかにする。その上で、第2に、アイヌの熊祭りを沙流川流域地域を標準資料とし、活動の時系列という視点から儀式次第の形式と内容を整理し、提示する。第3に、アイヌの熊祭りの地域的差異を明らかにする。ここでは、アイヌの熊祭りを北海道各地域、樺太（サハリン）のみならず、本州北部の伝統的狩猟者であるマタギ、樺太および沿海州アムール河口のニヴフ（ギリヤーク）の熊祭りとも比較し、文化的地域的差異を明らかにし、アイヌの熊祭りをその中で位置づける（図2）。なお、地域的差異の比較のために、熊祭りの儀式次第における時系列、幣所の構成、幣所の神々、文化要素を指標とする。第4に、時代的変異を分析する。ここでは、時代を幕藩体制の政治的時代区分を参考にしながら、時代区分1（1599-1798年）、時代区分2（1799-

1821年)、時代区分3 (1822‒1867年)、時代区分4 (1868‒1912年) に分け、それぞれの時代における旧記、アイヌ絵などの情報資料に基づいて熊祭りを復元、比較し、歴史的変遷とその全体像を提示する。

　その上で、第5に、熊祭りの意味を人類学的視点から分析し、互恵性と狩猟の行動戦略、社会的序列と平等原理、交易と富の再分配、祭りと初原的同一性について論じる。第6に、熊祭りの起源と動態を解明する。ここでは、動態の位相が、野生グマの送り儀礼から、子グマ飼育の開始、熊祭りの確立、文化復興へと変化することを明らかにし、これに熊祭りの地域的差異、時代的変異、さらには先史学的資料をも重ね合わせることで、アイヌの熊祭りの起源と伝播、変化の過程について述べる。そして、アイヌの熊祭りが、それぞれの時代における生態、社会に対応しながらアイヌ文化そのものを形成し、アイヌの世界を祭りの中に演出、活性化しながら動的に変化してきた動態系であることを提示する。

　さらに、第7として、現代における熊祭りの復興をフィールドワークに基づき記載、分析する。ここでは、熊祭りの復興の過程を、その背景、動機、葛藤、葛藤の解決、実践、に沿って体系的に分析し、伝統文化の継続と民族的共生について論じる。さらに、人間の心という視点から、共生の理念がアイヌの精神として継承されており、これが熊祭りの復興を通して共生体系を形成するための文化的コードとしてはたらいていることを指摘する。そして最後に、熊祭りの全体像を総括し、熊祭りの場において見られる初原的同一性と互恵性の思考が世界の共生関係を形成する人間の心のはたらきであり、熊祭り動態系を稼働させている人間の心の本質であることを指摘し、そこから人類の未来を展望する。

　本書では人間活動の体系的記載である自然誌―自然と文化の人類学―という新しい人類学的パラダイム (煎本 1996b：11-16) を理論的枠組とし、熊祭りを生態、生物、社会、宗教という局面を持つ活動系として提示、分析する。方法論は18世紀初頭から20世紀初頭に至るまでの旧記などの歴史的文書とアイヌ絵、および、1920‒50年代を中心とする民族学的文献資料 (Irimoto 1992a；2004a；煎本 2007a；Yamada 2003)、マンロー原稿資料 (Irimoto 1987b；Munro n.d.)、熊祭りの映像資料 (久保寺 1936；Munro c.1931)、写真資料 (富士元 c.1931；

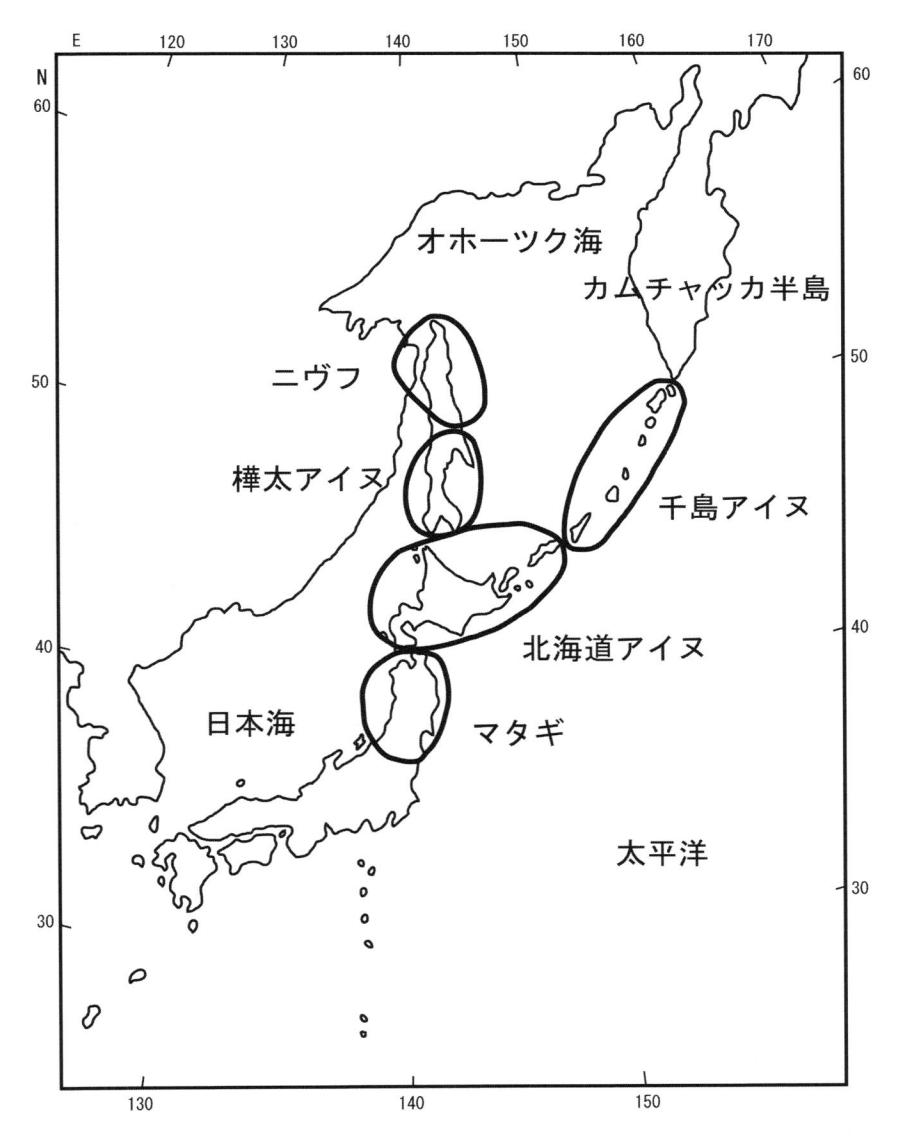

図2 アイヌ、ニヴフ（ギリヤーク）、マタギ（日本の伝統的狩猟者）の伝統的居住域

1952）の整理、分析による。さらに、これらをもとにした熊祭り参加経験者へのインタビュー、クマ狩猟に関するインタビュー、および、復元された熊祭りのフィールドワークによる直接観察とその記録（煎本 1987-2008 フィールドデータ）の分析による。フィールドデータを示すときはたとえば（フィールドデータ KK 1914m 沙流平取）のように情報の属性と地域を示す。

　なお、本書では生物学的用語として片仮名で「クマ」と表記し、文化的用語として漢字で「熊祭り」と表記することにする。アイヌ語音韻表記は a、e、i、o、u（母音）、c、h、k、m、p、r、s、t（子音）、w、y（半母音）を用いて行なわれる（知里 1953：17）。もっとも、本書においては原則として情報収集者の表記法をそのまま引用することにする。したがって、重母音（たとえば、kam<u>ui</u> <u>ai</u>nu：Batchelor, Munro, 久保寺；kam<u>uy, ay</u>nu：知里）、子音（たとえば、<u>ch</u>ironnup；<u>c</u>ironnup）等のように異なる表記法が使用されることがあるが、言語の意味は同一である。ただし、英語表記として定着している Ainu、kamui、inau などはそのように表記する。また、表記が地域によって異なる場合は前にアイヌ語の地域的用法、後に元になる標準的用法を示した（たとえば obugire＜hopunire）。さらに同一地域や異なる地域において、同じものや神々を異なる名称で呼ぶ場合にはそれぞれの資料に準拠してそれらを記した。

第1章　アイヌのクマ狩猟

　本章ではアイヌの狩猟活動とその象徴的意味の分析に基づき、狩猟の行動戦略とその機序を解明することを目的とする。ここで狩猟の行動戦略とは、人間と自然との間の関係を、人間がその行動を通して積極的に操作、調整する方策として定義する。また、人間の行動は現実の自然のみならず、人間によって認識され、象徴化された自然に基づいて決定、展開される。

　したがって、ここでは、行動戦略というものに焦点をあてることにより、狩猟活動を通したアイヌの生態と世界観との関係が明らかにされることになる。アイヌの狩猟に関しては、従来より技術、生態、信仰、儀礼、言語、神謡という異なる領域における資料がある。しかし、ここでは狩猟活動を中心に位置づけ、生態および世界観という視点から、これら各領域間の関係を総合的に分析することにより、狩猟者の積極的な操作機序としての行動的戦略を明らかにする。

1　狩猟技術

　アイヌの狩猟技術の特徴として、第1に矢毒の使用、第2に仕掛弓という定置式の自動発射装置の利用、第3に手持ち弓と狩猟犬の使用をあげることができる。これらは相互に関連しながら、それぞれ独特な狩猟方法を発展させている。この狩猟技術の体系を図3に示す。なお、クマの越冬穴急襲猟により母グマを狩猟した後、子グマを捕獲し、飼育、儀礼的屠殺を行なう熊祭りの過程は狩猟活動から連続するものである。これは狩猟活動そのものではないが、後に検討するように、狩猟活動と不可欠な関係にあるアイヌの世界観、および狩猟の行動戦略と密接に結びついている。

　以下に、矢毒の使用、仕掛弓の使用、手持ち弓と狩猟犬の使用に焦点をあて順次検討する。

(1)　矢　　毒

　矢毒の使用はアイヌの主要な狩猟方法のすべてとかかわっており、狩猟技

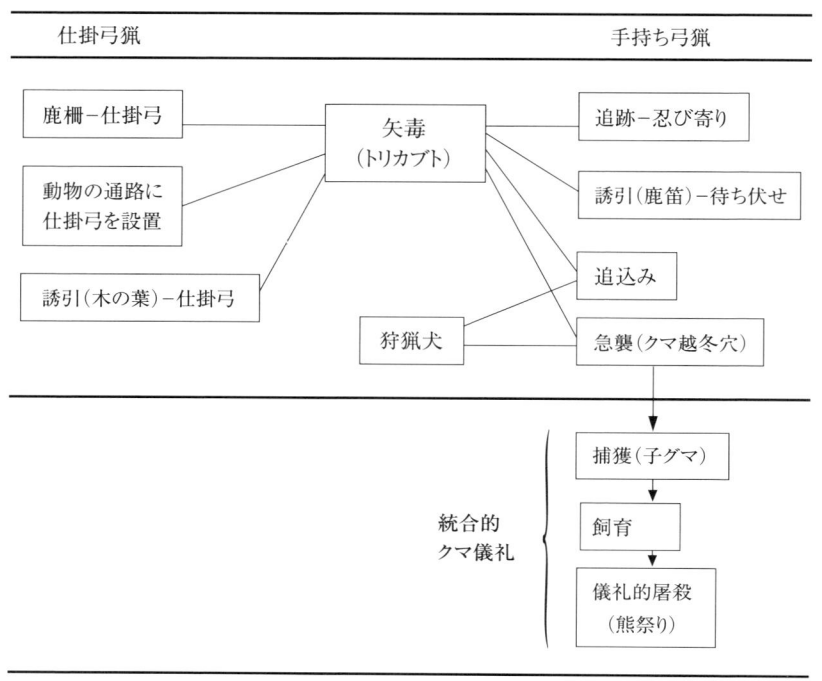

```
        仕掛弓猟                              手持ち弓猟

    ┌──────────┐                          ┌──────────┐
    │ 鹿柵-仕掛弓 │──┐      ┌──────┐    ┌─│追跡-忍び寄り│
    └──────────┘   │      │ 矢毒  │    │ └──────────┘
    ┌──────────┐   ├──────│(トリカブト)├────┤ ┌──────────────┐
    │ 動物の通路に │──┤      └──────┘    ├─│誘引(鹿笛)-待ち伏せ│
    │ 仕掛弓を設置 │   │                  │ └──────────────┘
    └──────────┘   │                  │
    ┌──────────────┐ │                 │ ┌──────┐
    │ 誘引(木の葉)-仕掛弓 │─┘     ┌──────┐   ├─│ 追込み │
    └──────────────┘        │ 狩猟犬 │───┤ └──────┘
                            └──────┘   │ ┌────────────┐
                                       └─│急襲(クマ越冬穴)│
                                         └────────────┘
```

図3　沙流川流域アイヌの狩猟技術体系

術の体系における中心的位置を占める。事実、クマに対する弓の使用、大型獣類専用の仕掛弓の活用、竹鏃の使用という弓矢から見たアイヌの狩猟の特徴は矢毒の使用と結びつく（渡辺 1953：132）。矢毒にはキンポウゲ科のトリカブト属（付子）(*Aconitum* spp.；*A. yesoense* エゾトリカブト、*A. subcuneatum* オクトリカブトを含む)（三上 1943：273；Nakai 1953：1-53；石川 1958：120）の根に含まれる毒が使用される。毒成分は植物に 0.4−1.0 パーセント含まれるアルカロイドであり、アコニチン（$C_{34}H_{47}O_{11}N$）を代表とする強毒性のもので、これにはアシルオキシ基をもつエステルアルカロイド（同時にメトキシ基、水酸基などをもつ）と、アチシン（$C_{22}H_{33}O_2N$）に代表される低毒性のアルカミン型アルカロイドの2型がある。アコニチン類アルカロイドは、呼吸中枢麻痺、心伝導障害の惹起、循環系の麻痺、知覚および運動神経の麻痺などの毒作用をすべて示す（難波 1980：93-97）。人の致死量は 3−4 ミリグラムであり、トリカブト根 0.1

グラムが致死量に近い（三橋、山岸 1977：213）という。致死量が体重に比例すると考えると、体重100キログラムのエゾシカであれば0.2グラム、体重300キログラムのヒグマであれば0.6グラムが致死量となる。なお、毒矢に付着させられるトリカブトが約10グレイン（＝0.648グラム）であり、さらに血液に直接吸収させられる場合、服用による方法の4-5倍の効果を示す（Eldridge 1876：82-85）ことから毒矢がヒグマに対する十分な殺傷力を持つと考えて矛盾しない。

　もっとも、矢毒の原料となるに十分な毒性を持つトリカブトの生育地は、地域的局在性を示す。沙流川流域においては、平取対岸のパンケ沢源流（泉1952/53：223；渡辺 1952/53：262；知里 1953：141；Munro n.d. f10, n1：12-13）が知られる。ここでは、道東をはじめ北海道各地のアイヌが平取コタンの長の許可を受けて採取した（フィールドデータ KK 1914m 沙流平取小平）という。逆に、沙流川流域二風谷では、シラウ沢の他、渡島支庁長万部のトリカブトが最も効力があると伝えられていたこと（萱野 1978：156）、また石狩支庁銭函のトリカブト根が毒性の強いものとされ、日高や胆振から採取しに来たこと（知里 1953：141）、沙流からは小樽、銭函をはじめ、石狩郡発寒、幌向産のものが採取されたこと（関場 1896：47）から示されるように、毒性の強いと考えられるトリカブトを求めて、他地域への採取活動が相互に行なわれていたことが明らかとなる。

　平取コタン（居住地、集落。なお、韻文などでは村、里、郷などとも訳す。著者注）の領有域（ピラトゥル　コタン　ウン　イウォル、Pirautur kotan un iwor）内のトリカブト生育地における採取は、平取コタンの長（コタンコロクル、kotan kor kur）の許可を受け、堀棒を用いて行なう。時期は9月中旬であり、早すぎると栗が実らないといわれ罰金が課せられた。（Munro n.d. f10, n1：13）。なお、採取時期に関しては、春（Batchelor 1901：454）、秋（関場 1896：45）、あるいは毒性の強い晩秋、もしくは早春（知里 1953：144）とも記される。採取量は1人10-20本くらいしか許可されなかったが、トリカブト1本当り矢毒5-10本分が作られたから1人1年の使用量としては十分であった（渡辺 1952/53：262）という。これに基づくと、1人1年に矢毒50-200本分を使用することになる。この使用量は、上手な狩猟者でクマ4-5頭、シカ30頭（4-50頭）、下

手な狩猟者でクマ0頭、シカ15頭（2-30頭）という年間捕獲高（渡辺 1952/53：260）と矛盾しない。なお、トリカブト採取は1ヶ所から5-6株ずつ、数10ヶ所から行なわれる（泉 1952/53：223）との記載に基づけば、採取活動は5-6人が集団となって行なわれたと解釈することができる。また、毒性の強いもののとれた位置を翌年まで記録しておくために、掘り出した近くの木に目印を刻んでおくが、これは前述のトリカブトの地域的局在性、および後述する毒性検定と関連し、トリカブト毒が厳密に取捨選択されていたことを示すものである。

　矢毒の調整は以下のようにして行なわれる。すなわち、採取されたトリカブト根はエゾヨモギの葉に包まれ、天井の棚に掛けて乾燥させられる。数ヶ月後、水洗し、粉砕するが、乾燥しすぎている場合には、フツキソウの葉で包む。粉砕に際しては、作業を容易にするため唾液で湿らせた粉砕石が用いられる（Munro n.d. f10, n1：13）。これには、根部に含まれたデンプンが唾液によって糖化され、粘着性が与えられる（石川 1963：17）という機能を認めることができる。なお、粉砕に先立ち、トリカブト乾燥根を炉灰中に埋め、柔軟になるまで加熱する（渡辺 1952/53：263）が、これも粉砕と糖化を容易にするための方法と解釈される。粉砕は粉砕用平石（トリカブトの根を搗く臼、surku uta nisu）（知里 1953：144）を据え、粉砕用丸石（トリカブトの根を打つ石、surku kik suma）（知里 1953：144）を手にして皮を剥いだ根を叩き潰す。黒色飴状になったものを直径高さとも、3センチメートル位の円筒形団子に作り、中心に棒をさし把手とする（渡辺 1952/53：263）。あるいは、シカの脂肪、もしくはキツネの胆汁を加えて数日間地中に埋めておく（Batchelor 1901：454：知里 1953：144）。

　毒性の検定は、毒の効力、およびその特質を判別するために行なわれる。検定は特殊技能とされ、二風谷においては検定者2名と依頼者1名の計3名で行なわれた。すなわち、検定者の1人が毒をわずかに箸先につけて依頼者の舌先にのせ、その反応を見て、他の検定者が素早く竹箆で舌先の毒を除去する（渡辺 1952/53：263）。また、微量の毒を笹の葉に塗り、それを表にして舌にのせ、笹の葉を通して伝わる刺激の度を検定する（知里 1953：145）、自分の手の親指の根元に微量の毒を塗り、指のしびれで検定する（更科 1976a：207）。トリカ

ブトの根はその毒性の強弱によって種々に分類される。穂別の例（知里 1953：143）ではトリカブト（スルク、surku）は無効なセタスルク（seta surku、犬・ブシ根）とスルク（surku、ブシ根）に分け、さらに後者は効果の早くあらわれるイエトゥナスカ　スルク（ietunaska surku、それに就いて急がせる・ブシ根）と、効果の遅くあらわれるイエトコアン　スルク（ieto koan surku、それの・さき・ある・ブシ根）に分類される。そして、毒を矢のくぼみに塗り込む時には、効果は遅いが毒性の強いものを下に、毒性は弱いが効果の早くあらわれるものを表面に塗る（更科 1976a：207）。もっとも、二風谷においては、前述した毒性検定の結果、獣の皮さえ射通せば殺し得るという最強力毒、皮脂を通して肉まで達すれば殺せるほどのものである中級毒、そして効果のないもの（渡辺 1952/53：263）に分類される。

　毒性の強力なトリカブトであれば、単独で使用される。しかし、個人、地域により種々の添加材料を加えられることがある。表１に矢毒調合材料のアイヌ語名、和名、学名、利用部位、情報収集地域を一覧表にして示した（煎本 1988a；129-131）。これに基づけば、調合材料には植物性材料の他、各種の動物性材料があることが明らかとなる。動物性材料には、節足動物門の昆虫類、蛛形類、甲殻類の各綱を含み、さらに、脊椎動物門の軟骨魚類、硬骨魚類、哺乳類の各綱が見られる。表にあげた28種の矢毒調合材料のうち、必ず用いられるものはトリカブト（No 1）とマツ（No. 16）である。ここで、マツはその樹脂でトリカブトを固定する（更科 1976a：207；萱野 1978：156；フィールドデータ KK 1914m 沙流平取小平）、すなわち、接着剤として利用されるものである。

　沙流川流域二風谷の情報資料（Munro n.d. f10, n1：13-14）に基づけば、トリカブトとの調合添加材料として、コウライテンナンショウ、サンショウ、センダイハギ、イケマ等の植物材料、マツモムシ、エゾマイマイカブリ等の昆虫類材料が用いられている。これら植物材料、動物材料は有害成分を含んでおり（岩川 1926：382-383；石川 1961：141-153）、特にマツモムシに関しては、この使用がクマの死を早めるが肉の腐敗も早くなるとのアイヌ狩猟者による情報（Munro n.d. f10, n1：13）に基づくと、なんらかの実質的効果を認めることができるかもしれない。すなわちこれら添加材料のうち、あるものは局所の刺激作用により射られた獲物の遁走を防ぐ役割（和田 1941：64）を持つという可能性

表1 アイヌの矢毒と調合材料

No.	アイヌ語名	和名	学名	利用部位	地域
1	surku	トリカブト属	*Aconitum* spp.	根（新芽、葉）	S,R,H,A,T
2	rawraw	コウライテンナンショウ	*Arisaema peninsulae*	根、種子、新芽下部	S,R,A
3	kanchikama-ni	サンショウ	*Xanthoxylum piperitum*	樹皮	S
4	eranraykina	センダイハギ	*Thermopsis fabacea*	果実、葉	S
5	ikema	イケマ	*Cynanchum caudatum*	根	S
6	tampaku	タバコ	*Nicotiana tabacum*	葉（抽出液）	S
7	?	トウガラシ	*Capsicum annuum*	果実（抽出液）	S
8	ayna-ni	ベニバナヒョウタンボク	*Lonicera sachalinensis*	枝	H
9	aypaskeni	ハナヒリノキ	*Leucothoe grayana*	茎（削り屑）	A,H
10	noya	オオヨモギ	*Artemisia montana*	葉	R
11	emawri	エンレイソウ	*Trillium smallii*	果実	A
12	emawri	イチゴ属	*Rubus* spp.	果実	A
13	tokaomap	ドクゼリ	*Cicuta virosa*	根	R
14	ketunas	ナニワズ	*Daphne yezoensis*	葉、茎（樹液）	T
15	siw-ni	ニガキ	*Picrasma quassloides*	樹液	A
16	hup	マツ科（マツ）	Pinaceae	樹脂	S,R
17	worumpe	マツモムシ	*Notonecta triguttata*	体部	S
18	pekakarpe	ミズスマシ科	Gyrinidae	体部	H
19	iso-kikir	エゾマイマイカブリ	*Damaster blaptoides rugipennis*	体部	S
20	sisoya, toy-soya	スズメバチ科	Vespidae	針	S,A
21	yauskep	クモ亜目（クモ）	Arachnomorpha	体部	S,R
22	?	短尾亜目（サワガニ）	Brachyura	体部	R
23	aykotcep	アカエイ	*Dasibatis akajei*	尾の棘針	S,O
24	esokka	カジカ	*Cottus pollux*	?	R
25	ikaripopo-cep	裸歯亜目（フグ）	Gymnodontes	油	S,A
26	tannu	歯鯨亜目（イルカ）	Odontoceti	油	?
27	cironnup	キタキツネ	*Vulpes vulpes schrencki*	胆汁	S
28	yuk	エゾシカ	*Cervus nippon yesoensis*	油	R (?)

情報資料収集地域は以下の通り。
S：沙流（平取、二風谷）（日高支庁）、R：幌別（胆振支庁）、H：穂別（胆振支庁）、
A：名寄（上川支庁）、T：十勝（十勝支庁）、O：長万部（渡島支庁）

を考えることもできる。しかし、表1にあげたトリカブト属以外の調合添加材料の多くが、その毒性において致命的効果を持つと考えることは困難である。それにもかかわらず、これら添加材料が用いられる理由は、アイヌの狩猟観と深くかかわっており、これに関しては後に分析、検討する。

(2) 仕掛弓

アイヌの狩猟技術における特徴は、定置式の自動発射弓矢を用いることである。これは、仕掛弓（クアリ、kuari：Munro n. d. f10, n1：11；アマッポ、amappo：Watanabe 1964a：31）と呼ばれ、後述する手持ち弓（チャニク、chani ku＜chi ani ku）と区別されるものである。狩猟活動における自動装置の利用は、仕掛弓が技術的視点からみれば罠そのものであるように、狩猟者が積極的に対象動物を発見し、追跡、捕殺に参与する必要がなく、動物の行動により自動的に動物が捕殺される利点を持つ。したがって、狩猟者は動物の生態に合わせて、自動装置を設置し、定期的巡回により捕殺動物を回収することが可能となる。

仕掛弓は、地面に打込まれた上部が二又になった杭に台座をかませ、弦を張り矢をつがえた弓をこの上に定置させたものである。弦は木片で作られた引きがねにより固定されている。そして、この引きがねに結ばれた糸が狩猟対象動物の通路を横断して、立木との間に張られている。動物がこの糸に触れることにより、引きがねが作動し、固定されていた弦がはずれ、つがえられていた

絵1　仕掛け弓を用いたクマの狩猟
（作者不詳 1800年代前半『蝦夷風俗図』）（北海道大学附属図書館蔵）

表2　アイヌの狩猟（沙流川流域：1868 – 1889年）

狩猟技術・方法		春			夏			秋			冬		
		3	4	5	6	7	8	9	10	11	12	1	2
仕掛弓猟	鹿柵－仕掛弓								D	D	D		
	動物の進路に仕掛弓を設置		D,B	(B)						B	(B)		
	誘引（木の葉）－仕掛弓	D											
手持ち弓猟	追跡－忍び寄り		(D)						(D)	(D,B)	(D,B)		
	誘引（鹿笛）－待ち伏せ								D	D			
	追込み			D								D	
	急襲			B									

（渡辺（1952/53：258：1953）、Watanabe（1964a：34 – 38、53 – 54）の資料に準拠し、これに、Batchelor（1901：453 – 465）、Munro（n.d. f10, n1）、 泉（1952/53：221）、犬飼（1952：18 – 23）、更科（1976b：273 – 274）、萱野（1978：147 – 160）の資料を参考にして作成。）
D：エゾシカ（*Cervus nippon yesoensis*）、B：ヒグマ（*Ursus arctos yesoensis*）、(D,B)：2次的、補助的狩猟活動

矢が発射される仕掛けになっている（絵1）。弓はイチイ、矢は堅くて重いノリウツギを材料として用い、また矢鏃の覆いとしてウダイカンバが使用される（萱野 1978：152）。仕掛弓の射程距離は2－4メートル（6－8フィート：Munro n.d. f10, n1：10；二間半以内：渡辺 1952/53：263）である。矢には矢羽はつけないが、竹鏃には矢毒を付着させている。仕掛弓猟は定置式の自動装置の使用が基本となるが、狩猟期間、狩猟対象動物によって異なる付随装置と狩猟戦略が用いられる。これを次に述べる手持ち弓猟を含めて表2に示した。仕掛弓猟には、鹿柵を用いる方法、動物の通路上に仕掛ける方法、誘引物を用いる方法があることが明らかとなる。

　鹿柵はクテキ（kuteki）と呼ばれ、十勝川流域においては長さ数百メートルから数キロメートルに及ぶものまで種々ある木製の柵であり、所々にある狭い開口部に毒矢の付いた仕掛弓が設置されている（Watanabe 1964a：32；松浦 1858）装置である。沙流川流域の貫気別において、鹿柵は7ヶ所ほどあったが、川岸の狭い平坦部に高さ1.5－1.8メートルの柵を作り、水を飲みに来るシカを一定の出口に導き、そこに仕掛弓を設置した（泉 1952/53：221）とされる。この狩猟方法は10月から12月に実施され、秋におけるシカの季節移動を利用し

たものである。

　動物の通路に仕掛弓を設置する狩猟方法は、シカ、およびクマを主要な狩猟対象動物とする。もっとも、シカに関しては丘陵地の越冬地から移動する春期4月に行なわれ、クマに関しては山岳部の越冬穴への移動時期である秋期11月、および越冬穴から野外へ出る春期4月を主要な狩猟時期とする。設置、および捕獲方法は狩猟者1人当たり20-30組の仕掛弓を動物の通路に各70-90メートル（40-50間）間隔で設置し、これを谷の入口に設営された狩猟小屋を拠点にして、1-2日毎に巡視する（渡辺 1952/53：259）ものである。誘引物を伴なう自動装置による狩猟方法は、早春3月に雪上に木の葉や小枝を置き、このまわりに仕掛弓を設置する（Watanabe 1964a：36）ものである。これは、積雪期後期の早春、シカの食料が不足することを利用した誘引狩猟方法である。

(3) 手持ち弓と狩猟犬

　手持ち弓猟はすでに述べた仕掛弓猟とは対照的に、狩猟者自身が狩猟道具を保持し、動物を捕獲するものである。したがって、その狩猟方法も、一方で動物の生態に依存しながら、他方、狩猟者が積極的行動を通して動物の捕獲に参与するものである。狩猟道具である手持ち弓（Munro n.d. f10, n1：10-11；名取、犬飼 1934：32；渡辺 1953：129-130；知里 1953：96；萱野 1978：147-151）は、イチイ、時にツリバナを材料とし、エゾヤマザクラの樹皮を補強のために巻いた長さ1.2メートルの単純式弓である。弦はイラクサ属の繊維を用いる。矢は矢柄（アイスプ、ai sup）、中柄（マカヌット、makanut）、矢鏃（ルム、rum）、矢羽（アイラップ、ai rap）の4部分から成る。全長は約63センチメートルである。矢柄はヨシで作られ、後端に矢筈を刻み、矢羽を取りつける。中柄はエゾシカの腓骨、もしくはノリウツギが材料として用いられるが、これは矢の前部に重量を加える目的がある。矢鏃はネマガリダケ（*Sasa paniculata*）により作られ、内側の窪みにトリカブト毒が付着させられる。以上の4部分は、それぞれ糸で固定されているが、矢鏃は獲物に命中すると容易にはずれる。手持ち弓の射程距離は18-36メートル（10-20間：渡辺 1952/53：263：cf. 200ヤード：Munro n.d. f10, n1：10）である。狩猟方法として、追跡―忍び寄り、誘引―待ち伏せ、追込み、急襲等を見ることができる（表2）。これらのうち、狩猟犬を使用するのは追込み猟と急襲猟においてである（図3）が、それぞれの狩猟方法における

対象動物と狩猟犬の役割は異なる。

　手持ち弓を用いた狩猟方法のうち、追跡―忍び寄り猟はシカ、クマを対象とするが、これらのうちの多くは仕掛弓の巡回中に同時に行なわれたものであると考えられる。すなわち、秋期の鹿柵―仕掛弓猟において鹿柵との往復に際して手持ち弓猟が行なわれ、春期の仕掛弓猟の時にも手持ち弓猟が行なわれる。秋期のクマ狩猟に際しては堅果、漿果の豊富な小さな谷に沿うクマの通路に仕掛弓が定置されるが、彼等は手持ち弓も使用した（Watanabe 1964a：35-36, 38）という。クマの忍び寄り猟に関しては、クマの足跡を追跡し、その寝場所を襲うのを最適としたが、クマは嗅覚敏感なため逃走する場合があるので、狩猟者は風下を選んで接近し、真横の位置から腋下をねらう（渡辺 1952/53：259）。また、シカに関しても、風下から秘かに忍び寄って毒矢で射殺したが、この際音を立てて気付かれない様に多くの場合裸足になって近寄る（犬飼 1952：21）。しかし、前述したように弓矢の射程距離が短いこと、さらに即効性に欠ける弓矢でクマを狩猟対象にすることを考えると、この追跡―忍び寄り猟は他の方法に比較すると、より高度な技術と危険を伴なうものであったと考えることができる。

　待ち伏せ猟はシカを対象とし、手持ち弓と共に鹿笛が使用される。鹿笛（イパプケ、ipapke）は吹き口の付いた木製の笛で、空気の出口を覆って鹿の膀胱膜を張ったものである。秋期に雌ジカの声を真似て付近の雄ジカを誘引する（Munro n.d. f10, n1：10；犬飼 1952：21）。

　追込み猟は手持ち弓と狩猟犬の使用を伴なう集団狩猟方法である。積雪期である初冬、および早春にシカを対象として行なわれる。初冬においては、狩猟者は居住地から離れた丘陵地の狩猟小屋を活動拠点にし、シカの越冬地から勢子と狩猟犬で5-6頭のシカの群れを尾根から谷に駆り立て、その下流で射手が待伏せし、深雪中に追い込んだシカを射殺する（渡辺 1952/53：259；泉 1952/53：221；Watanabe 1964a：36）。早春も同様に、谷間の堅雪中に追い込まれたシカを射手が手持ち弓と毒矢で射殺する。なお、勢子は1人で狩猟犬1-2頭を連れ山の上からシカを追うと、シカは犬に追い付かれないように積雪のない川に下り、川の水の中を走り下るという。よく訓練された狩猟犬であれば、狩猟者が山の上を手で指すと犬だけで山に入り、シカを川に追い出すと

いう（フィールドデータ MT 1917m 門別正和；XM 1908m 新冠比宇）。なお、追込み猟に使用される狩猟犬は、日本犬の中型犬に属する北海道犬（イヌ：*Canis familiaris* var. *japonicus*）である。特徴は立耳で尾は巻き尾であるが、本州以南の日本犬にくらべ、耳が短く顔幅が広く、体毛は綿毛が密である。性質は勇敢で現在は千歳系、岩見沢系、日高系などに大別され、カラフト犬とは異なった日本犬である（朝日＝ラルース 1971：10）。シカの追込猟に際して、狩猟犬はシカの足跡を嗅ぎ、これを追跡し、待伏せする狩猟者の所へ鹿を追い出すという追走犬としての機能を持つ。

　急襲猟は早春３月に、数名の狩猟者により、山岳部の越冬穴にいるクマを発見し狩猟する方法である。クマの越冬穴は雪に覆われているが、犬がこれを嗅ぎ出すこと（犬飼 1969：29）が可能である。バチェラー（Batchelor 1901：474-476）の記載に基づくと、越冬穴の発見後、狩猟者は入口の雪を取り除き、長い棒を穴に差し込み、犬をけしかけてクマを穴の外へ追い出す。クマが穴から出て来ない時には、穴の入口で火を燃やし煙であぶり出す。それでもクマが出ない時には、狩猟者自ら穴に入り、怒ったクマの背後から山刀で突くことによりクマを穴の外に出すという。クマが外に出ると、待ちかまえていた狩猟者は毒矢を射る。また、怒ったクマが立ち上がり前肢を広げる瞬間、狩猟者は山刀をぬきクマの胸に飛び込み、心臓を山刀で突く。また、槍を用いることもある。この場合、槍を突き出してもクマは即座に前肢で払うため、狩猟者は布片で包んだ槍先を腋の下にかくし、クマが立ち上がって攻撃してきた瞬間、一歩下がり槍柄の後端を地面に立て、クマがこの槍の上に自ら倒れかかることを利用して突き刺す。ただし、鉄製の槍先は交易により得られたものであり、通常の狩猟活動には用いられず（Watanabe 1964a：31）、緊急用のものであったと考えられる。

　越冬穴における急襲猟では、クマを穴の外に出して狩猟するという方法のみならず、クマを穴の中にとじ込めて狩猟する方法がとられる（絵２）。すなわち、穴の入口を塞ぐように棒を立てると、クマはそれを押し出そうとはせず、つかんで内側に引き込もうとする。そこで、クマが棒をつかんだ時に槍で肝臓を下から突き刺す。この方法によると、内出血によりクマはほとんど即死するという。即死にならない場合、狩猟者は後退し、狩猟犬がクマの反撃の間、ク

絵 2　越冬穴におけるクマの急襲猟
（平沢屛山 1800 年代後半『アイヌ狩猟図』）（市立函館博物館蔵）

マの注意を引きつける（Munro n.d. f10, n1：15）。クマ穴を塞ぐ方法は釧路地域においても見られ、ここでは直径 10 センチ、長さ 2 メートルくらいの根元を尖らせた棒を 2-3 本穴の入口に十文字に入れ、先の方に荷縄を付けて後の立木に縛る。クマはこの棒を手元に引寄せて自ら穴から出にくいようにしながら、無理にその間から頭を出そうとするので、狩猟者は喚声をあげて毒矢を射かける（更科 1976b：345）。また、クマを穴の入口にまで出すために、犬が穴の中に入って格闘し、入口に現われたクマを毒矢や毒をつけた槍で狩猟者がしとめる（犬飼 1969：29）方法もある。クマが穴から脱出した時、あるいは、一度穴を離れたクマの足跡をたどってクマを発見した時は、クマは立木の繁みや深い藪に入り人間は追いつけない。この場合、狩猟犬はクマの行手に回って吠えつき、主人から遠ざけないようにし、逃げ出すと後ろから噛みついて足を止めるので、この間に狩猟者は毒矢を射る。

　以上、越冬穴におけるクマの急襲猟について述べたが、狩猟道具は手持ち弓と毒矢が主要なものであり、補助的、緊急用狩猟用具として槍、あるいは山刀が用いられることが明らかとなる。また、槍にもトリカブト毒が付けられることがある。さらに、狩猟犬は以下のような機能を持つ。すなわち、1．ク

マの越冬穴の発見、2. 吠えてクマを穴から外へ出す、もしくは犬が穴の中に入りクマを入口近くにまで出す、3. 穴の外へ出たクマの注意を引き付け、矢毒の効果が現われるまでの間、クマの狩猟者に対する反撃を制限する、4. 逃走するクマを追撃し、足止めすることにより狩猟者に毒矢を射る機会を与える。特に、狩猟犬の追撃、および攻撃によるクマの反撃行動の制限は、弓矢の有効射程距離が短いこと、およびトリカブト毒が即効性でないことと関連し、クマ狩猟活動に不可欠な要素であると考えることができる。したがって、これら急襲猟における狩猟犬の攻撃機能は、前述したシカの追込み猟における狩猟犬の追走機能とは異なるものであることが明確となる。

　この機能は同じ北海道犬であっても、個々の犬の素質の違いによると同時に訓練によるものでもある。すなわち、熊祭りの時に、祭場に繋いだクマに子犬をけしかけてクマから恐怖感を受けないようにし、また、解体する時にクマの血を犬の口に塗りつけたり、飲ませたりしてクマに対する優越感を持たせるようにする（犬飼 1969：30）ことは、この訓練の一環と考えることができる。また、狩猟犬の訓練に関しては良い狩猟犬がいれば、若い犬は一緒に連れて行くことにより狩猟の方法を自らおぼえることになる（フィールドデータ XM 1908m 新冠比宇）という。さらに、コタンにおいて子グマが通年飼育されていたことも、人間にとってのみならず、狩猟犬にとっても、クマの行動を観察するのに役立つものであったと考えられる。逆に、春の狩猟が終わったあと、山に連れて行ってもあまり狩りの手助けにならなかった犬を殺す（更科 1976b：335）と記されることから、狩猟犬の人為的選択が行なわれていたことが明らかとなる。

2　狩猟活動と象徴的意味

　アイヌは狩猟というものを、狩猟対象動物が人間の国（アイヌモシリ、Ainu moshir）を訪問する行為であると認識している。ここで、狩猟対象動物とは肉と毛皮をかぶった神（カムイ、kamui）であり、これらを土産物として人間に贈り、人間からは礼拝と接待を受け、幣（木幣、イナウ、inau）をはじめとする土産物を受け取り、神の国（カムイモシリ、kamui moshir）に帰還すると考えられている（写真1）。この訪問に際して、火の女神の庭においでになる神（ミンタラウ

写真1　野生グマのクマ送り儀礼［煎本撮影（1988）］

スクル）と呼ばれる狩猟犬は火の女神（カムイフチ、kamui huchi；アペフチ、ape huchi）の招待の伝言を狩猟対象動物であるクマ（山の神）（キムンカムイ、kimun kamui）に伝える使者である。矢毒の神（スルクカムイ、surku kamui）は使者であると同時に、狩猟対象動物にアイヌの国を訪問させるよう積極的に働きかける実行者としての機能を持つ。以下、この狩猟の基本的思考を作動させている行動的戦略について検討する。

(1) 山の神と悪い神の象徴的意味と狩猟行動

　狩猟行動は、山の神（クマ）である良い獲物（ノユック、no yuk）の招待、および、悪い獲物（ウェイユック、weyyuk＜wen yuk）、あるいは悪い神（ウェンカムイ、wen kamui）に対する防御という2つの異なった作戦行動により展開される。さらに、前者には狩猟後行なわれるクマ送り、飼育後儀礼的に屠殺される飼育された子グマの送りという儀礼を加えることができる。また、狩猟出発前日に行なわれる祈願、狩猟期間中に狩猟者、およびコタンの家屋残留者により遵守される禁忌もこれに含まれる。後者の悪い神に対する行動戦略は、良

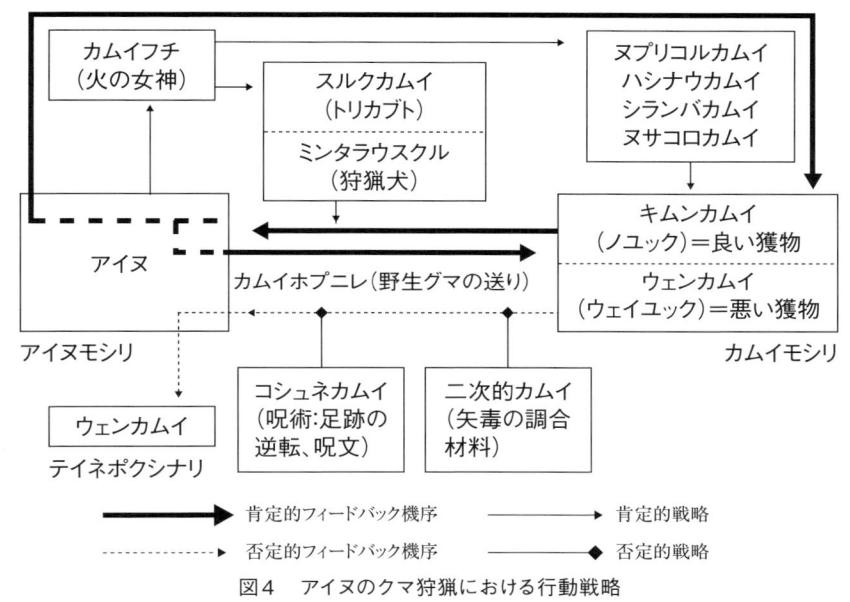

```
                    イオマンテ（飼育子グマの送り儀礼）
      ┌─────────────────────────────────────────────┐
      │    ┌──────────┐   ┌──────────┐   ┌──────────────┐ │
      │    │ カムイフチ │──▶│スルクカムイ│──▶│ ヌプリコルカムイ │ │
      │    │(火の女神) │   │(トリカブト)│   │ ハシナウカムイ   │ │
      │    └──────────┘   ├──────────┤   │ シランバカムイ   │ │
      │         ▲         │ミンタラウスクル│  │ ヌサコロカムイ   │ │
      │         │         │ (狩猟犬) │   └──────────────┘ │
      │         │         └──────────┘         │          │
      │         │                              ▼          ▼
┌─────────────┐                         ┌──────────────┐
│             │◀────────────────────────│ キムンカムイ  │
│   アイヌ    │                         │(ノユック)＝良い獲物│
│             │─────────────────────────▶├──────────────┤
│             │ カムイホプニレ(野生グマの送り) │ウェンカムイ    │
└─────────────┘                         │(ウェイユック)＝悪い獲物│
  アイヌモシリ      ▲         ▲          └──────────────┘
       ┊           │         │              カムイモシリ
       ▼       ┌────────┐ ┌────────┐
┌─────────────┐│コシュネカムイ││二次的カムイ│
│ ウェンカムイ ││(呪術:足跡の││(矢毒の調合│
└─────────────┘│ 逆転、呪文)││ 材料)   │
  テイネポクシナリ└────────┘ └────────┘

    ━━━━━━▶ 肯定的フィードバック機序    ────▶ 肯定的戦略
    ┈┈┈┈▶ 否定的フィードバック機序    ───◆ 否定的戦略
```

図4　アイヌのクマ狩猟における行動戦略

いキツネの頭骨（シラッキカムイ、shiratki kamui）の使用、矢毒の調合添加物の使用、魔術、呪術の使用による防御、反撃、制裁行動から成る（図4）。

　狩猟したクマの送り、および飼育グマ送りは、人間の国を訪問した山の神を神の国に送り返す儀礼、すなわち熊祭りである。使者により火の女神の招待の伝言を伝えられた山の神は、クマの死体（皮、肉、熊胆）と分離し、この贈物を運ぶ人間の狩猟者とともに人間の里（アイヌコタン、Ainu kotan）に下り行く。ここで、幣所と家との中間に坐らされ、「黄金の小袖、六枚の小袖、を重ね着して帯をしめ、六枚の小袖を、その上に羽織り、捩れ曲がれる杖、黄金の杖を、手につきつつ」（カムイユーカラ6、16、17；久保寺 1977：70, 122, 125-126）、家の外に出てきた火の女神に出迎えられ、招待を受諾した礼を火の女神から述べられて、神窓の下に座らされ、その後、酒、幣、粢餅をもらい神の国への帰路につく（人間によるクマ送りが営まれる）ことになる。

　また、コタンから遠く離れた山奥でクマを狩猟した場合は、解体後、狩猟小屋の外へ幣所を作り、幣を立ててクマ送りを行なう。この時、解体したクマ

の肉を少しずつシマフクロウの神（コタンコロカムイ、kotan kor kamui 郷の神）、兎の神（クンネレッケカムイ、kunne rekke kamui）、嘴細烏、川烏（シラルエワックカムイ、shirar ewak kamui）に捧げ、長い棒に刺して立てて置くか、雪中に埋めて置く（屈斜路）（久保寺 1977：63）。さらに毒矢で獲物が死んだあと、傷口の周囲の肉を切り取り、トリカブトの神に捧げる（更科 1976b：354）。

　人間の国から神の国へ送られた山の神は、人間から届けられる酒、幣、粢餅により今度は神の国において自ら神々を招いて饗宴を催し、いよいよ神さびて（神格を高めて）暮らすことになる。また、山の神は、人間の所へ賓客として訪れては神の国へ帰って盛大なる宴を催すのを常としている、との叙述に基づけば、クマ送り儀礼に際し人間から贈る土産物によって山の神を再び人間界に訪問させようという意図をうかがうことができる。

　もっとも、人間の国を次に訪問する山の神はクマ送りされた神ではなく、その親族であるという（フィールドデータ KK 1914m 沙流平取小平）。すなわち、クマ送りされた同一の山の神が人間の国を再訪するのではなく、次々と新たな山の神が人間の国を訪問する（フィールドデータ TS 1922m 新冠万世）ということになる。したがって、クマを送る時の送詞においても、送られる山の神が、あのコタンに行ったらこうしてたくさんの土産物を持たされたので、自分の連れ（仲間）が人間の国へ行く時は、あのコタンへ行って、また、たくさんの土産物を先祖のところ（神の国）に持ち帰るようにとクマの先祖に言うように、と祈願が行なわれる（フィールドデータ TS 1922m 新冠万世）のである。この時、送られるクマの頭骨はドスナラ（ハシドイ）で作った叉木の上に掲揚され、祈願が終わると、送られる方向である東に向きを逆転させられる（フィールドデータ XM 1908m 新冠比宇；TS 1922m 新冠万世）。

　出猟に際しては、火の女神への祈願に始まり幣所を領有する神（ヌサコロカムイ、nusa kor kamui）、森の木の女神（シランバカムイ、shiramba kamui）、狩猟の女神（ハシナウカムイ、hashinau uk kamui；hashinau kor kamui）への礼拝（Munro n.d. f10, n1：17）が行なわれる。これらはいずれも重要な神（パセカムイ、pase kamui）で祭祀において礼拝の対象とされるが、特に狩猟の女神はオキクルミの訴えにより鹿主の神（ユックアッテカムイ、yuk atte kamui）、魚主の神（チェプアッテカムイ、chep atte kamui）を巧みに誘い、鹿毛、鱗を人間界

に吹きとばし、鹿と魚を繁殖させて、人間の飢餓を救うという神謡に見られるように、人間界に獲物を与えてくれる神である。なお、鹿主の神はシカ送りの時に一括して祝詞を述べる対象とされ、個々のシカは角に削り花（削り掛け）（イナウキケ、inau kike）を付ける程度（久保寺 1977：62；cf. 更科 1976b：276-277）で送られた。狩猟に出発する前には幣所で礼拝した後、大きな木を選び大地の神（森の木の女神）に事故のないことと、猟の成功を祈る（Batchelor 1901：379）。さらに、森の木の女神のみならず水の神（ワッカウシカムイ、wakka ushi kamui）にも祈り、川を渡る時の無事を祈願する（フィールドデータ MS 1909m 門別幾千世）。

　狩猟における禁忌は、死者の出た後の出猟、死者の話、出産後の出猟、火の女神への出猟祈願から狩猟の終了までの性交、海馬（トド）や亀など海に関するものの話、クマの嫌いな蛇の話や仲の悪い鷲の話をすることが含まれる。同時に、留守を守るものはやたらに騒いだり、男女でみだらにふざけること、芥や灰を外に捨てること、窓から汚いものを投げ捨てること、火を粗末にしたり、午前中に針を使うことが禁じられている（更科 1976b：350）。これらの禁忌は、人間の象徴である死、出産、性交を排除し、山以外の要素、特に海馬によって象徴される海を排除し、さらに女性の仕事の象徴としての針の使用停止を意味すると解釈することができる。すなわち、狩猟期間中の禁忌とは、山の神を迎えるために、人間界を山の神の住む神の国と同質化させ、さらに男性の仕事の象徴としての狩猟（＝神の招待）のみを継続させることにより、本来、対立的、不連続的なものとして類別されている人間の国と神の国とを連続させようとする戦略的行動であると考えることが可能である。

　以上の行動戦略は、良い獲物である山の神が人間の国に遊びに来るというアイヌの世界観に基づいた人間の側からの招待とその準備行動である。しかし、狩猟行動にはこれとは反対に悪い神の介入に対する防御行動が平行して見られる。これについて以下に分析する。

　悪い神とは荒グマ、人食いグマをいい、悪い獲物、山のしもてにいる神（知里 1962：152, 155）と同義である。これはまた、酒箸の象、宝刀の象、頭の折れた木の胴部をなすなどのようにクマの毛皮の上にあらわれた形象、文様、あるいはクマの体型に基づいた異名を持つ（久保寺 1977：105, 624）。この他、前

の方に杖をついているクマ（前足の長いクマ）、尻の方に杖をついているクマ（後足の長いクマ）（知里 1962：155-156；更科 1976b：357-358）等、人に危害を与えるクマとしての名前がある。これらは、毛色、体型などの異例性を定義することにより、ノユック（良い獲物）をその余集合として実在させるというアイヌの動物分類における個別化の原理に基づく（山田 1987：234-235）ものである。ここで良い獲物とは山の神、あるいは山を領有する神と呼ばれる心穏やかな恵み深い善神として、山の奥地（キムンイウォル、kimun iwor）の中央にある霊山の頂上に住む。また、アイヌによっては山の神の総大将を奥山にいる神（メトゥシカムイ、metot ush kamui）と呼び、その配下眷属の善神のクマたちをキムンカムイと呼んで区別する（久保寺 1977：62, 624）。

　しかし、ヒグマの分類において文化的価値評価が類別規準に投影される（山田 1987：235）と述べられるように、現実には悪い神である悪いクマと、山の神である良いクマとの類別は、狩猟行動、あるいは事故の結果としてなされるものであると考えられる。事実、アイヌとともに狩猟を行ない、村田銃で 88 頭のクマを捕獲した経験を持つ和人の猟師は、手負いグマを除いては、もともとクマの形態に基づいた良いクマと悪いクマという性質の相違があるとは思わない（フィールドデータ XM 1908m 新冠比宇）と語っている。すなわち、同一個体のクマは人間との関係において良いクマにも、悪いクマにもなり得るという不確定性を有すると解釈することができる。したがって、神謡において、山の神の娘の雌グマが人間の娘を殺すことになるが、後悔して、「如何なる悪神が／我に魅入りて／あのような兇事を／なせる／ことならん」（カムイユーカラ 10；久保寺 1977：98）と自分の行なった兇事の原因を悪神のせいにすることも可能である。さらに、狩猟行動においては狩猟対象動物そのものの不確定な危険性に加え、目的達成の過程における多くの阻害因子がある。たとえば、矢がクマに当たらないのは、木原の女魔（ケナシウナルペ、kenash unarpe）が矢をたたき落として遠くへ飛ばしてしまう（久保寺 1971：48）からと考えられている。木原の女魔は世界の創造に用いられた斧が泥に変わり、それがさらに変化して出現した悪魔である。彼女はクマを所有しており、それをもって人間を殺したり、あるいは人間に入って癲癇の発作を起こしたりする（Batchelor 1901：44）と考えられている。また、この正体は怪鳥コノハズクともいわれ、神や人を妬んで

禍をすると信じられており、神謡において、山から生捕りにされて里に下りる途中の子グマに魔神の矢を射掛け毛皮に変調を出現させる。マンロー（Munro n.d. f10, n1：19）によると、この悪い神は湿地に住み、時に頭髪で頭をかくして、狩猟の守護神の姿をとって出現することすらあるという。彼女は湿地の淑女と呼ばれ、狩猟者の射た矢が獲物に当たったと思った瞬間、獲物が消えたり、無傷のまま逃げたりするというように狩猟者を惑わせる。さらに、彼女は傷口から、あるいは野外で寝ている人から血を吸う吸血鬼であるとも考えられている。

以上述べたように、悪い神とは悪い獲物（悪いクマ）そのものであったり、さらに狩猟の女神の姿さえとって出現する木原の女魔であったりする。すなわち、悪い神とは、ここでは狩猟における事故や失敗に結びつく不確定性を含んだ危険性の象徴となっていると考えることができる。したがって、狩猟者はこの危険性への対処、すなわち悪い神の介入に対する阻止、防御行動をとることが必要となるのである。なお、クマ狩猟における行動戦略とその象徴的意味は、シカ狩猟に比較すると、より集中化、統合化が見られるが、これはとりもなおさずクマ狩猟の不確定性、危険性に対応するものであると考えられる。

防御行動には、除魔力を持つ神の助力を借りる戦略と、これらの助力なしに、もしくは時に危害や悪戯を行なうことのある軽い神（コシュネカムイ、koshne kamui）の助力を用いて狩猟者が魔術、呪術を行使する戦略とがある。前者には、良い狐の頭骨を用いる方法、除魔力があると考えられるイケマ、オオヨモギ等を用いる方法がある。後者は、狩猟者のより積極的な呪術的、魔術的反撃行動により、対象となる悪い神の行動を幻惑、阻止するものである。これらについて以下に検討を進める。

狩猟には良い狐の頭骨（シラッキカムイ、shiratki kamui；Munro n.d. f10, n1：18；cf. キムンシラッキ、kim un shiratki、狐の頭の神；萱野 1978：282）が持参される。良い狐とは、天から降ろされた偉い神であった貂に焼かれた河童の黒い灰の中から生れた黒狐（シトゥンペカムイ、situmpe kamui 山にいるもの；知里 1962：145）であり、病気を治癒したり、海猟で時化にあった時に助けてくれたり、漁猟の獲物をさずけてくれたりする（更科 1976b：297-298）神である。事実、黒い狐（クンネチロンヌップ、kunne chiron nup）は沙流川下流の新平賀では津波が来るのを村人に教え、救ったということから礼拝の対象とされる重要な

神とされている（フィールドデータ TN 1917m 門別富川）。また、二風谷において
は、白狐の頭骨でつくった狐の頭の神は、もっとも力がある（萱野 1978：283）
とされている。これは、平取の向かい側、アベツ沢への入口の峰には白い狐が
住んでおり、重要な礼拝の対象とされていた（フィールドデータ KK 1914m 平取
小平）ことと関連あるものと考えられる。狐の頭骨の神は、この良い狐の頭骨に、
削り花で眼と脳を入れたものである。その魂（ラマット、ramat）は良く見る
ことができるばかりでなく、悪い神の眼にほこりを投げ入れ、当分の間、眼を見
えなくすることにより、狩猟者を悪い神から隠すよう助力する（Munro n.d. f10,
n1：18）と考えられている。

さらに、神謡には、人間の村を破壊しようと山を下りて行った山の神（クマ）
が、狐（ケマコシュネクル、kema koshne kur 脚軽彦、ケマトゥナシクル、kema
tunash kur 脚速彦の神）の遠くを馳せ、近く寄りなどしながら、心を魅するが如
くパウパウと鳴くことに惑わされ、人間に狩猟されることが語られる。この狐
の役割は、山の神の妻が以下のように語ることにより明らかにされる。すなわ
ち、「如何に重き神／なりとはいへ／陰湿の冥府／地底の国へ／堕せらるべき
ことを／狐の神／危ぶみ惧れて、そがため／我が夫の神を／魅し去り欺きくれ
たるため／（憤りを和らげ）穏しき心／になり給へり」（カムイユーカラ6；久保
寺 1977：71）。

したがって、ここでの狐の神の役割は、本来、良い獲物であるべき山を領有
する神が一時的な怒りから、悪い獲物になることを、魅惑することにより阻止
するものであると解釈できる。すなわち、この狐の神の機能は、狩猟者を悪い
神から防御するという意味で、悪い神の眼にほこりを投げ入れる狐の頭骨の神
の役割と共通するものである。なお、狐の頭骨の神のもう一つの役割である狩
猟の予知（狩猟運の占い）については後述する。

次に、イケマ、オオヨモギ等、狐の神以外の神々の助力を用いる防御行動に
ついて検討する。これに関しては、アイヌの矢毒の調合添加材料の検討が必要
となる（表1）。添加材料に用いる植物の多くは有毒成分を含み、薬用にも使用
され得るが、いずれもトリカブト属に比較してその毒性は弱い。しかし、セン
ダイハギ、イケマ、オオヨモギ、ドクゼリは除魔儀礼に用いられるという特色
がある。センダイハギはエランライキナ（eranraykina<e（汝の）ram（心）raye

(殺す) kina（薬草））(cf. イラムライケ、iramraike；Munro n.d. f10, n1：13) と呼ばれ、「お前の心、殺したぞ（エラムアンライケ、e ramu an rayke)」という呪文とともに除魔に用いられたと考えられている（知里 1953：109）。イケマもその毒性と悪臭により天気直しの呪法、病神の撃退、狩猟、漁撈における除魔に用いられ、イケマ神（ペヌップカムイ、penup kamui）とも呼ばれた（知里 1953：41-45；Munro 1963：52-53；更科 1976a：189-192）。また矢を弓につがえた時、納まりが悪く矢がいやだといって弓の上で踊っているような場合、イケマを口に含み、歯でかんで矢に吹きかけると矢は安心して獲物に向かって飛ぶ（萱野 1978：295）といわれる。もちろん、イケマも有害成分を含み、カラス、ワシ等の捕獲のため毒餌として用いられた（石川 1961：146）が、同時に食用ともされ、少量の矢毒添加による致死的効果は疑わしい。オオヨモギは神ヨモギ（カムイノヤ、kamui noya）とも呼ばれ、イケマと同様その臭気故、除魔力が認められる。これはアエオイナ神（Aeoina kamui）が疱瘡神との戦いに際して造ったというヨモギ神、草芻神（イモシカムイ、imos kamui）として呪術、治療に用いられる（知里 1953：2-8；Munro 1963：51-52；更科 1976a：211-214；金田一 1943：143-144）。ドクゼリも病魔除けや治療に用いられた（知里 1953：62；更科 1976a：210）。この他、コウライテンナンショウは、薬用に使用する。また、球茎中央部の有毒部分を除いて食用にもした（知里 1953：214；フィールドデータ KK 1914m 平取小平）。サンショウ、ハナヒリノキ、イチゴ属も薬用にする。イチゴ属は魔物がトゲを恐れて逃げ出すようにと、ヨモギとともに病人に取りついている魔物を払いきよめる（萱野 1978：295）のに用いられる。ナニワズは海獣猟の銛に塗って用いられたが、仕掛弓に用いると獲物の内臓が腐敗しやすくなる（更科 1976a：89）とされた。また、ニガキはその樹液を鹿猟にのみ用いた。ただし、この両者に関しては除魔効果は不明である。あるいは、ナニワズの配糖体有毒成分は痒覚等の症状（石川 1961：147）による局所刺激という実質的効果があることも考えられる。また、エンレイソウは毒成分、除魔力が認められず、この使用理由は不明である。タバコとトウガラシは和人との接触以後、導入されたものと考えられ、タバコに関してはニコチンを含有し、これは中枢、末梢神経毒（和田 1941：67）でもある。しかし、これらを矢毒調合添加材料に用いたのは、これらの麻酔、刺激作用に注目した毒性成分、除魔力の試験のためであり、矢毒

利用材料の開発のためであると考えられる。事実、矢毒添加材料にはトウガラシのように刺激性のあるものを使用する（フィールドデータ XM 1908m 新冠比宇）と伝えられている。さらに、鉄砲の導入以後、トリカブト毒に火薬を混ぜると効き目があるといい一緒に混ぜていた（萱野 1978：156）ことも、この新材料の開発の一環として理解することが可能である。

　脊椎動物性添加材料はその油が用いられることから、矢毒に粘性を与えるという実質的効果もその目的に含まれると考えられる。しかし、狐の胆汁を用いるのは狐の神が獲物を誑かすようにという願望（知里 1953：145）からであると記されることに基づけば、すでに述べた狐の神の悪い神の介入に対する阻止能力の利用と解釈することも可能である。

　節足動物（昆虫、クモ亜目、短尾亜目）の使用は、除魔力の利用とは異なる理由に基づくものであると考えられる。マツモムシ、ミズスマシ、エゾマイマイカブリ、スズメバチはいずれも捕食性の昆虫であり、実際に有害成分を有し、他の昆虫を捕獲し、その口吻で毒を注入し、体液を吸汁したり、消化液を出して食すものである。これら昆虫毒を添加するのは、すでに述べた局所刺激効果のためであるということも否定することはできないが、少量の添加量から考えると、むしろ、これら節足動物の捕食行動が狩猟行動と類似しており、その行動的相似性に基づく魔術的戦略と解釈することが可能である。ただし、クモ亜目を加える理由は、トリカブトの神の力を減殺し、人が誤って傷ついた時に中毒することがないようにするため（関場 1896:50-51）といわれる。クモ（アシュケタンネマット、ashke tanne mat, cf. アミタンネカムイ ami tanne kamuy：その爪・長い・神；知里 1962：113）、あるいは爪を有するサワガニ（アミタンネマット、ami tanne mat）が難産の時に助力を乞う神である（Munro 1963：111）ことを考えると、短尾亜目のサワガニが矢毒添加材料として用いられるのは、クモと同様、人間が傷ついた時に毒を除去し、人間を助けるためという思考に基づく可能性を指摘することができる。

　以上、悪い神に対する防御行動という視点から、矢毒の添加材料について検討した。この結果、次節で述べるトリカブトの神が山の神（クマ）を招請することと対照的に、植物性添加材料の多くが除魔作用と結びつき悪い神に対する防御機能を持つことを指摘することができる。このことから、矢毒の添加材

料が従来考えられていたように単に毒性を補強するという実質的効果のみならず、アイヌの狩猟観に基づいた防御行動戦略としての意味があると考えることが可能である。すなわち、矢にイケマを吹きかけるのと同じく、調合された矢毒そのものがあらかじめ種々の戦略的機能を備えていると解釈することができるのである。

　悪い神に対する防御行動には、狩猟者自身が時に軽い神の助力を利用し、積極的に反撃行動を行なうという呪術的、魔術的戦略がある。マンロー（Munro n.d. f10, n1：18-19）はその外観から悪いものであると推察されるクマの足跡を、呪文を唱えながら上下逆にするという方法を記載している。この時、使用される呪文は追跡の詞（イヨコットイタック、iyokot itak）と呼ばれる。足跡を逆転することによりクマの算定を誤らせ、クマは正気を失い、目的なく歩きまわり、容易に獲物となると信じられている。もっとも、この戦略は以下の例から、その狩猟対象が悪い神である場合に限られるものと考えられる。すなわち、ウサギは人間を魔法にかけ病気にし、死に至らしめるために、その家屋を訪れるとされるが、もし、家屋の近くの雪上にウサギの足跡を見つけたら、柄杓で注意深くこれをすくい上げて逆転させる。この時、ウサギの魂を雪の下に埋めたので小屋の中にいる人間は病気にならず、ウサギ自身が病気になり死ぬように（Batchelor 1901：515-516）と呪文を唱えるという。さらに、イチャシュカラ（ichashkara）と呼ばれる魔術においても、他人の身体をヨモギで作り、逆さまに地中に埋め、地下の鳥の悪魔（トイプックンチリ、toipuk un chiri）にその身体と魂を持っていくように祈る（Batchelor 1901：329-330）。したがって、クマの足跡に対して行なう呪術も、これと同様、悪い神に対する反撃行動であると解釈することができる。

　さらに、緊急時においては本当の昔話詞（シウパシュクマイタック、shi upashkuma itak）、あるいは秘密でそれ自身邪悪とされる小さな詞（ポンイタック、pon itak）が用いられることがある（Munro n.d. f10, n1.：19）。この小さな詞は、軽い神と呼ばれる悪戯好きで時に危害を与えることのある神に嘆願する（Munro n.d f10, n1：19）ものである。軽い神は、もっと強情な（ニトネ、nitne）、あるいは邪悪な（ウェン、wen）神とは区別されるが、信頼性がないので、恐れられている。たとえば、水の精（ミントゥチ、mintuchi）は軽い神の一つと考

えられているが、毎年、溺水による犠牲者を要求すると信じられているからである (Munro n.d. 1963：25)。

　小さな詞が厳格な秘密とされ、その使用が反社会的であると見なされる (Munro n.d. f10, n1：19) のは、これが軽い神の助力により人間をも含めた相手の魂に対する攻撃行動となり得るからであると考えられる。事実、沙流では小さな詞を用いて人を祈り殺したという話 (吉田 1912a：327-328) が伝えられている。マンロー (Munro n.d. f10, n1：19) は何人かの老人は、狩猟における緊急時に小さな詞を使用したことがあることを記しているが、さらにある者は悪い神を用いるということで悪名が高いとも述べている。また、狩猟時においてさえも、クマに魔法をかける方法としての小さな詞は最終的手段であり、本来、これに関する知識を有することさえ重要な神（パセカムイ、pase kamui：幣所の神、木の女神、狩猟の女神）に対する無礼であると考えられている。また、小さい詞とは通常の礼拝に用いる大きい詞（ポロイタック、poro itak）とは対照的に緊急時に短く簡潔な言葉で行なうものである。荒グマに追われた場合には、自分の身体を守護している神（トゥレンカムイ、turen kamui）に祈願し、大地を領有する神（シリコロカムイ、shiri koro kamui；シランバカムイ、shiramba kamui：森の木の女神）に、自分の身が危険だから悪いクマを近づけないよう助けを乞う。そうすると、この祈願は大地を領有する神から悪いクマに伝わり、向かってきたクマも後戻りするという（フィールドデータ TS 1922m 新冠万世）。

　狩猟者が負傷、あるいは死亡するという事故が起こった場合、人間に傷を負わせたクマを獲るためにも詞を用いる。二風谷で呪文を使用することで有名であった老人は、人を殺したクマの足止めを行なうためナラの大木の前で祈ったところ、この大木が左右に大きくゆれたという。そこで、人々が悪いクマを捜すとあお向けになって死んでいたという（フィールドデータ MS 1909m 門別幾千世）。同様の例は、福満の老人に関しても知られ、人を殺したクマの足跡に向かって呪文を唱えたところ、クマは足止めされて動くことができなくなり、人々によって容易に仕止められた（フィールドデータ KK 1914m 平取小平）という。

　したがって、これらは悪いクマに対する呪術的方法を用いた反撃手段であると解釈することが可能である。こうして殺害したクマの頭は負傷者の枕元に

おかれ、傷を癒さないかぎり幣もやらないし神の国にも送らないといっていじめられる（更科 1976b：359 cf. 犬飼 1942：145）。これは、神謡において、人間の娘を殺害したクマが火の女神の音信を受け、人間の娘を蘇生させることにより、クマ送りの祭りを受け神の国へ帰り、饗宴を催すことができたという話に対応するものである。ここで登場する山岳を領有する神の娘の罪が彼女に魅入った悪い神のせいとされることに見られるように、罪を後悔し、その被害が原状復帰されるならば、罪は許されると解釈することができる。

しかし、人間がクマに殺害された場合には、死亡した者は木の枝をかぶせて現場に葬り、殺したクマは切り刻んで焼きすてたり、逆さに埋め、鳥も住まない集落（チカップサクコタン、chikap sak kotan）に追放する。また、地方（屈斜路、鵡川、名寄）によりクマを人間の死体の下に埋め、人間の腐った臭いがついて神として復活できないよう呪う（更科 1976b：359）。また、クマの頭部を人間の死体の下に埋め、下顎部を墓の上に置いたり、女性の便所に投げ入れたりすることもあり、さらに死者が埋葬された後であればクマの頭を切り取り、鼻を下にして軟らかな沼地に突っ込む（Batchelor 1901：478）とされている。これは、禍事を働いたクマ（＝悪い獲物）を陰湿の国（テイネモシリ、teine moshir：六重の地底にある陰湿の地で悪人や魔神が罰せられて堕ちて行く所）、下方の国（ポクナモシリ、pokna moshir：地底にある冥府で、六重に分かれており、テイネモシリはその一つ）に追放するという呪術的、魔術的制裁処置であると考えることができる。なお、悪いクマに対する処罰として、人間の娘を殺害したクマがマタタビに化生させられ悪鳥に小便や糞をかけられながら悲惨な死に様をさせられたり、人間のところで食物を盗み食ったクマが、海を渡った他界へ追放させられ、そこで餓死させられるという伝承を神謡に見ることができる。これらは、いずれも悪いクマを神の国へ帰還させることなく冥府へ放逐するという制裁行動であり、良い獲物である山の神に対する神の国へのクマ送り儀礼と明瞭な対比をなしている。

(2) 矢毒の象徴的意味と狩猟行動

矢毒の原料であるトリカブトの採取手続きは渡辺（1952/53：262）によれば、採取者は平取コタンの長の家に行き採取許可を得ると、火の女神と水の女神に祈願した後、採取現場では酒、および幣を捧げてモノルシュカムイ（monorush kamui）とその隣の山に棲む狐の神に対し、トリカブトの神の魂が欲しい旨を請う祈願を行なう。ここで、平取のコタンの長はすべての事を予見し得る神のように偉大な人間であるが故に、モノルシュカムイからトリカブトの神の管理を委嘱され、特にカナエカリヌプリエカシ（kanaekari nupur ekashi）と尊称されたという。なお、マンロー（Munro n.d. f10, n1：13）はコタンの長の家における礼拝の対象として、火の女神のみをあげ、採取現場においては森の木の女神、および狩猟の女神の名を記している。また、モノルシュカムイとはトリカブトの神を統治する神であり、トリカブトを産する山の頂上が、この神の住地である（渡辺 1952/53：262）と考えられている。コタンの長の家で礼拝される火の女神は、人間の国が創造された時、一番初めにこの国土の守護として、天の国（カント、kanto）から天降られた神であり、仲介者として至らぬ人間の言葉を神々へ通弁してくれる神（久保寺 1977：42）であり、その夫としての家の守護神（チセコロカムイ、chise kor kamui）、さらに、かつて夫をめぐり巫術競べをした水の女神とともに、アイヌの生活に最も密接した親しみやすい神である。

　したがって、トリカブト採取に先立って、火の女神への祈願は、モノルシュカムイへの通弁であり仲介であると解釈される。この火の女神の仲介者としての役割は狩猟に出発する前に行なう狩猟の女神、森の木の女神、幣所を領有する神への礼拝に際しても同様に見られ、さらに、犬、およびトリカブトの神が火の女神の伝言を使者として山の神に伝えるという思考にも共通するものである。

　以上、矢毒の採取において、火の女神を仲介者として、トリカブトの神の統治者であるモノルシュカムイへの祈願により、トリカブトの神の魂を手に入れるという思考と行動が明らかにされる。さらに、モノルシュカムイとコタンの長との間にその地位と役割の類似性を設定することにより、トリカブト採取における思考と、現実のアイヌの社会的権限に基づく採取活動の体系との間に類似的関係が形成されていることを指摘することが可能である。

　アイヌの狩猟とは山の神が人間界へ遊びに来るものであると考えられることについてはすでに述べたが、ここでトリカブトの神は火の女神の使者として山の神に伝言を伝え、さらに招待を実行するという積極的役割を持つ。すなわ

ち、矢に射られたクマの神は、その自叙の中で以下のように述べる。「その時、付子の神、我が前に出現し、火の女神の、使者として言ふこと、かくありけり…、「いや重き大神よ！、心のどかに、我が許に遊び給へ、然らば、ゆっくり物語に興じて、我ら相見ゆ、べし。」と、火の女神、我を遣はしめ、我は来れる、なり。」と（カムイユーカラ6；久保寺 1977：67）。

　山の神は最初これを拒絶するのであるが、さらに、「松脂の神、立ち現はれ、付子の神、とともに、我が下肢に、我が手先に、我が足に絡みつき、我が手をとらへて自由を奪ふ。」（カムイユーカラ6：久保寺 1977：67）と語られるように、松脂の神（ウンコトゥックカムイ、unkotuk kamui）が現われ、山の神（クマ）の自由を奪う。そして、山の神は斃れ伏すが、気が付けば自分は立木の枝の上に手と脚を下げており、下には老グマが身を横たえているのを見ることになる。ここで登場する松脂の神とは、矢毒材料のトリカブトと混ぜて、あるいはその上に塗ることによって竹鏃にトリカブト毒を固定されるのに用いられた松の樹脂である。アイヌの狩猟観においては、この松の樹脂は、トリカブトの神とともに山の神の手足に絡みついてその自由を奪い、人間界への招待を実現させるという機能を持つことになる。

　さらに、松脂の神とトリカブトの神は、「ユーカラを聞きたいクマ」の話（萱野 1977：150-151；1978：156）の中では、神の国でも見たことがないくらい美しい松脂の淑女（ウンコトゥックカッケマット、unkotuk katkemat）と、この世にはいないほど器量よしのトリカブトの淑女（スルクカッケマット、surku katkemat）として登場し、手を引っぱり、足にねばりつき、発散するいい香りで山の神を誘惑することになる。この言葉静かであり優しくはあるが、自由を奪うという積極的役割はトリカブトの神と松脂の神の特徴であり、毒矢に当たったクマは肢をもつれさせながらふらふらと歩く（フィールドデータ KK 1914m 平取小平）という現実の効果に対応するものである。

　なお、前述した悪いクマに起因する狩猟事故ではなく、仕掛弓の矢毒（トリカブト）による事故死はトリカブトの神の責任ではなく、悪い神（魔神、ニトネカムイ、nitne kamui）の責任とされ、さらに、事故後の処置については、トリカブトを管理する平取のコタンの長の管理責任として、現実的な共同賠償が行なわれる。仕掛弓で狩猟を行なっている期間、小沢の入口の狩猟小屋より

少し下流に、クイタクペ（kuitakpe, cf. kuitakpep：弓を告るもの；itakpe：喋るもの：更科 1976b：356）という上部に横木のある木杖を立てたり、付近の木の皮をはいで、そこにいる人の家印（シロシ、shiroshi）を刻んでおく（泉 1952/53：221）。また、仕掛弓の付近の笹や草を結びあわせて印をつけておくことにもなっている（萱野 1978：153）。しかし、トリカブトにより過失死が発生した場合には、平取コタンの長が当地のトリカブト（矢毒）を使用するもの全員から見舞品を徴収し、死者の家に贈る。これは、皆の心を集める（イラムカルパレ、iramkarpare）と呼ばれ、トリカブトを管理する平取コタンの長の責任に基づく一種の賠償とみなされている（渡辺 1952/53：263）。また同時に、トリカブト自生地においてトリカブトの神に直接ではなく巻属神（トポチカムイ、topochi kamui）に幣を捧げ、魔神のために事故者が死んで、トリカブトの神は誠に気の毒であるという趣旨の礼拝を行なう（泉 1952/53：227）という。

(3) 狩猟犬の象徴的意味と狩猟行動

アイヌの狩猟観における犬の象徴的役割は、火の女神の伝言を山の神（クマ）に伝える使者として考えられている。小さい貉の自叙（カムイユーカラ 16）、および、戸口の神（貉）の自叙（カムイユーカラ 17）において、山の神の召使といわれるエゾタヌキが、私の祖父と呼んでいるクマと越冬穴にいるところへ狩猟犬がやってくるが、この時の犬の様子を、「犬たちが、（私たちの）家の戸口、のところで、頭を揃えて、我先にと、「火の姥神様が、私を使いによこしたので、やって来たのです。」と、いいながら、伝言を述べたところ」（カムイユーカラ 17；久保寺 1977：124-125）と叙述する。この後、山の神（私の祖父＝クマ）には矢が当たり、また、貉は生きたまま捕らえられて人間界に行くという話になるのであるが、これらの神謡にトリカブトの神は登場しない。前記の神謡（カムイユーカラ 6）においては、人間の若者による手持ち弓猟について述べられており、犬には使者としての役割は与えられておらず、トリカブトの神のみが使者としての役割を担っている。これとは対照的に、貉の自叙の神謡においては、狩猟方法はクマの越冬穴での急襲猟について述べられており、この狩猟技術における犬の役割の重要性が、火の女神の使者としての役割に対応しているからであると考えられる。

犬はセタ（seta）という一般名称以外にも、ミンタラウスクル（mintar us kur<

mintar（庭）us（においでになる）kur（神））（美幌）（知里 1962：140）（cf. アペフチミンタラウスクル ape huchi mintar us kur：火の女神の庭においでになる神（十勝、釧路、北見）；更科 1976b：334）、あるいはアパチャプンキ（apa cha punki＜apa（戸口）cha（そば）punki（番人））（美幌）（知里 1962：137）等と呼ばれる。沙流川流域においては、狩猟で死んだ犬にはその場で2本の逆さ削り掛け（チェホロカケップ、chehorokakep）を添えて、特別な葬式を行ない（Munro n.d. f10, n1：14）、この時、「あなたは最も祖神の偉大な方であるから、祖先の狼神の国へ行くんですよ」といって送る（更科 1976b：335）。また、網走地域においては、犬の頭骨は削り掛けを付けて保存され、庭の守護神（ミンタラコロカムイ、mintara koro kamui）（Munro n.d. f10, n1：14）として礼拝される。以上の記載から、犬は火の女神に近い場所に居り、ここを守護する神として位置づけられていることが明らかとなる。

　また、犬は人間の死後、その霊魂が下方の国に行ったところにある、神の郷（カムイコタン、kamui kotan；神の国：カムイモシリ、kamui moshir）への道と陰湿の国（テイネポクナシリ、teine pokna shir）への道に番犬として居り、火の女神の伝言を受けて、その人間の霊魂を行くべき方向にのみ向かわせる（Batchelor 1901：567-568）という役割を持つ。また、死者の世界である下方の国から、上方の国（カンナモシリ、kanna moshir：下方の国からみて上方の国、すなわち生者の世界であるこの世）へやって来る霊魂（幽霊）はこの世の人間には見ることのできないものであるが、犬だけがこれを知覚しほえたてる。逆に、この世の人間が下方の国を訪れることがあれば、死者の世界の人々からは見られることができず、幽霊として扱われるが、この時も犬だけがその存在を知覚しほえる（Batchelor 1901：570-571）ということになる。

　以上のことから、犬はこの世とあの世の両方の人間（霊魂）を知覚する能力、すなわち、両世界を結びつける使者としての能力を持ち、さらに霊魂の行く先を火の女神の伝言に従って指示するという機能を持つと考えることができる。このことは、犬（セタ、seta）という属詞が植物の対照名において似て非なるものの隠喩となるのは、アイヌの世界観において隠喩的関係で捉えられる人間の世界と神の国を結びつける犬の使者としての役割によるものである、というアイヌの植物分類体系に関する分析結果（山田 1986：160-161）と矛盾しない。し

たがって、狩猟において犬が火の女神の使者として、その伝言を山の神（クマ）に伝えることは、この犬の象徴的役割の一環として捉えることが可能である。
(4) 狩猟活動における占いと夢見

　良い狐の頭骨が悪い神から狩猟者を防御することについてはすでに述べたが、これの今一つの役割は、狩猟の予知（狩猟運の占い）である。この予知能力は失せ物を探す時や漁猟の豊凶の占いにも用いられる（Batchelor 1901：351-354；更科 1976b：301）。山へ狩猟に行く場合にも、あの山にするか、また、こちらの山がよいかと念じながら、狐の頭骨を人間の頭の上にのせ、前に敷いたござの上に落下させ、その状態で占う（萱野 1978：282）という。さらに、狩猟行動の過程においても、前方で狐の声がしたらそのまま進んでもよいが、後方で聞こえた時には、神が危険を知らせてくれているから、前進してはいけない（萱野 1978：283）ということも、狐の神の予知能力に基づいた狩猟者の行動戦略である。

　一方、文化英雄であるオキクルミに雌グマをとられ、生まれたばかりの子グマにぐずられて困った雄グマが、怒ってオキクルミの村や家を壊そうと山を下るが、このことを狐に教えられたオキクルミが逆にこの雄グマを獲るという話（更科 1976b：358）は、前記の神謡（カムイユーカラ6）と類似するものであるが、狐の役割が、山の神を惑わせ、悪い神になることを阻止することから、ここでは危急をオキクルミに知らせることに変換している。

　狐の頭骨による占いに関連して、夢見について述べておく必要がある。夢に対する吉凶は同一の夢であっても、その人の年令、地域により異なるが、沙流では手足に油脂のつく夢、女に接する夢は狩猟において怪我を受ける前兆（吉田 1912b：396, 399）とされた。また、狩猟者にとって最悪の夢は脂（獣脂）が手に付着し、あるいは他人からつけられるものである。その他、自ら負傷した夢は不吉であり、また、他人を傷つけても逃走される夢は獲物を逃がすとされた（渡辺 1952/53：259-260）。沙流川流域以外（釧路雪裡）では、蜂に刺される夢、つまらない者に勝負で負かされる夢、女性上位の性交の夢は悪い（更科 1976b：351）とされた。これらの夢を見た翌日は幣を立てて祈り、狩猟を行なわない。さらに、泥にぬかるみながら難儀して歩く夢も凶とされた（フィールドデータ MS 1909m 門別幾千世）。

これとは逆に最良の夢は自分が人を殺した夢であり、必ず獲物が獲れると確信された（渡辺 1952/53：259）。釧路地方では、死人をいじった夢、新しい舟をつくった夢、偉い人に挨拶されたとか、子供を連れた綺麗な女性にあった夢、人を殺した夢や大きな魚をとった夢、さらにタコやカニの夢は吉とされた（更科 1976b：351）。また、シイタケ、ブドウ、コクワ等の成り物を採った夢は吉であった（フィールドデータ MS 1909m 門別幾千世）。これらの吉夢のうち、偉い人、子供連れの綺麗な女性等は、人間の姿で現われた動物の神（キムンカムイ：山の神）、もしくは狩猟の女神（ハシナウカムイ）の隠喩であると解釈すれば、神の訪問、すなわち狩猟の成功と結びつく。特に、ある種のフクロウは獲物の鳥の神（ユックチカップカムイ、yuk chikap kamui）、狩猟の成功を授ける神（イソサンゲカムイ、isho sange kamui）、枝の幣を持つ神（ハシナウコロカムイ、hash inau koro kamui：狩猟の女神）等と呼ばれ、夢の中で白い服を着た人として現われ、狩猟者が幣を捧げることにより狩猟者に獲物の居場所を教え、危険を警告することを約束するという神話（Batchelor 1901：419）との関連性を考えることも可能である。また、殺人、死人をいじる夢はクマの狩猟、解体と類似し、また魚、シイタケ、木の実等をとる夢も、獲物の獲得と類似することから狩猟の成功を暗示すると解釈される。これとは逆に、凶夢において脂（獣脂）が手に付着すること、泥の中を歩くこと、蜂に刺されること、勝負に負かされること等は、いずれも困難で不快な状況の隠喩であり狩猟の失敗を暗示するものと解釈される。

3　狩猟の行動戦略

　アイヌの狩猟に関して、沙流川流域アイヌに関する情報資料を中心に、狩猟技術、狩猟行動、狩猟の象徴的意味について分析を行なった。以下にこれらの間の相互作用に焦点をあて、狩猟における行動的戦略という視点から考察を行なう。

(1)　矢毒の重要性と開発戦略

　矢毒（トリカブト）はアイヌの狩猟技術体系の中心的位置を占める。矢毒はアイヌの狩猟の特徴である自動装置（仕掛弓）の使用、狩猟犬の使用による追込み猟、越冬グマの急襲猟と結びつき、狩猟技術体系の要となっている。矢毒

はトリカブトの神として認識され、火の女神の伝言を山の神に伝える使者としての象徴的意味が与えられている。さらに、松脂の神とともに、山の神を魅惑し、行動の自由を奪うことによって、積極的に山の神を神の国から人間の国に招待するという実行者としての役割を持つ。これは、狩猟犬が火の女神の使者としての役割を持つと認識されていることと類似する点である。この矢毒の象徴的意味づけは、トリカブト毒が獲物に対して作用する現実的効果と一致するものである。したがって、狩猟の世界観においてトリカブトの神が不可欠の位置を占めるということは、技術体系における矢毒の使用とともに、アイヌの狩猟の重要な特徴であると考えることができる。

　しかし、現実にトリカブト毒の効果は完璧ではない。矢毒の不完全性は狩猟効果の不確実性のみならず、クマの反撃という危険性をうみ出すことになる。したがって、狩猟者は、矢毒の不完全性に2つの戦略で対処することになる。その第1は毒性のより強力なトリカブトの開発であり、第2はこれに添加する調合材料の開発である。第1の戦略は、トリカブト属の分類と毒性との対応関係の設定、使用前における毒性の検定、使用後の結果に基づく毒性の強いトリカブトの認定から成る。トリカブトの採取にあたって、その株の採掘地点に目印を刻むことは、それぞれのトリカブト株とその生息地点を詳細に同定、記憶するためである。毒性の強いトリカブトの生息地域は限定され、時に居住地から遠く離れた地域のこともあるが、さらにその地域内においてもトリカブトの毒性は異なるとされ、毒性の強弱に基づくトリカブトの選定は不断の調整を伴なったと考えられる。

　第2の戦略は、矢毒の調合材料の選択、利用、開発である。添加材料には、狩猟の成功へと導く効果を有すると考えられるものと、狩猟の失敗を防止する効果を有すると考えられるものとが含まれる。前者には節足動物性材料が含まれ、後者には植物性材料の多くが含まれる。これらはともに、魔術的効果を持つものとして解釈され得るが、特に後者は狩猟の不確定性、危険性の象徴である悪い神に対する防御に用いられる。もっとも、これら添加材料は致命的ではないにせよ、そのほとんどが有毒成分を含み、現実的効果を否定することもできない。また、一方で、狩猟に有効な毒成分は実地試験に基づく長期間の開発、選択という過程を経なければならない。矢毒材料が、主毒となるトリカブトを

含めて 28 種にのぼることは、この過程を示すものと解釈される。また、和人との接触以後、導入されたと考えられるタバコ、トウガラシが添加材料に含まれ、さらに鉄砲の火薬が含まれていたという事実は、矢毒の開発が試行錯誤を通して積極的に継続されていたことを示すものである。すなわち、魔術的効果という思考に基づく開発が、現実的にも矢毒材料の利用範囲の拡大と発見に結びつく可能性を指摘することができる。したがって、矢毒材料の開発という行動的戦略は、狩猟の世界観に基づきながら、現実的効果を変化させる動的役割を持つと考えることができる。

(2) 狩猟の象徴的意味と行動戦略

　アイヌは狩猟を狩猟対象動物の神が神の国から人間の国を訪問することであると認識している。したがって、狩猟とはこの訪問を可能とする人間による行動的操作の過程であると捉えることができる。そこでは、矢毒（トリカブトの神）の採取にはじまり、火の女神を仲介として、山岳を領有する神をはじめとする重要な神々、すなわち、狩猟の女神、森の木の女神、幣所の神への祈願、および狩猟行動の過程における禁忌により、山の神の招待とその準備を行なう。クマの狩猟後、山の神の来訪に対する歓迎と、神の国への送還儀礼である熊祭りが行なわれる。人間の国を訪問する山の神は、土産物としての肉、毛皮、胆のうを人間に贈り、返礼としての饗宴と礼拝を受け、さらに神の国へ帰還した後、人間から酒、幣、粢餅が届けられ、神の国で神々とともに饗宴を催すと考えられている。すなわち、現実には狩猟は動物を殺し、その生産物を確保する活動であるが、人間はそれを人間と動物（神）との間の贈り物の交換として認識する。

　山の神に対する人間の関係については以上述べた通りであるが、悪い神に対しては、狩猟行動の過程において、狐の頭骨の神、および矢毒の植物性添加材料に用いられる諸神の除魔力を利用して防御戦略の展開を行なう。また、緊急事態においては、軽い神というややもすれば邪悪な神の助力を得た上で狩猟者の積極的な呪術、魔術的戦略による悪いクマに対する反撃行動がとられる。同様に、狩猟の事故死の発生に至っては、危害を加えた悪いクマを冥府へ追放するという制裁行動の発動によりその魂が神の国へ帰還することが阻止され、永遠の死に至らしめられる。すなわち、アイヌ（人間）とカムイ（山の神）

との間の関係が贈り物の交換を通した互恵性として認識され、これが熊祭りという肯定的戦略により形成されるのに対し、悪い神に対して人間は制裁と追放という否定的戦略を設定することにより互恵性の形成の拒絶を行なうことが明らかとなる（図4）。

　もっとも、良い獲物と悪い獲物というアイヌの思考上の弁別は、現実的実在性を持つと考えることは困難であり、むしろ狩猟の結果に基づく論理的弁明であると解釈される。したがって、悪い獲物に対するアイヌの行動とは、本来、予知することの困難である狩猟の危険性というものを悪い神として象徴化することにより、その介入を阻止し、その危害に対して制裁を加えるという行動的戦略である。すなわち、現実の不確定性事象に対し、特定の思考的枠組を設定することにより、現実的行動が決定されていると理解することができる。

(3)　狩猟活動における占い・夢見の機序

　狐の頭骨の神は前述した除魔力とともに予知能力を持つと考えられ、狩猟の吉凶、狩猟の場所を決定するための占いに用いられる。占いはその実行者の作為によってなされる場合（Batchelor 1901：351-353）もあるが、狩猟における行動の決定においては無作為になされたものと考えられる。肩甲骨を用いた占いによりカナダのモンターネ・ナスカピ（アルゴンキアン語族）がトナカイの群れの位置を決めることは、無作為な方法により習慣型を破る方策としての価値があるかも知れないという解釈（Moore 1965：72）があるが、移動路の不確定なトナカイの狩猟とは異なり、狩猟地域も限定されていたアイヌのクマ、シカの狩猟において、これがどれほどの効果を持ったのか確証を得ることは困難である。もっとも、その狩猟地域に獲物がいるかどうか、さらに狩猟が成功するか否かということは、狩猟の危険性、不確定性とも関連し、予知不可能な事象である。したがって、本著では占いをアイヌの狩猟における行動決定機序の一部として捉え、狩猟の不確定性に無作為な判断をもって対処する思考上の行動戦略と考える。これを前述した狩猟対象動物を良い獲物と悪い獲物に弁別し、悪い獲物に対して防御行動をとるという戦略と比較すると、両者とも狩猟の不確定性への行動戦略であるという点で共通する。しかし、弁別による方法が不確定性事象に対し一定の思考的枠組を設定し、これを基準にして現実行動を決定しているのに対し、占いによる方法は不確定事象を直接的に絶対的指示によ

り確定事象に認識的に変換するという点が異なる。

　次に、占いと同様、予知能力の利用という点で共通する夢見について検討する。夢見の吉凶が狩猟の過程で、現実の行動への重要な決定機能を持つことはすでに本文中で述べた。夢見は狩猟以外の場面においては、神謡の中で動物の神が人間の姿で登場し、人間界に起こった不可解な事象について論理的説明を行なったり（Batchelor 1901：185-187, 448；久保寺 1977：115）、病気の原因を蛇の神が解明したりする（Munro 1963：104；萱野 1978：274-279）という機能を持つ。さらに、家屋を建築する場所の良否は森の木の女神が夢を送ることにより暗示する（Munro 1963：67）。夢は、猟があるかないか、またクマに襲われる危険があるかないかを、木の神が見せるものである（フィールドデータ TS 1922m 新冠万世）という。すなわち、夢の内容は神（カムイ）から人間（アイヌ）へ送られる伝言であり、夢はそのための媒体となる。この伝言は夢を見る本人に直接、時には象徴的表現を用いて伝達される。

　狩猟における夢見は、将来の予知を含むものである。夢の内容は多くの場合、狩猟行動との類似性、あるいはその象徴的意味によって表現される。これらは狩猟の成功、もしくは失敗の隠喩であり、これによって狩猟行動の継続、停止が決定される。したがって、狩猟における夢見は、夢を見る狩猟者本人の経験の統合化と、これに基づく判断、予知であると考えることができる。ここにおける経験とは過去、現在における狩猟者自身の身体的、精神的状態のみならず、狩猟地域で観察され、おそらくは意識されていなかった環境の微細な変化や危険の兆候等をも含むものと考えられる。もちろん、夢見が厳密な意味でこれら情報の統合的把握とその客観的判断であるということはできない。むしろ、占いと同様、客観的判断が困難であるからこそ夢見が指針としての意味を持つと考えることの方が事実に近いであろう。したがって、判断不可能な状況下における夢見において、本人自身の意思が強く反映されることがあるなら、その予知結果は占いと同様に暗示効果としての機能を持つことを認めねばならない。しかし、狩猟における夢見は、少なくとも本人自身の経験に基づき、本人自身の無意識的状況における判断という過程を経ているという点において、無作為な抽出を基本とする占いとは方法論的に異なる。

　さらに、夢見は、機能的には狩猟行動の継続、停止という行動決定の主要

操作そのものにかかわっており、夢という場における狩猟者と狩猟対象動物（神）もしくは狩猟の成功を司どる神々との間の超自然的交渉と現実の行動の操作の過程として解釈することが可能であり、夢が狩猟行動における重要な位置を占めていることを指摘することができる。

　以上、狩猟行動とその象徴的意味を分析し、いかにしてアイヌがクマを狩猟したかという狩猟の行動戦略とその機序を明らかにした。その結果、狩猟行動がアイヌの狩猟技術のみならず、アイヌ（人間）とカムイ（神）との関係を贈り物の交換を通した互恵性として認識するアイヌの世界観そのものと深くかかわっていること、さらにこれらの間を具体的に結びつけるものとしての狩猟対象動物、矢毒、狩猟犬の役割と象徴的意味が解明された。もちろん、狩猟行動を行なうのは人間であり、それを可能にするのは行動戦略である。したがって、狩猟における行動戦略とは、人間によって認識された自然と、現実の自然との間の相互作用の動的過程であり、それは良い獲物であるクマ（山の神）の招待と送還という肯定的機序と、悪い神に対する防御と追放という否定的機序によって成り立っているのである。さらに、次章以下に述べるアイヌの熊祭りは、この狩猟の行動戦略の一環として位置づけることができるのである。

第2章　アイヌの熊祭りの儀式次第

　アイヌの熊祭りの儀式次第は地域差が認められるものの、大きな流れとしては基本的には変わらない。そこで、ここでは、まず熊祭りの儀式次第の全体像を時系列として提示し、北海道南西部沙流川地域の事例に基づき記述することにする。沙流川地域に焦点をあてる理由は、この地域においては、時間的、空間的に設定された文化人類学的情報資料がアイヌ文化における標準資料としてすでに分析、提示されており（煎本 1987a : 1-218）、歴史的、生態学的背景が明確になっていること、特に、1920－50年代に調査された熊祭りに関する学術的資料が比較的整っていることによるためである。

　資料は、1942年（昭和17）から1948年（昭和23）に沙流郡平取町二風谷に滞在し、KN氏からの聞き取り調査に基づいた伊福部（1969）を基本とし、祈り詞については平取町ピラトリコタンのKP氏に依る調査に基づいた名取（1941）を用いる。また、映像資料として、1931年（昭和6）に二風谷においてSK氏を祭主として執り行なわれた熊祭りの映像資料（Munro c.1931）および1936年（昭和11）3月27－30日に二風谷においてKN氏を祭主として執り行なわれた熊祭りの映像資料（久保寺 1936）、1931年（昭和6）に行なわれた熊祭りに関する写真資料（富士元 c.1931 ; 1952）を用い、熊祭りにおける具体的活動を明らかにする。さらに、1931年に行なわれた熊祭りへの参加体験者へのインタビュー（煎本 フィールドデータ 沙流二風谷 2008）から、文献資料には記されていない日常の生活に立脚した人々の考え方や信仰を明らかにする。なお、これらの資料はいずれも1930年代というアイヌ文化が大きく変化した後の聞き取り調査に基づくもの、および復元されて行なわれた熊祭りの映像記録である。しかし、過去に行なわれていた熊祭りの実際の経験者により語られ、あるいは学術的記録を目的として行なわれた熊祭りであるため、学術的資料としての信頼性は高いと考えることができる。

　熊祭りの時系列（表3）は儀式次第の項目を文献、もしくは映像記録に基づいて整理し、まとめたものである。この時系列から熊祭りは全体の流れとして、

表3 熊祭りの儀式次第の時系列

沙流川地域における熊祭り儀式次第の文献、映像資料に基づく項目

熊祭りの時系列	伊福部 (1969)	名取 (1941)	Munro (c.1931)	久保寺 (1936)
1. 準備			Preparation	
1-1. 捕獲、飼育	クマの飼育	子グマの動れ		
1-2. 祭司の依頼				
1-3. 酒造り、料理の準備	酒こしの式 (イヌンパ)	酒造り	millet beer brewed, food boiled	餅つき、クマの土産の準備
1-4. 祭壇、祭具の準備	準備 (イナウ、供物その他、祭場における準備		post erected, inau prepared	祭壇の準備
1-5. 神折り	前日祭 (ヘペレ エトコ アイキト)	イナウロシケトキ (第1日)	(A day before ceremony), offering libation	熊祭り前日の折り (1936年3月27日)
2. 子グマの儀礼的屠殺	本祭第1日 (カムイミト)	イナウロシケト木 (第2日)	(The day)	熊祭り第1日 (1936年3月28日)
2-1. 神折り	神折り (カムイノミ) (その1)		offering prayer with libation	カムイノミ、パセオンカミ
2-2. 子グマの屠殺	クマの艦折しから解殺まで (ヘペレ アパテ)		ritual killing of the bear	ヘペレアパンチ (クマを走らせる)、ヘペアイアコレ (花矢にて射る)、フェアイタックンパ (本矢にてしとめる)
2-3. 神折り、饗応				クマの血を飲む.
2-4. 遊戯			young man imitating bear, scattering millet cakes, tag of war, dance and singing	アイヌペレップパンテ (人間クマを走らせる)、クマを真似た人)、ウコトシラッカ (綱引き)、ヤムチャラパ (餅まき)、女たち踊り
2-5. クレミを撒き				クマの肉を艦に収める
2-6. 解体	クマの解体 (ヘペレ)		bear skinned, drinking blood	
2-7. 神折り				イリ (クマの皮はぎ)、イチャリパ (祖先の霊を祀る)
2-8. 神折り (祖先供養)	神折り (カムイノミ) (その2)		offering to ancestor, women taking part	ケマウサ カムイノミ (炉の前)、アペサハタカム イチャリパ (炉の前でクマの頭を拝む)
3. 大饗宴			prayer, drinking, sacred flesh distributed, dance and singing, reciting of legends until morning	
3-1. 饗宴	大饗宴 (シイケ)			シイケ (室内にてまつり)
3-2. クマ肉の饗応	本祭第2日 (ポソオメカップ)	ポロオメカップ (第3日)		→
3-3. 運試し	クマ肉の饗応 (カムイハルアエプ)			ポロオメカップ (大饗)
4. 神送り			(Next day)	ウンメムケ
4-1. 頭の飾り付け	頭飾え (ウンメムケ)		offering prayer, libation	熊祭り第2日 (1936年3月29日) ケウォマンテ (散送り)、酒饗、ヘペレイヨイタックンコテ (クマの子の霊を送る)
4-2. 神折り				
4-3. 神送り	魂送り (ケウォマンテ)		(head with inau, fixed on pole) bear spirit returned	カムイシンタオタカムイ (クマの頭を又木にのせる)、女たちの涙の踊り、カムイシンタホリッパ (クマに衣服を着せて踊らせる)、カムイエキルアエプアエワオ (花矢を射て傷を払い)、酒饗、廃折り、行器酒の儀、餅とクマの煮を配る、ケヨンビ (クマの頭の向きを直す
5. 小饗宴	本祭第3日 (ポンオメカップ)	ポンオメカップ (第4日)		熊祭り第3日 (1936年3月30日) ポンオメカップ (小饗)、残ったクマ肉を食べる、運試し、招待者への拝礼と見送り
6. 追加神折り	翌日の後			

(矢印は順番のいれかえを示す。)

1.準備、2.子グマの儀礼的屠殺、3.大饗宴、4.神送り、5.小饗宴、6.追加神祈り、から成ることが明らかとなる。以下に、時系列に沿って熊祭りの形式と内容について記述する。

1　準　備

(1)　捕獲・飼育

　準備における子グマの捕獲は早春3月に行なわれる越冬穴にいるクマの狩猟により可能となる。秋から冬ごもりしている雌グマは12月頃穴の中で子を産むため、雌グマの狩猟後、子グマを生きたまま捕えることができるのである（犬飼 1950：53）。狩猟には、前章で述べたようにクマの越冬穴の入口を棒で組み塞ぎ、犬をけしかけ、クマが外に出ることのできないようにし、毒矢で射るという雪上の集団猟による急襲方法が用いられる（煎本 1988a：134）。

　ヒグマ（*Ursus arctos yesoensis*）（写真2）の一生は、登別クマ牧場ヒグマ博物館の展示解説、および飼育員からの情報（2008年9月）によると、6月に繁殖活動を行ない、12月下旬でも胎児は小さいが、出産前の1ヶ月間で急激な成長が見られる。1月下旬に越冬穴の中で出産し、生後1日では体重400グラム、体長25センチメートルである。生後3ヶ月の4月頃、子グマは4キログラムにまで生長し、母グマとともに越冬穴から出る。生後1年には、再び母グマと一緒に越冬する。生後2年になると子グマは母グマから独立し、3歳で発情が始まり、4歳で子を産む。また、飼育されているクマの体重は、1歳で雄60（最小50－最大70）キログラム、雌40キログラムであるが、野生グマではもっと軽いという。また、1歳の子グマに対しては飼育員がようやく制御可能であり、これを越えると危険であり、制御は困難であるという。2歳では、雄100キログラム、雌70－80キログラム、3歳では雄120－130キログラム、雌90－100キログラム、成獣となる4歳、5歳では雄150－160キログラム、雌120－130キログラム、10歳では雄300キログラム、雌150キログラムとなる。なお、12、13歳で最大体重、雄400キログラム、雌200キログラムになるクマもいる。寿命は北海道の野生グマで32歳の記録があるという。これらの情報に基づくと、春の越冬穴で急襲猟により母グマの狩猟とともに捕獲された子グマは、出産後3ヶ月、もしくは2度目の越冬をしている1年3ヶ月の子グマとい

写真2　北海道のヒグマ（*Ursus arctos yesoensis*）［煎本撮影（2008）］

うことになる。前者の場合は体重4キログラム、後者の場合は雄60キログラム、雌40キログラム以下となる。

　子グマはアイヌにとっては山の神から「預けられた」ものとして考えられており、家族の一員として幼い間は家の中で放し飼いにされ、ときには母乳を与えかわいがって育てられ、やがて家の外に檻を作って入れられる。熊祭りは多くは翌年の1, 2月頃（満1才）に行なわれるが、満2才になってから行なわれることもある（伊福部 1969：23-24）という。これにしたがうと、捕獲されるクマが出産後3ヶ月の子グマであれば、飼育期間は約1年で1歳、もしくは約2年で2歳ということになる。また、1年3ヶ月の子グマを捕獲した場合には約1年間飼育して2歳、約2年間飼育すれば3歳になる。

　なお、現在の沙流川流域における聞き取り（フィールドデータ MN 1928m 沙流二風谷）によると、越冬穴に子グマは1頭か2頭いるが、狩猟の際は隠れているという。しかし、翌日、近くにいるので殺さないで家に持ち帰る。2頭を飼育するのが大変であれば1頭はとなり村の近しい人に、「自分は熊祭りの時にお前を呼ぶから、お前も熊祭りの時には自分を呼べ」といって渡す。昔は、熊祭り、結婚式、葬式の時にしか人々が集まる機会はなかったので、このよう

な時には遠くの村々から人々が集まったという。子グマは最初は母乳で育てるが、1ヶ月で飯を食べるようになる。捕獲した年の翌年の雪の降る前（1歳半－2歳）、もしくはその翌年の春先から秋（2歳半－3歳）までには熊祭りを行なう。3歳でも発情がきたら早い時期に神の国（親の国）へ送らねばならない。4歳はない。飼っていてもコタンの長にクマが大きくなったら危ないぞといわれれば殺さざるを得ないという。また、子グマを「預かって」いる時に子グマを連れて川に水遊びに行き、子グマの頭を川の水の中に突っ込んだので子グマが逃げたことがあった。コタンの人々が捜すと、コクワの木に登っていて下りて来ない。しかし、飼っている家のエカシ（長老）が来たら、愛情が移っていたのかエカシに飛びついた。そして、子グマの頭を川の水の中に突っ込んだことをエカシに怒られたという。これらの話から、コタンの人々が子グマを大切に育てながら日々の生活を送っていたことがうかがえよう。

(2) 祭司の依頼

　熊祭りを行なうことが決まると、あらかじめ熊祭りの祭司（ヘペレ サケイユシクル、heper sakeiyush kur）が選ばれ、依頼の承諾の返事を受け取っておく。

(3) 酒造り、料理の準備

　酒造りは熊祭りの10日ほど前から始められ、稗を原料に麹を加えて発酵させ、3日前には酒濾の式（イヌンパ、i numpa）が行なわれ酒が準備される。また、供物、料理として、アワ、キビ、米などを原料とした粢餅（シト、shito）、干鮭（サッチェップ、sat chep）、油炒め（ラタシケプ、ratashkep）などが準備される。また、粢餅をヤナギの枝を串として12個ずつさしたもの2本を1組として串餅（シトニン、shito nin）が用意される（伊福部 1969：25-29, 33-34）。熊祭りの映像資料（Munro c.1931；久保寺 1936）では、3名から4名の女たちがそれぞれ竪杵を持ち、1つの臼を囲み、餅をついている。また、女たちは串餅を作り、酒が室内に置かれ、炉には鍋が掛けられ汁物が用意される。

(4) 幣所、祭具の準備

　幣（イナウ、inau）などの祭具、宝物（イコロ、ikor）、供物が準備され、祭場においてはクマを縛る綱（ヘペレトゥシ、heper tush）、クマを誘導するための手草（タクサ、takusa）、クマを繋ぐ柱（トゥソクニ、tusok ni）、花矢（ヘペレアイ、heper ai　あるいはチロシ）、クマを絞殺するための絞木が準備される（伊福

部 1969：25-26, 30-36)。また、映像資料（久保寺 1936）では、4-5名の男たちが座って幣を削り、他の映像資料（Munro c.1931）では2名の男が行器（酒槽）(ほかい)（シントコ、shintoko）を室内に並べ、壁には花ござをかけ、ここに刀などを吊り下げ飾ることが記録されている。なお、行器とは日本では平安時代以来、食物を運ぶために用いられた蓋つきの木製、漆塗、円形の曲物で、交易品としてアイヌ社会に入り、宝刀とともに宝物とされたものである。

(5) 神祈り

　熊祭りの前日は、クマの仕度をする日（ヘペレエトコアオイキト、heper etoko a oiki to）で、熊祭りが無事に行なわれるようさまざまな神に加護を祈る儀式から成る。まず、火の神（イレスカムイ、iresu kamui；カムイフチ、kamui huchui）への祈りから始まり、順序に従い、家の中の神である家の神（チセコロカムイ、chise kor kamui）、エンジュの神（チクベニトノ、chikubeni tono）に家族の無事を祈り、屋外の幣所（ヌサ、nusa；ヌササン、nusa san；イナウチパ、inau chipa）において、幣所の神（ヌサコロカムイ、nusa kor kamui）、狩猟の神（ハシナウカムイ、hashinau kamui）、木の神（シランバカムイ、shiranba kamui）の3神に幣を立て、捧酒し、祈詞をもって守護を祈る（写真3）。さらに、子グマの檻の前で子グマを守護してくれたエンジュの神に災難のないよう祈る。そして、幣所の神、木の神に酒粕（シラリ、shirari）が供えられる（名取 1941：81-83)。

　幣所では3人の男がアイヌの伝統的衣装を着、頭には削り花（削り掛け、イナウキケ、inau kike）で作った冠（サパンペ、sapampe＜sapa unpe）をつけて正装し、それぞれ杯（トゥキ、tuki）に、入れた酒を左手に持ち、右手で持った捧酒箸（イクパスイ、iku pasui）の先端を酒につけ、これを幣に触れるようにして捧酒し、残った酒が飲まれる（写真4）。また、クマを繋ぐ柱に取り付けられる不死を意味する緑の葉のついた枝も幣所に立てかけられている（Munro c.1931；富士元 1952：No.6)。なお、屋外の幣所での捧酒の前には、家の中で火の神をはじめとする屋内の神々に明日の熊祭りの次第を告げて捧酒が行なわれる。その後、東窓より酒が外にいる3名の男の杯につがれ、幣所で捧酒が行なわれる。さらに、酒が杯につがれ、クマ檻の前での祈りと捧酒が行なわれる（久保寺 1936)。

　屋外の幣所は祀られる神々ごとに幣を数本ずつまとめて作られ、祭壇となる。

第 2 章　アイヌの熊祭りの儀式次第　51

写真 3　捧酒箸（イクパスイ）（沙流、1914 年収集）**と杯**（新冠、1958 年収集）
手前は熊祭りに際して新しく作られる有翼酒箸(削箸、キケウシパスイ)(沙流、作成)
捧酒箸、有翼酒箸は、翼、舌、口をもった鳥の象徴であり、人間の祈詞を神々に伝えると考えられている。有翼酒箸の中央前方よりの個所につけられた印は祖印（エカシイトクパ）である。
（北海道大学北方生物圏フィールド科学センター植物園・博物館
（旧農学部附属植物園・博物館）蔵）［煎本撮影（2010）］

写真 4　幣所の前での神祈りと捧酒
（旧北海道大学文学部附属北方文化研究施設蔵）［富士元撮影(c.1931)、資料撮影煎本(2010)］

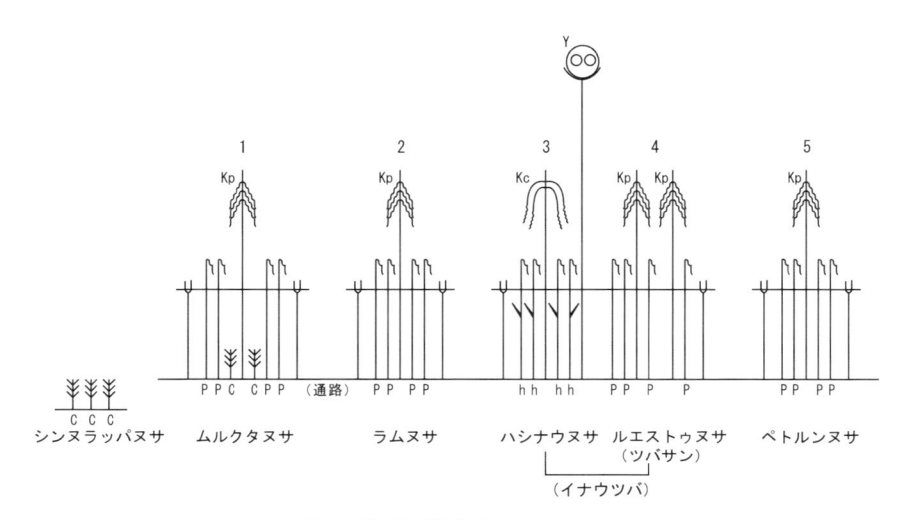

図5　幣所の構成（S型、沙流型）

1.幣所の神（ヌサコロカムイ）、2.木の神（シランバカムイ）、3.狩猟の神（ハシナウカムイ）、4.熊の大神（メトゥシカムイ）、5.水の神（ワッカウシカムイ）、Y.クマ頭骨を掲揚する叉木（ユクサパオニ）、P.ポンストゥイナウ、h.ハシイナウ、C.チェホロカケップイナウ、Kc.キケチノイェイナウ、Kp.キケパルセイナウ。高く立つのがイナウネトパ、4本ずつ飾られているのがポンストゥイナウ、狩猟の神に捧げられるのがハシイナウ、最も短いものがチェホロカケップイナウである。なおイナウネトパのうち、狩猟の神に捧げるのがキケチノイェイナウ、他がキケパルセイナウとなる。また、熊祭りの時はユクサパオニの二叉の枝先にケイトムシイナウ2本、叉木の両側にシリクライナウ2本、イナウツバに4本のルエシュトイナウを飾る。（伊福部（1969：18）、名取（1941：45-47）に基づいて作成。）

沙流川地域では基本的には左端の手前に祖先供養（シンヌラッパ、shinnurappa）のためのシンヌラッパヌサ（shinnurappa nusa）が置かれ、その右に幣所の神を祀るムルクタヌサ（mur kuta nusa）、通路のための間隔を少し置いて、木の神を祀るラムヌサ（ram nusa）、狩猟の神を祀るハシナウヌサ（hashinau nusa）、熊の大神（メトゥシカムイ、metotush kamui）を祀るルエストゥヌサ（rue sutu nusa）、そして、右端に水の神（ワッカウシカムイ、wakka ush kamui）を祀るペトルンヌサ（pet orun nusa）が配置される（図5）。また、コタンを守るコタンコロカムイ（kotan kor kamui）、先祖の神々の幣などは各家の伝統に従い、ラムヌサとハシナウヌサの間に飾られる。また、それぞれの神を祀る幣所は中央に立てられた1本のイナウネトパ（inau netopa）を中心に4本の小枝の幣（ポンストゥイナウ、pon sutu inau）と1-2本の逆さ削り幣（チェホロカケップイナウ、

写真5　幣（イナウ）（沙流二風谷、1967年作成）
右からキケパルセイナウ、キケチノイェイナウ、
2本の逆さ削り幣（チェホロカケップイナウ）
（旧北海道大学文学部附属北方文化研究施設蔵）［煎本撮影（2010）］

chehorkakep inau）から構成される。小枝の幣は皮をつけたままの小枝の幹に3段に3個ずつ削りかけをつけ、頂部を斜めに切って割れ目に数本の削り花（inau kike）を挿したものである。また、逆さ削り幣は末口から逆に削って削り花をつけた短い幣である。イナウネトパはヤナギの枝を削り、削り花を房のように垂らせたキケパルセイナウ、もしくは、これを編み垂らしたキケチノイェイナウの2種がある（写真5）。後者は狩猟の神の幣所に用いられる。また、ここに置かれる小枝の幣だけは先の分かれた横枝を1本ずつ残したものが用いられる。また、ルエストゥヌサは熊祭りの時に主神祈りが行なわれるものであり、上記の他、4本のシリクライナウ（shirkura inau）、高い幣であるリイナウ（ri inau）、クマの頭を置く叉木であるユクサパオニ（yuk sapa o ni）が加えられる（伊福部 1969：17-22）。

　フィールドデータ（MN 1928m 沙流二風谷）によると、幣所は普通家から20－30メートルほど離れた場所に設けられているが、50メートルも離れた場所に作る人もある。ここは蛇の親分である幣所の神（ヌサコロカムイ）の領分であり、

魔物は近づくことができない。このため、蛇は魔除けになる。かつて、平取コタンの長であったペンリウクが、宣教師であるバチェラー（Batchelor, John）に仕えていた時、他の事はバチェラーにしたがっていたのだが、バチェラーがアオダイショウを殺した時だけはペンリウクがバチェラーを叱りつけたという話が伝えられている。また、幣所で神祈りを行なうと、神々が幣所にやって来るという。神々は普段、旭岳やポロシリ岳の山頂で互いに話して歩き、この場所が神の庭（カムイミンタラ、kamui mintar）と呼ばれている。しかし、幣所で神祈りが行なわれると、神々がやってくるため幣所が神の庭になるのだという。

　祭りの前日には、すでに依頼を受けていた熊祭りの祭司であり、主賓であるサケイユシクルが村に到着し、クマ檻の前で礼拝を行なう。その後、家の外で咳払いをして訪問を告げると、家の中から案内人が出てきて、家の中に迎え入れられ、ここで熊祭りを行なう家の主人（チセコロクル、chise kor kur）である祭主（サケサンケクル、sake sanke kur）と向かい合って座り、2人はそれぞれ両手を前に出し、手の平を上にして上下させ、両手であごひげをしごきおろしながら礼拝（オンカミ、onkami）する丁寧な会釈（ウェランカラップ、uerankarap＜uwerankarap）を行なう。その後、火の神に捧酒し、明日の熊祭りが無事に行なわれることを守護してくれるよう祈る。さらにクマ檻の前で、子グマの守り神である枝幣の神（ストゥイナウカムイ、sutu inau kamui）に熊祭りの式場でクマが人を傷つけることのないよう守護してくれるよう祈り、子グマには明日、神の国に送るが、よろこんで両親のもとに帰り、またたくさんの土産を持って私たちのところを訪れてくれるよう祈る（久保寺1936；伊福部1969：38-39）。

2　子グマの儀礼的屠殺

(1)　神祈り

　本祭第1日は神祈りの日（カムイノミト、kamui nomi to）（伊福部1969：41）あるいは幣所に幣を上げる日（イナウロシケトホ）（名取1941：83）と呼ばれ、子グマの儀礼的屠殺が行なわれる。ここでは、昨日幣を立てた幣所の神、木の神、狩猟の神以外の神（ただし、熊の大神を除く）全部に幣を立て神祈りが行なわれる。まず家の中で火の神に祈り、同時に信天翁（あほうどり）の神（シ

ラッキカムイ、shiratki kamui)、家の神、子供の守護神であるエンジュの神、入口の神（アパサムウンカムイ、apa sam un kamui）への祈詞が行なわれ、その後、屋外で幣所の神（ヌサコロカムイ）、荒神（イモシカムイ、imoshi kamui）、木の神（シランバカムイ）、狩猟の神（ハシナウカムイ）、水の神（ワッカウシカムイ）、オキクルミ神（オキクルミカムイエカシ、okikurumi kamui ekashi）、アベツ沢口の神（ナヨプトウシペ、nayoptoushipe）、門別川縁の山の神（ペテンカウシペ、peten kaushipe）、アベツ川口にいるフクロウ神（コタンコロチカップ、kotan koro chikap）、狐の神（シトゥンベカムイ、shitunbe kamui）、サラバの川向の大ワシの神（チカポイペンタプカシアンバカムイ、chikapoi pentapkashi anba kamui）、村のカシワ木の神（トゥンニトノマット、tunni tonomat）、オバウシナイの水の神（ポパユシナイ、popayushinai）、村の真中の水の神（コタンノシキウンナイコロカムイ、kotannoshikiun naikoro kamui）に幣を立て酒粕を捧げる。なお、これらの神々の中にはピラトリコタン独自の地域的神々も含まれている。もっとも、オキクルミ神は神話に登場する重要な人文神であり、フクロウ神も村の守護神として広く見られるものである。

その後、子グマの檻の前で子グマに、

　　クマの神よ、今まで子供の様にかわいがって飼っておいたけれども、習慣だから、これから家から出して遊ばせて送ります。そして新しく体を造りかえて親元に帰る様にしますから、決して悪い事をしない様にして、かわいがられる様に遊んで下さい。

と「子グマに言い聞かせる言葉」（名取 1941：94）が述べられる。

なお、映像資料（久保寺 1936）では、行器（酒槽）が削り花で飾られ、遠近からやってきた長老一同が着席し、火の神、家の神に神祈りが行なわれる。長老たちの杯に片口から酒がそそがれ、捧酒が行なわれる。屋外の幣所でも男たちが刀を掛け正装し、神祈りと捧酒が行なわれる。ここでは、フクロウ神（コタンコロカムイ）、アエオイナ神（オキクルミ神）、エシュンパ神、荒神（イモシカムイ）、アベツ沢口の神（ナイオプトゥンカムイ）、門別川の神（モペトゥンカムイ）、大鷲の神（チカポイウンカムイ）、湧水の神（ナイオルンカムイ）などが神祈りの対象となっている。その後、祭司が子グマの檻の前に行き、これより神の国に送ることを告げ捧酒する。クマ檻のエサを与えるところから酒を流し

写真6 子グマの檻の前での神祈りと捧酒
(旧北海道大学文学部附属北方文化研究施設蔵)［富士元撮影(c.1931)、資料撮影煎本(2010)］

込み、後に子グマが全部飲んでいることを確認する。また、映像資料（Munro c.1931）には、クマ檻の前で男が木組みの間に捧酒箸の先を入れて子グマに捧酒している最中、子グマが捧酒箸をもぎ取ってしまう様子が残されている。なお、この後、熊の大神（メトゥシカムイ）などに主神祈り（パセオンカミ）が行なわれ、さらに、幣所に巻いて置かれたクマを縛る綱にも災のないよう祈り詞が捧げられる（久保寺 1936）。

　また、聞き取りフィールドデータ（MN 1918m 沙流二風谷）によると、火の神に子グマを送るということを言った後、子グマの檻の前で、子グマに「今日、子グマ（ヘペレカムイ）の神様は山にいる（ポロシリ岳の守り神のクマ）から、親元に送るから、もらいものをいっぱい持って、神の国に持って行くことになっているから、その覚悟で行け」ということを告げる（写真6）。なお、1936年に行なわれた熊祭りにおいて、祭主（サケサンケクル）の娘が子グマを育てていたが、育てるにあたって、火の神にこの子グマ（ヘペレカムイ）の面倒を見るといってあったので、殺す前にお別れをする必要があった。彼女は、正装

し、手の平に菓子（チョコレート）を乗せて出すと、子グマは1粒1粒食べたという。これは「預かっている」人が行なうことである。なお、彼女は熊祭りの翌日に亡くなった。さらに、祭司であるサケイユシクルも翌年に亡くなった。これは「追従」であり、コタンの人々が「引っ張られる（送られるクマに引っ張られてカムイの国に連れて行かれる）」というように、熊祭りにおいてしばしば見られる。そのため、祭司は祭りの前に神祈りを行なう際、子グマを送るのは自分ではなく、炉に立てた逆さ削り幣（チェホロカケップイナウ）であると述べるという。なお、「追従」とは日本語であるが、聞き取りによると、これは明治天皇の崩御に際し乃木大将が切腹し、あるいは水戸黄門（徳川光圀）の死に際し家来たちが切腹したように、死んだ後もあの世でお仕えしたいということの意味だという。なお、熊祭りに伴ない関係者がしばしば死亡するということは、「熊祭りの復興」の章で後述するように、今日のアイヌの文化復興の大きな障害の1つとなっている。

(2) **子グマの屠殺**

神への供物や宴のために準備してあった魚、肉、汁が一同に振舞われた後、午後の3時頃にクマの檻出しと射殺が始まる。アイヌはこれをクマを「遊ばせて送る」と祈詞の中で述べ、また、クマを神の国へ返すヘペレアパシテ（heper apashite：クマを走らす）と呼ぶ。女たちはクマの檻のまわりで歌（ウポポ、upopo）を歌い、輪舞（リムセ、rimse）を行なう。若者は、檻の上からクマの首のまわり、および首からわきの下に2本の綱をかけ、床の丸太を抜きとり、クマを外に出す（伊福部1969：51-57）。映像資料（Munro c.1931）、写真資料（富士元1952：No.4, 5）によると、はじめに3人の男が檻の上に登り、上から綱を垂らしてクマの体にかけ、檻の底の丸太を抜いて子グマを外に出す。3人の男が子グマを繋ぐ3本の綱をそれぞれ持ち、祭司はキケパラセイナウを手に持ち、子グマを祭場へと誘導する（写真7）。なお、映像資料（久保寺1936）では、クマの綱かけ（ヘペレ　アトゥシ　ウシ、heper a tush ushi）により子グマは2本の綱に繋がれ、2人の男（ヘペレ　トゥシ　アニクル、heper tush ani kur）と手草（タクサ）を持つ4人の男により祭場へと連れて行かれる。

クマが檻の外に出されると、2人の若者が手草でクマを清め、誘導しながら祭場へ向かう。手草はヤナギの棒の先にササを結びつけたもので、クマが神の

写真7　子グマを檻から出し祭場へ誘導する
(旧北海道大学文学部附属北方文化研究施設蔵)［富士元撮影(c.1931)、資料撮影煎本(2010)］

写真8　子グマの繋ぎ柱と祭場をまわる子グマ
この間に花矢が射られる。
(旧北海道大学文学部附属北方文化研究施設蔵)［富士元撮影(c.1931)、資料撮影煎本(2010)］

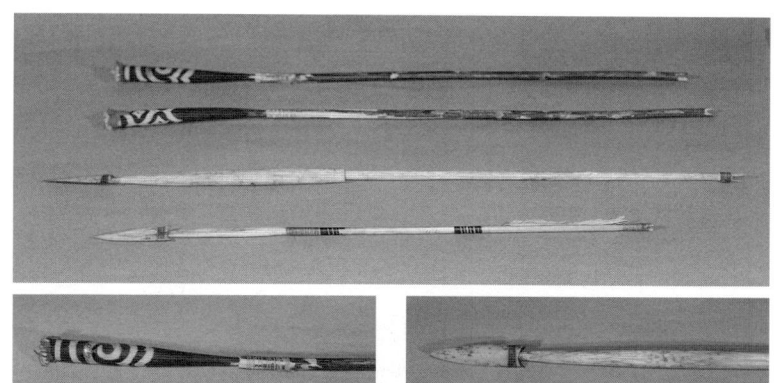

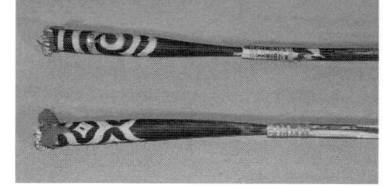

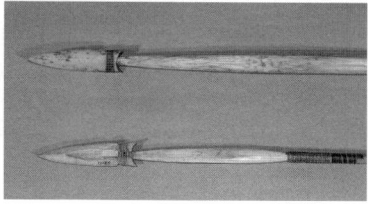

写真 9　花矢（沙流平取ペナコリ収集 2 本）
上段は上から順に 2 本の花矢、仕掛弓猟用の矢、矢羽のついた手持ち弓猟用の矢。
下段はそれぞれのやじりを示す。
（北海道大学北方生物圏フィールド科学センター植物園・博物館
（旧農学部附属植物園・博物館）蔵）［煎本撮影 (2010)］

　国へ帰るまで悪霊の障りを祓うためのものであるという。そして、クマは北西隅に立てられた繋ぎ柱に繋がれる。この柱の頂部はササとマツの葉で飾られ、その先には 1 本の逆さ削り幣が挿されている。若者はクマを休息させた後、再び綱を持ち、祭場を左まわり（反時計まわり）で 3 回ほどまわる（写真 8）。この間にまず祭司が第 1 の花矢を射、これに続き古老たち、若者たちがつぎつぎと花矢を射る。花矢は人と神との間の使者となり、クマが神の国に背負って行く土産であると考えられている。鏑矢に似ており、致命的な殺傷能力はないが先端には美しい模様のある木製の鏃がつけられている（写真 9）。雄雌とも 2 才グマ（満 1 才）の時は 60 本、3 才グマ（満 2 才）の時は 120 本が用意される。この間、女たちは踵を浮かせ、手をたたいて歌い踊る（伊福部 1969：36, 53-61）。
　映像資料（Munro c.1931；久保寺 1936）では祭場には 200–300 名の観衆が集い、子グマが祭場をまわる。男が手草でクマの頭に触れてクマを怒らせ、クマはこれに噛みつこうと暴れるが、繋ぎ綱を持った男たちが綱を引きその動きを制する。祭場でクマがまわっている最中に、数人の男が立ち上がり花矢を子グ

写真10　柱に繋がれた子グマに本矢が射られる
(旧北海道大学文学部附属北方文化研究施設蔵)〔富士元撮影(c.1931)、資料撮影煎本(2010)〕

写真11　子グマの首を棒ではさんで絞める
(旧北海道大学文学部附属北方文化研究施設蔵)〔富士元撮影(c.1931)、資料撮影煎本(2010)〕

写真12 東方の空に向けて矢を射てクマの霊の帰る道筋を示す
（旧北海道大学文学部附属北方文化研究施設蔵）［富士元撮影（c.1931）、資料撮影煎本（2010）］

マに射かける。クマはさらに興奮して、攻撃的になる。なお、子グマに祭場を走りまわらせるのは、クマを遊ばせ人間の国から楽しく送る気持ちからといわれる（久保寺 1936）が、同時に、手草でつついてクマを怒らせ、走りまわらせてから殺すと胆のうが大きくなるから（フィールドデータ MN 1928m 沙流二風谷）とも説明される。

　子グマが繋ぎ柱の所に誘導されると、綱を持った男たちがこの綱を持ったまま右まわり、あるいは左まわりに柱のまわりをまわることにより、子グマは柱に固定される。子グマはそこから動くことができずに、背を柱にもたれかけたまま座る。古老が弓矢を手に持ったまま幣所でクマの霊が無事に身体を離れるように祈った後、子グマに近づき竹製の鏃をつけた本矢を射る。ただし矢毒は用いられない（写真10）。子グマの聖なる血が地面の上に落ちて雪を穢すことのないようにする。クマの神に対する礼を示すという理由から、2本目の本矢を射た後、古老は幣所で身体を離れて行く子グマの霊に祈る。子グマはぐっ

たりとなり、舌を出して座ったまま大きく息をしている。なお、クマを矢で射殺す（ヘペレ　アイエトゥンナイ、heper aietunnai）際には、一気に心臓を射て2本目は形式にすぎないという。その後、瀕死のクマを腹ばいにさせ、ムルクタヌサとラムヌサの間の通路から幣所の後方に運び、地面と首の上に首を上下に挟むように2本の長い棒を渡し、男がクマの肩の上に馬乗りになり両手で上の棒を下に押さえつける（写真11）。その男の上にさらに別の男が3-4名かぶさるようにして乗り、上から力を加えて棒を下に押しつけ、クマの首を絞めて殺す。若い男が花矢と本矢を東方の空に向けて射、霊の帰る道筋を浄め、示す（写真12）。

　このクマの首を木で絞める（ヘペレ　レクッヌンパ、heper rekut numpa）のは、フィールドデータ（MN 1928m 沙流二風谷）によれば、子グマをあまり苦しませないで殺すためであるという。また、1936年の熊祭りにおいては、射手の1発の本矢でクマは倒れた。上手な射手が選ばれ、脇の下から射ると心臓に近く矢が入り死ぬからである。丸太は用心のため用意してあるが、なるべくは使わないで矢で射殺するに越したことはないともいわれる。

(3)　神祈り、饗応

　ここで、子グマに「一息骨を折らせたが、少し休んでください」と子グマを休ませる祈詞を述べ、同時に、幣所の前に焚火をし、最も重要な神祈りである主神祈（パセオンガミ、paseongami）をするために、初めて熊の大神の幣を立て、まず幣と酒を「火の神様の言葉で神々に捧げる様にお願いします」と火の神に告げてから、熊の大神に、

　　ほんとであれば、大きな飾行器、手で持って行けるなら、幣所へ持って行ってお祈りすべきであるけれども、持って行けないから、それでこの大きな高杯にお酒を一杯にして、祖印（エカシイトクパ、ekashi itokpa）と大幣、小幣と一緒に、熊の大神に捧げますから、間違いなく届いたら、皆神様たちと一緒に、仲良く飲んで下さい。

と「主神祈（クマの大神への祈詞）」（名取 1941：96）が述べられる。この後、狩猟の神、蛇の神、庭の神に酒粕を捧げ神祈りが行なわれる（名取 1941：97-98）。ここでは、解体前のクマが熊の大神の幣所の前に腹ばいにされ、両手を前にして置かれ、首には首飾りがかけられ、酒、土産物が供えられ、男たちにより子

写真13　屠殺された解体前のクマへの神祈りと饗応
（旧北海道大学文学部附属北方文化研究施設蔵）［富士元撮影(c.1931)、資料撮影煎本(2010)］

グマへの神祈りが行なわれる（写真13）。

　なお、映像資料（Munro c.1931）では、この後、次節で記されるように人間クマの遊戯、クルミ撒きが行なわれるが、遊戯のうち綱引き、踊りは、クマの解体と子グマへの神祈り、祖先供養の後に記録されている。また、映像資料（久保寺 1936）ではクマが死んだ後に、人間クマ、綱引き、クルミ撒き、踊りが記録され、その後、本節で述べられた神祈り、解体、子グマへの神祈りが行なわれることが記録されている。もっともこれらの違いは編集順序の相違にすぎず、実際には、幣所での古老や男たちによる死んだ子グマへの神祈り、解体、主神祈りは、祭場における男、女、子供たちによる遊戯やクルミ撒きなどと同時並行的に進行しているものと考えられる。

(4)　遊　戯

　クマが殺されると、祭場では遊戯が行なわれる。人間クマ（アイヌ　ペウレップ、ainu peurep）はクマを繋いでいた綱を若い男にかけ、クマと同様、柱に繋ぎ、その後祭場を3回まわらせ、力自慢の男が順次飛びかかり力競べをし、ク

写真 14 綱引き
(旧北海道大学文学部附属北方文化研究施設蔵)[富士元撮影(c.1931)、資料撮影煎本(2010)]

マになった男が負けるまでこれを続ける遊びである。人間クマの遊戯は久保寺 (1936) はクマをまねる人としてアイヌペウレップアパシテ (ainu peurep apashite：人間クマを走らせる) と記し、男が綱に繋がれまわりから手草でたたかれながらよつん這いで祭場を走りまわる様子が映像に記録されている。同様に映像資料 (Munro c.1931) でも若い男がクマのまねをし綱をかけられ、よつん這いで祭場の雪の上を走りまわり、5－6人の男たちがこれをつかまえ相撲のように取っ組み合い、あるいはまわりから雪をかけ、最後に男を雪の上に倒す。なお、人間クマには動作の機敏な男がなる (フィールドデータ MN 1928m 沙流二風谷) という。また、綱引き (ウコトゥシウック、uko tush uk) は子グマを繋ぐために使った2本の綱を継ぎあわせ、男女2組に分かれて行なわれる (写真14)。映像資料 (久保寺 1936) では、送られる子グマが雄グマの時は男組が勝ち、雌グマの時は女組が勝つという。映像資料 (Munro c.1931) には小学校の生徒が男女に分かれ綱引きをしている様子が記録されている。また綱引きに用いられる綱は子グマを繋いでいた綱であるが、衣服の材料となるシナノキ、オヒョウなどの木の皮で作った綱だとクマが噛み切るので、綱は2－3メート

写真 15　輪　舞
(旧北海道大学文学部附属北方文化研究施設蔵)［富士元撮影(c.1931)、資料撮影煎本(2010)］

ルの蔓の内皮を編んで作られる（フィールドデータ MN 1928m 沙流二風谷）という。なお、後述するように釧路、網走などの地域では綱引きの途中でこの綱が切られる。しかし、沙流川地域では綱引きの際、綱が切られるということは記録されていない。この他、相撲、弓の射競べも行なわれる。

(5) クルミ撒き

　遊戯がすむと、クリ、クルミ、団子などを撒き（ヤムチャラパ、yam charpa）、皆は大騒ぎして争って拾う（伊福部 1969：61-62）。クルミ撒きは、マンロー（Munro c.1931）、久保寺（1936）の映像資料に見られ、盆を持った大人の男や女が、そこに乗せられているたくさんの小さなキビモチを空中に投げ上げ、それが落ちてくるのを大人たちや子供たちがわれさきにと拾い合う。これを拾うと幸運を得るといわれており、人々は子供から大人まで楽しんでいる。この後、20人ほどの女たちが2列になり、両手を鳥の羽のように広げては閉じることをくり返す羽ばたきの踊り（ハララキ、hararaki）を行ない、やがて輪舞（ホリッパ、horipa；リムセ、rimse）が行なわれる（写真15）。輪舞では女たちに男たちが加わり、男たちは魔物を近づけないため刀を抜いて右手に立てて持ち、

前方に差し出しては再び身体に引きつけるという動作をくり返しながら、全員で右まわりに踊りが続けられる。なお、久保寺（1936）の映像資料では踊りは子グマの繋ぎ柱を中心に取り囲み、その周りで右まわりで行なわれている。なお、この時の輪舞はその他の時のように力強くとんだりはねたりすることなく、クマの霊が静かになれといって踊り、クマの気分を穏やかにする意味もある（フィールドデータ MN 1928m 沙流二風谷）という。

(6) **解 体**

　クマを絞殺した場所で、解体の火（イリアペ、iri ape）が焚かれ、クマの解体が行なわれる。解体は皮はぎから始められる。腹面の正中線に沿って切り開かれるが、胸のところで1ヶ所切り残しがつくられる。これは心臓の紐（サンペヌマッ、sampe numat）と呼ばれている。毛皮はクマの衣装であり、これは衣装を結ぶ大事な紐であると考えられている。これは弓を押しあてて切り離される。胸板の中心部の肉片が切りとられ、腹腔が開かれ、腹肉がとられる。祭場でクマを休ませた繋ぎ柱にさしてある幣にクマの血がつけられ、再び柱の頂部に挿まれる。これは祭場を祓い浄めるものと考えられている。血は椀に貯えられ、あとで分けあって飲まれる。クマの血は神の薬であり、邪気を祓い体を健康にすると考えられているのである。なお、血が神の薬として飲まれることはマンロー（Munro c.1931）、および久保寺（1936）の映像にも記録されている。この血の分与（ケムアフプカル、kem ahupkar）は杯に入れた血をラムヌサに捧じ、その残りを古老をはじめとして、男も女も飲むものである。フィールドデータ（MN 1928m 沙流二風谷）によれば、血は男だけではなく女も子供も拝礼して飲む。自分も子供だったが、飲めといわれていやいや飲んだら、以外と飲み易かったという。血を飲むことは、健康になるという意味があり、クマのように山の中をとんで歩き、寒さにも負けないようになるといわれている。

　次に腹間膜が切りとられ、小腸、肝臓、胆のうが取り出される。肋骨が切り開かれ、気管が心臓と肺のついたまま取り出される。次に胴体から頭部が切り離されるが、皮のついたままの頭（オルシクル　マラット、o rush kur marapto）としておかれる。生殖器、膀胱、直腸の一部が切り取られ、削り花でしばられ、オックメエニ（okmewe ni）と呼ばれる短い棒の一端に結びつけられる。これらは後に、神送り（ケウォマンテ、kewomante）の時に、他の一端にササの葉

で包んだ稗と麹、一膳の箸とともに下げられ、頭骨を掲揚する叉木であるユクサパオニに水平にしばりつけられ、神の繁栄と神の国での宴の盛会が祈られる。最後に背中の正中線に沿って肉が切りとられ、前肢、後肢が胴体から切り離され、肋骨と胸板が離され、残された脊椎骨が中央から胸椎と椎骨の2つに切り離される（伊福部1969：63-67）。

　なお、解体に先立ち、幣所の後の右側に木の神（シランバカムイ）を祀るラムヌサ、左側に狩猟の神（ハシナウカムイ）を祀るハシナウヌサの代わりの2本の大きな枝木を立て、その前に小さな敷物（モシカラ、moshikar）が置かれている。胸板から切りとった肉片をはじめ、脂肪に富んだ腹間膜、肝臓、胆のう、気管、心臓はハシナウの枝木に掛け、腹肉をはじめ小腸はラムヌサの枝に掛ける。敷物の上には残りの小腸、洗った胃袋、脾臓、前肢、後肢、肋骨、胸板、脊椎骨など、その他の肉と骨が置かれる。ラムヌサとハシナウヌサの代わりの枝に捧げられた肉や内臓はその後、それぞれ幣所のラムヌサとハシナウヌサの前に運ばれ、木の神と狩猟の神に祈詞が捧げられる。これらは東側にある神窓（上座にある窓：ロルンプヤル、rorunpuyar）から家の中に運ばれ、炉の上の棚の小梁に吊るされる。敷物の上に置かれた肉は棒に通して運ばれ、本祭第2日のクマ肉の饗応の時まで、子グマの飼われていた檻の天井に吊るしておかれる（伊福部1969：63, 68）。なお、映像資料（久保寺1936）では、クマ腹部の皮をサンペヌマッを残して上から下へと切り、さらに4肢の先から内側へ切り、両側に皮を開き、腹部を切って血を椀ですくい、また、切り取られた生殖器に削り花がつけられる。クマの血は子グマの繋ぎ柱の上に立てられた幣につけられ、また人々は杯に入れて飲む。そしてクマの肉は子グマの檻の中に納められることになる。

(7)　**神祈り**

　解体後、皮のついたクマの頭部はムルクタヌサとラムヌサの中間の前方に西向きに安置され、その前に古老たちの座席となる莫蓙が敷かれる。クマの頭部の前には膳が供えられ、酒を満たした行器が置かれる。クマの首には耳飾りがかけられ、雄グマなら刀を置き、雌グマなら首飾りがかけられる。顎の下には土産となる餅、乾鮭、花矢が置かれる（伊福部1969：69）。

　ここで、再び席の前に火が焚かれ、クマの神に、

クマの神様、今までは家の火の神の前に、子供と同じにかわいがって
　　　いるのであった。けれども、もう習慣だから、今までの姿を変えたのであ
　　　る。今日は今まで、遊び事に骨折ってくれて、皆大変有難かった。疲れた
　　　であろうから、ここにしばらく休んでから、家の中へ入れば、火の神様
　　　にかわいがられる事である。

と「クマ神に礼を申す祈詞」（名取 1941：99）が告げられる。
　映像資料（Munro c.1931；久保寺 1936）ではクマの毛皮がたたまれ、毛皮とつながったままのクマの頭部がその上に乗せられ、首飾りをかけられて幣所の前に西向きに置かれる。この前で男たちにより神祈りと捧酒が行なわれ、杯についで残った酒が飲まれる。この時、クマの霊は身体を離れ、頭部の両耳の間で休んでいると考えられている。神祈りが終わると、血を飲むのに用いた杯が重ねられ膳に乗せられてクマの頭部のうしろに置いて片づけられる。
　この後、皮つきのクマの頭部が神窓からコタンの長の家の中に運び入れられ、神座にすえられ、子グマの飼主が次のように「皮のついた神頭に申す祈詞」（名取 1941：99-100）を述べる。

　　　クマの神よ、今まではこの家に、神々たちも主人も、皆子どもと考え
　　　て養っていたけれども、習慣であるから、今その時節だから、もとのク
　　　マの国の父母の所に送り返すために、その支度をしているのです。貴方に
　　　持たせてやる酒の入っている、ほんとの飾行器の前に座らせて、この大
　　　きな高杯と削箸と祖印とを飾って、この酒を貴方に捧げますから、喜ん
　　　で召し上がって下さい。

マンロー（Munro c.1931）の映像資料には、神窓から室内に迎え入れられたクマの頭部が炉の上座に安置され、その前に向かい合って座った古老たちにより神祈りが行なわれることが記録されている。また、ここでは、神の仲間入りをした子グマが供物を父母なるクマ神に捧げて人間界の養父母の徳を讃えるよう祈願し、再び人間に狩猟されてこのような盛大な祭ができるようにしてほしい旨を申し述べる（富士元 1952：6）という。こうして、酒座が設けられ、クマと杯をやりとりする人の祈詞がくり返される。

(8)　神祈り（祖先供養）
　神祈りの最後の行事として祖先供養（シンヌラッパ、shinnurappa；イチカ

ラパ、ichikarapa）が酒を造った各家で行なわれる。家の主人（チセコロクル、chisekorkur）が火の神に拝礼した後、妻女を先頭に女たちが戸外に出て、幣所の左前に位置するシンヌラッパヌサの前に、戸外に出た主人を左端にして席を占める。主人は先祖の霊に対して冥福と子孫の繁栄を祈って捧酒する。主人の退席後、女たちは順次左端の位置に移り、1人ずつ酌を受けて捧酒し、供物を捧げ、拝礼を続ける。拝礼がすむと、女たちは家の中に戻り、主人は炉の中に残してあった逆さ削り幣を火の神に捧げるため炉にくべ、一同は拝礼し、2回に分けて行なわれた本祭第1日の神祈りは終了する（伊福部 1969：70-73）。

　祖先供養はマンロー（Munro c.1931）の映像資料では解体されたクマへの神祈りの後、行なわれるが、久保寺（1936）の映像資料ではクマの解体とクマへの神祈りの間に行なわれたように編集されている。しかし、いずれの場合も、屋外でのクマへの神祈りと祖先供養とが終了し、クマの頭が神窓から室内へ運び入れられ上座に安置された後、室内における大饗宴が始まることになる。

　フィールドデータ（MN 1928m 沙流二風谷）によれば、祖先供養は屋内での神祈りの後、膳に乗せた甘い菓子（トペンパ、topenpa）、餅、食物（ハル、haru）、2本の逆さ削り幣（チェホロカケップ）である祖先供養の幣（シンヌラッパイナウ）のうちの1本を女が持ち、屋外の幣所で供物を捧げ祖先への捧酒（カムイチッカ、kamui chikka）を行なうものである。この時、子供たちもまわりに集って来て、その場で供物を食べるが、それでも供物は祖先のもとに届くという。屋内の神祈りの際、火の神に、死者の代表者（トゥキニシパ、tuki nishipa）の名前をいい、この代表者をはじめとして死んだ人々が皆なかよく供物を平等に分けて食べたり、飲んだりして喜んでくれるよういってあるからだという。逆さ削り幣は神の使いなので、火の神に指図されたように供物に魔物がつかないようにお守りして（エプンキネ、epunkine）、神の国に届けるのである。なお、死後1-2年は死者の代表者にはなれないので、名前をいうのを遠慮するのが普通であるという。また、もう1本の逆さ削り幣は火の神に捧げるためのものであり、炉で燃やされる。この時、幣の頭は東向きにし、足の方から火の中に入れるという。

3 大饗宴

(1) 饗　宴

　コタンの長の家の室内に安置されたクマの頭部への神祈りが終わると、大饗宴（シイク、shiiku）、もしくは酒宴（イクソ、ikuso）と呼ばれる饗宴が行なわれる。ここで座席が決められるが、酒を満たした行器と 4 個の杯をのせた高膳を 1 組とし、コタンの長の家の 1 組を神窓の正面に置き、その左側にクマを飼育した家の 1 組を置く。これらの両側にコタンで酒を造った家々の行器と膳を東側の壁に平行に 1 列に並べる。この列の東側に客人であるサケイユシクル、西側に酒を造った主人であるサケコロクル（サケサンケクル）が指名を受けて座る（写真 16）。皮つきのクマの頭部はクマを飼った家の主人であるサケコロクルの膳の主賓側に安置され、サケコロクル自身は主賓側の熊祭りの祭司者であるヘペレサケイユシクルと行器をはさんで主人側に着席する。さらに席次に従い、サケコロクルとサケイユシクルの両側に人々が座り、結局 1 組の行器と膳に対して 10 名が座ることになる。したがって、5 組であれば 50 名だが、クマの前面は空けておくので総数としては 1 席分だけ少ないことになる。指名されない人々は炉の東側に東西に長く席をとって差し向かいに座り、女たちは炉の東縁から西側のところに着席する。一般に炉の火から東方に向かって遠いほど上座と考えられている（伊福部 1969：74-78）。

　なお、伊福部（1969）の記述によれば、クマの儀礼的屠殺と解体が行なわれる熊祭り第 1 日の最後に、夜を徹して大饗宴（シイク）が行なわれ、ポロオメカップと呼ばれる第 2 日にはクマ肉の饗応が行なわれることになっている。名取（1941：100）も熊祭り第 1 日（前日祭を数えれば第 2 日目になる）の夜に酒宴、歌、踊りが行なわれ、神と共に喜び、夜が更けると述べている。マンロー（Munro c.1931）の映像資料では、この夜にすでにクマ肉が分配されているが、久保寺（1936）の記録では室内における祭りであるシイクの後、頭の飾りつけ（ウンメムケ、ummemke）が行なわれ、その後、ポロオメカップ（大饗）が行なわれクマ肉が食され、さらに、熊祭り第 2 日（前日祭を数えれば第 3 日目）に神送り（ケウォマンテ、kewomante）とクマ肉の分配、饗宴がなされている。

　すなわち、2 日間にまたがる同じ饗宴でも最初は酒や粢餅などの食事が供さ

写真 16　屋内での饗宴
(旧北海道大学文学部附属北方文化研究施設蔵)[富士元撮影(c.1931)、資料撮影煎本(2010)]

れ、頭の飾りつけと神送りが終わってから、もしくはこれと前後しながら、クマ肉の分配を含む饗宴が行なわれていることがわかる。なお、釧路地域のように、熊祭り第1日の夜に頭の飾りつけから神送りまですべてを終えてしまう場合には、その後は饗宴となるが、クマ肉は神窓から屋内に入れられ神座に供えられたままにしておいて、その夜は決して食べられない。ただし、古老たちに限り、肝臓、脾臓などの内臓を細く切って塩をつけ生食することを許されている(佐藤 1961：169)という。したがって、神送り(ケウォマンテ)が終了してから、クマ肉が人々に供されるというのが本来の熊祭りの時系列だったのではないかと考えられる。

　酒宴が始まると酒の毒見であるシントコカラカラ(shintoko karkar)の後、シントコケマウトムテ　ウコトゥキライェ(shintoko kema u tomte ukotukiraye)という儀式が行なわれる。これは、サケイユシクルが杯を受け、家の東北隅にいる神(ソパウンカムイ、sopa un kamui)に酒宴の無事を祈り、その杯を乾し、同様にサケコロクルがこれを行なうことを6回くり返すものである。宴が賑や

かになってくると、上座のサケイユシクルが立ち上がり、力踏み踊り（タプカラ、tapkar）を始める。また、炉の南座では女たちにより歌が始められる。やがて、行器のまわりの席についていた老人たちが座を外し、これに代わって若者たちがそれぞれサケイユシクル、サケコロクルの資格で席を交替するというオッカイポ　ウエソプキ（okkaipo u e sopki）が行なわれる。これは老人たちの休息のためと若者たちに正しい酒宴のしきたり（トノトプリ、tonoto puri）を覚えさせるために行なうといわれる。このころ、大饗宴の際の給食（シイクウシ　ヒタ　アサプテ、shiiku ushi hita a sapte）として、大鍋で煮た食物の品々や円形の粢餅が全員に供される。クマのためには粢餅を2つの椀に山盛りにし、膳にのせて供える。なお、クマの霊はこの夜はまだ神の国の父母の所には行かず、両耳の間に宿って、火の神と歓談し、アイヌたちの祈りと供物をうけ、歌や踊りを楽しんで、名残を惜しむといわれている（伊福部1969：78-81）。

　席の交替であるオッカイポ　ウエソプキから1時間半もたつと再度交替が行なわれ、古老たちがもとの席につき直す。同時に、女たちや若い男たちが円陣をつくり、輪舞を踊る。次に、イヨチキキ（iyochikiki）の行事が古老たちの所で行なわれる。若者が酒を少し残した行器を両手で持ち上げサケイユシクルに渡す行器納め（ウコシントコライェ、uko shintoko raye）という儀式が行なわれ、サケイユシクルは行器を抱え家の東北隅の守護神であるソパウンカムイに神祈りし、行器につけてあった4本の削り花のうち2本を取り、その先を行器の中の酒に浸し、削り花を左肩から背をまわして右肩にかけ、行器を若者に返した後、削り花を冠（サパンペ、sapampe）につけ、行器が納められることになる。引きつづき、座席の交換という意味のウコソホシピ（uko so hoshipi）が行なわれる。サケイユシクルとサケコロクルの座席が入れ代わり、下座についたサケイユシクルは杯に酒を注ぎ上座のサケコロクルに持たせて、少なくとも10分間、時には40分にもわたるというウコヤイクレカラパ（uko yaikurekarpa）というお礼の言葉を述べる。この間、人々は雄弁に耳を傾けるが、これ以外は歌、輪舞、羽ばたきの踊りが賑かに続けられる（伊福部1969：82-85）。

　古老たちの退席後、若者と女たちは再び古老たちの行なったような行事を行なう。すなわち、中央では若者たちが簡単にシントコカラカラを行なってから互いに杯の献酬を重ね、南側ではサケイユシクルとサケコロクルの妻女たち

によってウコシントコライェが行なわれ、行器に残っていた２本の削り花をサケイユシクルの妻女に渡す。女たちは古老たちが行なったように、その席を交換して杯を交した後、友人や老婦人たちを呼びよせて酒を与える。大饗宴の始まるのは午後の７-８時頃で、終わるのは翌日午前４時頃となるという（伊福部 1969：86-87）。

(2) クマ肉の饗応

　本祭第２日はクマ肉の饗応（カムイハルアサプテ、kamui haru asapte）とクマの頭飾り（ウンメムケ、ummemke）、そしてクマの霊の神送り（ケウォマンテ、kewomante）から成る。沙流川地域においては、クマ肉の饗応は前日に引き続きコタンの長の家で行なわれる。饗宴はクマの飼主の行器と膳の１組は神窓の正面に据えられ、その両側に酒を造った家々の行器と膳が東側の壁に平行に一列に並べられる。皮つきのクマの頭部は飼主の膳の東側の来賓席に西向きに安置される。前回と同様に、サケイユシクルとサケコロクルがそれぞれ行器の東側（来賓側）と西側（主人側）に座る。ただし、熊祭りの祭司であるヘペレサケイユシクル以外の人々は、前日の人たちと代わってなるべく若い人たちが選ばれる。シントコカラカラの後、酒宴が始まる。クマの檻の天井に吊してあったクマの肉、すなわち神の肉（カムイハル、kamui haru）が神窓から運び込まれ、炉にかけた大鍋で塩煮される。料理された肉や腸は、コタンの長の、「クマが神の国から持ってきた尊い土産物である肉を皆で分かちあって有難くいただく」という火の神への祈詞の後、古老、若者、女たち、さらには乳児にいたるまで全員に分かち与えられる。ただし、格式の高いものほどよい種類の肉があたるようにする。クマの肉に続き、粢餅、汁、スケップ（sukep、粟を大鍋でたき、これを鍋にぬりつけるようにし、クマの脂と鮭の子のつぶし汁を塗りつけ、再び火にあてて固くし、適当の大きさに切ったもの）等が配られ、人々は満腹するまで食べ、酒を飲む。クマにはクマ肉以外の品々を膳に盛って供える（伊福部 1969：87-91）。

　映像資料（Munro c.1931）では、男たちが向かい合って座り（ウウェソプキ、uwesopki）、賓客にはクマ肉の大きな部分である股肉が、他の人々には小さく切った肉片が分配されている。人々は両手を出し、この上に肉の少片を受け取り、拝礼する。肉は客（クマ）の肉（マラプトカム、marapto kam）と呼ばれ

全員に分配され食べられる。その後、古老の賓客たちは感謝し、力踏み踊り（タプカラ）が行なわれ、女たちは男たちも加えて輪舞を行なう。なお、力踏み踊りは古老の後に女が1人つき、古老はホイッ、ホイッと力づよく声を出し、まわりではホイー、エイーと囃子がとられる。力踏み踊りは酒を飲んだ喜びの表現である（フィールドデータ MN 1928m 沙流二風谷）という。

(3) 運試し

運試しは、15センチくらいの長さの小腸に削り花をつけて皆に見せ、小腸の長さに見当をつけさせて各自、思い思いに削り花で長さを切り、これを正確にあてたものにこの腸を与え、幸運を引きあてたものとして大いに喜びあうものである。この間にも、若者や女たちは歌、輪舞、羽ばたきの踊りを賑やかに続け、古老たちは力踏み踊りを踊る（伊福部 1969：91）。なお、久保寺（1936）は後述する小饗宴の席上、クマ肉を刺している串と同じ長さの削り花を引いた者を幸運であるとして、皆で胴上げして喜び合っている映像を記録している。

4　神送り

神送り（ケウォマンテ、kewomante）と呼ばれる儀式は、神の姿になったクマの頭骨（マラプト、marapto）に送別の祈詞を述べ、子グマの霊を神の国に送るものである。なお、久保寺（1936）はケウォマンテ（kewomante＜keu omante）を骸送りと訳している。

(1) 頭の飾りつけ

クマの頭飾り（ウンメムケ、ummemke）とは、頭部から皮、肉、脳を取り去り、頭骨を削り花で飾り、クマの神が神の国へ帰る姿を作るという重要な儀式である。頭部から皮が剥がされ、舌、顔面の肉、眼球、脳が取り出される。晶液を出した眼球は麹と共に青いササの葉に包まれ削り花で巻かれた後、もとの眼窩の中に戻され、脳が取り出されたあとには、頭骨の骨片が米と麹に混ぜられ青いササの葉に包まれたものと削り花が詰め込まれる。また、鼻孔の軟骨が破られ、削り花が詰められる。そして、削り花で撚った縄で頭骨をしばり、頭飾りが終了する。両耳には耳飾り（ニンカリ、ninkari）、口もとには串餅（シトニン、shito nin）や乾鮭（サチェプ、sat chep）が飾られ、雄グマならば刀（エムシ、emushu）、雌グマならば首飾（シトキ、shitoki）を置き、膳が供えられる。

そして、

> 今、クマの親もとへ送り返すために、今までの体を拵え直して、新しくこの体に復活して、親もとへ送り返すのでありますから、今その支度ができますから、安心して親もとへ帰る事ばかり楽しみに考えて下さい。

と「頭拵えが出来上がってクマの神に申す祈詞」（名取 1941：102）が捧げられる。頭飾りと並行して、神の荷物こしらえ（ヘペレ　シケカラ、heper shike kar）が行なわれる。荷物は子グマが神の国へ帰る時の土産物で、乾魚、乾肉、クルミ、クリ、ドングリなどの木の実を茣蓙で包み背負縄でしばったものである。この間、歌や踊りとともに饗宴が続く（伊福部 1969：92-95）。

(2) 神祈り

　屋内の炉の東側に西向きに安置された飾りつけの終わった頭骨に対し、子グマの飼主は、次のように「子グマの魂を送るに際し子グマに申す祈詞」（名取 1941：103-104）を述べる。

> 今、クマ神の国に帰るには、狩猟の神様がお前を守って、間違いなく親もとに、またクマの大神の所に行くように守っているから、それも安心しなさい。それから幣のお土産と、お酒と餅など、ご馳走を持って行きなさい。それらを親もとへも、またクマの大神へもお土産に持って行けば、たいそう誉められて、また新しいクマになるように、狩猟の神様がお前の世話をして、ちゃんとお土産も先に届けておりますから安心して教えるとおりに、先の事ばかり考えて、楽しみにして行って下さい。

さらに、狩猟の神、木の神にもそれぞれ子グマが無事親もとの所へ帰るよう見守ってほしい旨の祈詞を捧げる。なお、伊福部（1969：97）によると、火の神に道中災いのないよう子グマを見守って下さいと祈った後、子グマに対して、「無事に神の国なるご両親のもとへ帰って下さい。帰ったらご両親にくれぐれもよろしく申し上げて下さい。お供えした数々の供物は、火の神によってすでに神の国にお届けしてありますから、そちらでも神様たちをたくさん招いて、この席のように賑やかに楽しく酒宴を開いて下さい。そして私たちのコタンに今後もたくさんのクマを授けて下さい。またコタンに災いや不幸の起こらぬようよくお守り下さい」という意味の祈詞が述べられる。

(3) 神送り

　頭飾りのされた頭骨が神窓から屋外に出され、幣所の左端のムルクタヌサの前に、花茣蓙に乗せられたまま西向きに安置され、その前に神送りの火（ケウォマンテ　アペ、kewomante ape）が焚かれ、子グマの飼主のほか3名の古老が2人ずつ対座し、火の神と頭骨に捧酒し、祈りを捧げる。飼主は削り花をそのまま垂れ下げた幣であるキケパルセイナウをハシナウヌサに立て、狩猟の神に祈詞を述べる。この幣の軸には子グマの飼主の家系を示す祖印（エカシイトクパ）が刻まれている。その後、クマの神を祀るルエストゥヌサ（ruwe sutu nusa）に立ててあった頭骨を掲揚するための叉木（ユクサパオニ、yuk sapa o ni）を降ろし、これに頭骨を取り付け、両枝の先に1本ずつ、削り花を数本ずつより合わせて垂れ下げた幣であるキケチノイェイナウ（kikechinoye inau）を結びつける。この幣はケウトムシイナウ（keutum ush inau：心のついた幣）と呼ばれ、雄グマの場合は左側、雌グマの場合は右側を高く結びつけるが、この高い方の幣にのみ子グマの飼主の祖印が刻まれている（写真17）。

　さらに、ユクサパオニに長さ60センチくらいのヤナギの棒であるオックメウェニ（okmewe ni）が水平に結びつけられ、その一端にクマの神の子孫の繁栄を祈るために、クマの膀胱、直腸、生殖器などの内臓を削り花で包んだものが吊り下げられ、他の端には供物をもとにして神の国であらためて酒を造り、神々を招いて酒宴を催すために、ササの葉に稗と麹を包んだものと削り花のついた神箸（カムイ

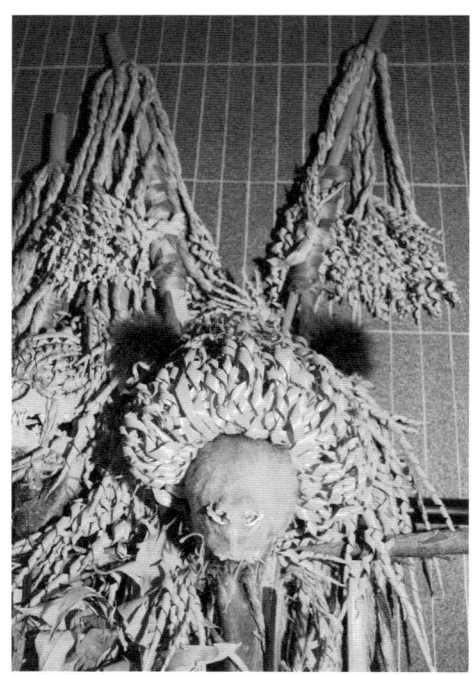

写真17　頭の飾りつけをされ、叉木に掲揚されたクマの頭骨
（平取町立二風谷アイヌ文化博物館蔵）
［煎本撮影（2010）］

写真18 クマの頭骨が掲揚された叉木を幣所に立て、捧酒と神祈りが行われる
(旧北海道大学文学部附属北方文化研究施設蔵)[富士元撮影(c.1931)、資料撮影煎本(2010)]

パスイ、kamui pasui) が吊り下げられる (伊福部 1969：97-100)。

映像資料 (Munro c.1931) では、朝、飾りつけられた頭骨が神窓から出され、幣所の前に置かれる。ここには焚火が燃えている。5-6人の男たちが集い、幣所の神、クマの霊、木の神に感謝の神祈りと捧酒が行なわれる。頭骨を叉木につけ、幣所に掲揚し、捧酒と神祈りが行なわれる (写真18)。なお、久保寺 (1936) では、頭骨を叉木 (カムイシンタ、kamui shinta) に乗せる前に客人と主人とが親グマの所へ帰る子グマへの告別の祈りを行なうことが記録されている。なお、シンタ (shinta) とは揺籃のことであるが、カムイシンタとは神が乗って空を飛ぶ乗り物であり、叉木 (ユクサパオニ) をカムイシンタとも呼ぶのは、子グマの霊がこれに乗って神の国へ帰るための乗り物であることを意味するものと考えられる。

クマの頭骨が叉木に掲揚されると、もう1度別離の挨拶として美しく刺繍をほどこした衣 (カパラアミップ、kapar amip) が横木に着せられると、これを人々が上下に振り動かし、クマの踊りが行なわれる。人々はこれに和して輪舞

を踊る。久保寺（1936）の映像資料では、クマの頭骨が叉木に掲揚されて幣所に立てられた後、服が着せられ、土産物の大きな1対の粢餅が下げられ、クマ繋ぎ柱を囲んで女たちが「涙の踊り」を踊る。男はクマの頭骨に捧酒し、クマの頭骨を乗せたままの叉木を持ち、その場で上下にトントンと動かし、神の乗り物の輪舞（カムイシンタホリッパ）が行なわれる。なお、マンロー（Munro c.1931）の映像資料には叉木に着物を着せることや、女たちの踊り、神の乗り物の踊りは記録されていないが、これに代わり、5名の男たちが叉木に頭骨の掲揚された幣所の前で、力踏み踊り（タプカラ）を踊ることが記録されている。なお、ここでの力踏み踊りは子グマの霊をなぐさめるために踊られ、酒歌（サケハウ、sake hau）（富士元 1952：8）が歌われる。

最後に衣がはずされ、ユクサパオニがルエストゥヌサの中央に立てられると、飼主は最後に送別の言葉である「クマの魂を送る祈詞」（名取 1941：105）を捧げる。

> 今までは家に養って、かわいがって自分の子供と考えました。どこまでも置かれるものなら、養ってやりたいけれども、習慣であるから、今はその時節になったので、どこまでも養う訳にも行きませんので、今送ってやるように支度をして、色々なご馳走、幣や酒や餅や、皆貴方のお土産は、火の神に養われたクマ神であるから、先に皆貴方の父母のもとに、間違いなく届くように、火の神から、送りましたから、その事は何も心配なく、多分は親もとに届いているであろうから、これからは早く父母の所へ帰れば、どれほど喜ばれかわいがられるかという事ばかり心に考えて、後の事は決して考えるものではない。先の事ばかり楽しみにして、早く帰りたいという考えで、勢いよく元気を出して、無事で親もとに帰って下さい。

さらに、子グマの守神であるエンジュの神にも今まで守護してくれたお礼と、子グマと一緒に神の国へ帰るよう祈り、ラムヌサに幣を捧げる。フィールドデータ（MN 1928m 沙流二風谷）によれば、クマ送りの後、クマは人間が死んだらあの世に行くのと同じように、神の国（カムイモシリ）に帰るという。また、子グマにはあなたの父も母もいる所、先祖のいる所に帰るので、酒も餅も食物もいっぱい持って行けといって、土産物を幣所に飾っておいて持たせる

のだという。

　これら送別の祈りがすむと、今まで西向きにしてあったクマの頭骨の掲揚されたユクサパオニを神の国のある方向である東向きにかえる。同時に、神の国への道を祓い浄めるために、最も美しくこしらえた花矢（イエトコ　チャシヌレ　アイ、i etoko chashinure ai）が東方の空に射られる。屋内では饗宴が続けられ、人々は歌い、踊る。なお、神の去った頭骨は翌朝、家のある西方に向きをかえられ、耳飾や幣所に飾ってあった宝物などは外され家の中に入れられる。また、場合によっては、神を送る儀式を本祭第3日の朝、太陽が昇る時に行なうこともある（伊福部1969：100-103）という。

写真19　幣所に立てられ家の方向に向けられた叉木に掲揚されたクマの頭骨
（旧北海道大学文学部附属北方文化研究施設蔵）
［富士元撮影（c.1931）、資料撮影煎本（2010）］

　なお、マンロー（Munro c.1931）の映像資料では、幣所に掲揚されたクマの頭骨の前で、クマが再び人間の国を訪れるよう要請する最後の言葉が伝えられると述べられる。また、久保寺（1936）の映像資料では、神の乗り物の踊りと同時に、2名の男が花矢を射て魔を払い、クマの霊が遊離して山に帰るようクマの頭骨を山の方向に向ける。なお、クマの頭骨の掲揚された叉木は明朝、主人が家の方に向け直し（ケウウォシピ、keuw oshipi）、着物を脱がせ、幣所に立てかける。もっとも、叉木のクマの頭骨の向きについては、主人が夜半、家の方に向けられていたものを雄は左まわりに、雌は右まわりに東方に向けておき、夜明け前に祖印の刻まれた矢であるイオマンテアイ、あるいはチルラアイを東の空高く射て子グマの霊の行く道の案内にし、頭骨の向きを再度家の方にする（富士元 1952：8）ともいわれる。時刻の相違はあるものの、神送りに際し、矢

を東方、もしくは山の方向に射て、クマの頭骨を霊の帰る神の国（カムイモシリ）の方向である東向きにし、これが終了すると、再度、家の方に向け直すということは一致している（写真 19）。

屋外での神送りの後、室内では、酒の毒見（シントコ　カラカラ）に続いて酒宴が行なわれ、やがて客と主人との席の交換（ウコソホシピ）、行器納め（シントコライエ）などの儀式が行なわれ、クマへの土産物の粢餅とクマ肉の煮たものが人々に配られる。祭司であるサケイユシクルにはクマの左肢が配られる。これは後述するお礼の土産物としての意味がある。クマ肉は熊祭り第 1 日目のポロオメカップ（大饗）でも食されているが、第 2 日目の神送りの後にもクマ肉の分配がなされ、さらに第 3 日目のポンオメカップ（小饗）でも残ったクマ肉が一同により食べられることが久保寺（1936）の映像資料に記録されている。もっとも、人々へのクマ肉の正式な分配はここで述べた第 2 日目の神送りの後のものであると考えられる。

5　小饗宴

本祭第 3 日目は小さな饗（ポンオメカップ、pon omekap）と呼ばれ、コタンの長の家で神々に無事熊祭りがすんだことの報告とお礼が行なわれ、今後の加護が祈願される。同時に、粢餅、魚、汁などが一同に配られる。さらに、土産として生の粢餅にクマの生肉をうすく切って貼りつけたものが席にいる人々に分け与えられる。また、サケコロクルたちは自分の家で作って残っている粢餅を恩人、親類、知人たちに全部分かち与える。こうして酒宴が賑やかになり、歌や踊りが始められる。やがて、クマの飼主はクマの後肢を膳の上に 1 本乗せて、祭司であるヘペレサケイユシクルに感謝の意を表しお礼の言葉とともに贈る。これは土産として持ち帰られるが、そこで近所の人々が招かれ皆で分配して食べるということになる。また、各々のサケコロクルからサケイユシクルに、残っている串餅がお礼の言葉とともに贈られる。古老たちが退席すると、逆さ削り幣が火に捧げられ、行事が終了する（伊福部 1969：104-108）。

なお、歌、踊りとともに、英雄叙事詩（ユーカラ、yukar）が語られる。踊りは鳥の羽ばたきの踊りの他、ネズミ踊り、鯨踊り、戦場で頭が味方を鼓舞する踊り等が行なわれる（名取 1941：110）。なお、鯨踊りとは浜辺に打上げられた

鯨役の老婦人のまわりにネズミ役の人々が寄って来ると、死んだはずの鯨が生きていて立ち上がり、ネズミたちは驚いて退散するという踊りである。また、男によって語られる英雄叙事詩は子グマの神が残りの語りを聞きに来るように必ず最後までは語り終えない。これは葬式において死人に聞かせる時は語り終えることと対照的である（富士元 1952：5-6）。

　久保寺（1936）の映像資料には、大饗の後に、残ったクマ肉を一同が食べ、幸運を祈るために運試しが行なわれることが記録されている。運試しはすでに述べたように、削り花を男たちが引き、クマ肉を刺している串と同じ長さのものを引き当てた者が幸運を得たと喜び、皆で胴上げをするものである。最後に、祭司であるサケイユシクルが主人と向かい合い、手の平を互いにこすり合わせて別離のあいさつを行なった後、土産物を持って無事、帰路につくことになるのである。

6　追加神祈り

　熊祭りの数日の後、夢見が悪く、子グマの霊が親もとに帰っていないと知らされるような時には、主人は火の神に祈った後、「夢に子グマの事を見るが、子グマが親もとへ帰れるように、確かに教えて守って下さるよう」（名取 1941：110-112）、狩猟の神に再度祈願する。ここでは、狩猟行動における夢見と同様、夢は神々から人間への通信手段と考えられている。追加神祈りはすでに実行された熊祭りの儀式次第全般にかかわる主人の意識的、あるいは無意識的省察と関連しているのかも知れない。何らかの不安を感じた場合、それを神からの伝言として受け取り、子グマを神の国に送り届けるという儀礼の目的を確実にするために必要な処置を講じるという行動戦略である。熊祭りは神と人間との間の交渉の過程そのものなのである。こうして、熊祭りはすべて終了することになる。

第3章 熊祭りの地域的差異

　アイヌの熊祭りに地域差があることについては、従来よりしばしば指摘されてきたところである。しかし、どのような地域差がいつ、どこで、どの程度あるのかという全体的、体系的分析はいまだ行なわれてはいなかった。したがって、ここでは、第1に熊祭りの儀式次第の大きな流れである時系列を指標とし、その地域的差異を明らかにする。さらに第2に幣所の構成の地域的差異、第3に幣所の神々の地域的差異を明らかにし、第4に文化要素の地域的差異について比較、分析することにする。

1　儀式次第の地域的差異

　比較の基準として、前節で分析した沙流川地域の資料に基づく熊祭りの儀式次第の時系列を標準時系列として設定し、各項目に該当する活動の有無を地域ごとに検証し、表4として提示する。時系列が異なる場合には、該当する個所にこれを矢印で示し、また、祭りの1日目、2日目等の日程についても明示した。なお該当する活動の有無が不明確な場合には、括弧でこれを示す。さらに、上欄に示した各地域の下に資料の調査収集場所を特定し括弧の中に記した。また、比較のために、北海道アイヌのみならず、樺太アイヌの事例を加えた。さらに、日本の本州北部における伝統的狩猟者であるマタギの事例、樺太（サハリン）のニヴフ（ギリヤーク）の事例についても表の最右欄に示した。なお、マタギについては飼グマ送りは行なわず、狩猟した野生のクマ送りの事例となるため、アイヌの野生のクマの熊祭りを日高（静内）地域の事例を比較対象として加えた。したがって、この表に基づき、北海道内各地域と樺太におけるアイヌの熊祭りの地域的差異のみならず、アイヌ、マタギ、ニヴフにおける熊祭りの文化的差異をも明らかにすることができるということになる。

　なお、資料は主として1920-1950年代を中心とする学術調査に基づく資料（青柳1982；後藤1971；伊福部1969；Ikeya 1997；犬飼、名取1939；1940；煎本1988a；1992a；石田1909；金子1989, *orig.*1937；河野1950；クレイノヴィチ1993,

表4 熊祭りの儀式次第の地域的差異

熊祭りの儀式次第の時系列	日高(沙流)	胆振(白老)	上川(旭川)	十勝(伏古)	釧路(虹別、屈斜路)	釧路(白糠、虹別、春採)	網走(美幌)	樺太(小田寒)	日高(静内)	マタギ(本州北部)	ニヴフ(サハリン、アムール)
									狩猟	狩猟	1927年2月5-8日
1. 準備											
1-1. 捕獲、飼育	+	+	+	+	(+)	+	+	+	(+)	(+)	(+)
1-2. 祭司の依頼	+	+	+	+	+	+	+	+	+	+	+
1-3. 酒造り、料理の準備	+	+	-	-	-	-	-	+	-	-	-
1-4. 幣所、祭具の準備	+	+	+	+	+	+	+	+	+	+	+
	前日祭	前祭(第1日)	前夜祭	前日	前祭	前日	第1日目	前日			2月9日
1-5. 神折り	+	+	+	+	+	+	+	+	+	+	+
2. チヌマの儀礼的屠殺	本祭第1日	本祭(第2日)	本祭	当日	本祭	当日	第2日目	本祭第1日			
2-1. 神折り	+	+	+	+	+	+	+	+	(+)	(+)	+
2-2. チヌマの屠殺	+	+	+	+	+	+	+	+	+	+	+
2-3. 神折り、饗応	+	+	+	+	+	+	+	+	-	-	-
2-4. 遊戯	+	(+)	-	(-)	-	+	+	+	-	-	+
2-5. クルミ撒き	+	+	+	+	+	+	+	+	-	-	-
2-6. 解体	+	+	+	+	+	+	+	+	+	+	2月10日
2-7. 神折り	+	+	-	-	-	-	-	+	-	-	-
2-8. 神折り（祖先供養）	+	-	-	-	-	-	-	+	-	-	-
3. 大饗宴	本祭第2日							本祭第2日	本祭	村	
3-1. 饗宴	+	+	+	(-)	+	+	+	+	+	+	2月11日
3-2. クマ肉の饗応	+	+	+	(-)	+	+	+	+	+	+	(+)
3-3. 運試し	+	+	+	+	+	+	+	+	+	-	-
4. 神送り		後日祭(第3日)	後日祭	(翌日)	後祭(本祭と同日)						2月12日
4-1. 頭の飾りつけ	+	+	+	+	+	+	+	+	+	(+)	+
4-2. 神折り	+	+	+	+	+	+	+	+	後祭	+	+
4-3. 神送り	+	+	+	+	+	+	+	+	+	+	+
5. 小饗宴	本祭第3日					翌日		翌日			2月13日
	数日後										(+)
6. 追加神折り	+	-	-	-	-	追祭(1週間後)	-	-	-	-	-
時系列型	I	I	I	I/II	II	II	I	I	III	III	I

(+は項目あり、一は項目なし、矢印は順番の入れかえを示す。)

*orig.*1973；倉光 1953；満岡 1924；小田原 1908；Pilsudski 1909；佐藤 1961；佐々木 1926；Sternberg 1905；高橋 1989, *orig.*1937；米村 1952）であり、基本的に記載は信頼できるものと判断し得る。なお、1920年代から1950年代は部分的にでもアイヌの伝統文化の経験者たちが残っていた時代であり、いわゆる最後の民族学的調査が行なわれた時期でもある。当時より熊祭りはすでに興行、もしくは学術調査のための復元を含んではいたが、経験者たちの伝統文化に関する記憶は確かなものであった。これ以降の熊祭りは後述するように文化復興のための復元となっている。

　もっとも、個々の資料については、熊祭りに関するすべての活動が記載されているわけではなく、不明確な点もある。したがって、ある項目に関する記載がない場合であっても、記載漏れの可能性も考慮しておかねばならない。しかし、時系列の大きな流れについての地域的差異を指摘することは可能であり、さらに文化要素に関する小差異については、記載の明確にされている項目を具体的に比較することで、明らかにすることができると考えられる。また、時代に関する差異についても考慮すべきであるが、これについては時代的変異として次節でまとめて分析することにする。

　表4に提示された熊祭りの時系列から大きく3つの方式があることが明らかになる。第1の方式である時系列I型（沙流型）は沙流地域における標準時系列に見られるように、準備、子グマの儀礼的屠殺、大饗宴、神送り、小饗宴と続くものである。これは、日高（沙流）をはじめ、胆振（白老）、上川（旭川）、十勝（伏古）、網走（美幌）に共通している。第2の方式である時系列II型（釧路型）は、準備、子グマの儀礼的屠殺が行なわれた後、その場でI型と同様、神祈り、饗応が行なわれ、さらに、これに続いて神送りが行なわれ、その後はじめて饗宴、クマ肉の饗応が行なわれる方式であり、これは釧路（虹別、屈斜路、白糠、春採）に見られる。すなわち、沙流地域に典型的に見られる時系列I型では解体されたクマの毛皮つき頭部を屋内に迎え入れ、そこで饗宴が行なわれた後、翌日、クマ肉の饗応、頭の飾りつけ（同日の場合もある）が行なわれ、これが再度屋外に出され、神送りが行なわれる。しかし、これとは対照的に、釧路地域に典型的に見られる時系列II型では、解体後クマの頭部は屋内には入れられず、そのまま屋外で頭の飾りつけと神送りとが同日のうちに行なわ

れ、その後はじめて、屋内において饗宴とクマ肉の饗応が行なわれることになるのである。

　別の視点からいえば、時系列Ⅰ型においては毛皮つきのクマの頭部を迎え入れた屋内における饗宴に、比較的重点が置かれているのに対し、時系列Ⅱ型においては、屠殺後の解体前のクマを屋外に置いて饗応することに重点が置かれ、神送り後の屋内における人々だけによる饗宴は、これとは分離されたものとなっているということができる。もっとも、十勝（伏古）では屠殺後、解体前のクマの前で行器等も並べて神送りが行なわれる点はⅡ型に近いが、解体後、頭部が神窓から屋内に入れられる点はⅠ型に沿うものであり、両型式の中間に位置するものと考えられる。なお、佐藤（1961：160）が釧路地域の熊祭りに関して、一般の熊祭りの儀式とは異なり、「釧路アイヌは、行事的な面のもの（頭の飾りつけと神送り）は夜に入ってもその日のうちにしてしまうのが普通になっている」（括弧内著者注）と述べ、また更科（1955：56）が熊祭りにおける詞曲（サコルベ、ユーカラ）について、「釧路地方のように外でマラプト（熊の頭）を送ってしまうところでは、祭の夜には古いオタスツの英雄の物語であるサコルベをやってもやらなくともよいが、（釧路地方以外のように）マラプトを1度家に持って帰るところでは、（室内の）頭を飾った近くで必ずこの詞曲をやる」（括弧内著者注）と記していることに基づけば、分析から明らかになった時系列Ⅱ型が釧路に特徴的な時系列であることを確認することができる。

　しかし、興味あることに、表4において、樺太（小田寒、オタサン）のアイヌにおける熊祭りの時系列が、Ⅱ型よりも、むしろⅠ型に近いように見えることである。樺太においては、子グマを弓矢で射殺後、肉が小屋に運び込まれ、神祈りが行なわれ、翌日、クマ肉の料理が出され、頭部が解体（皮をはぎ取る）され、肉の分配が行なわれ、饗宴が行なわれた後、頭骨、削り花で包んだ目、耳、鼻、2個の上端の脊椎骨、爪つき前肢、肉をとった残りの骨などがクマの骨の保管場所とされる森の幣所に運ばれ、幣に突き刺され掲揚される（Pilsudski 1909, cf. 和田 1998：35-36；1999）のである。さらに、渡辺（1974：80-81）は樺太アイヌに骨の屋内集積の習慣が見られることを指摘しているので、クマの頭骨がある一定期間屋内に置かれていたと考えることもできる。したがって、樺太アイヌにおける熊祭りの時系列は、クマ肉の饗応が行なわれた

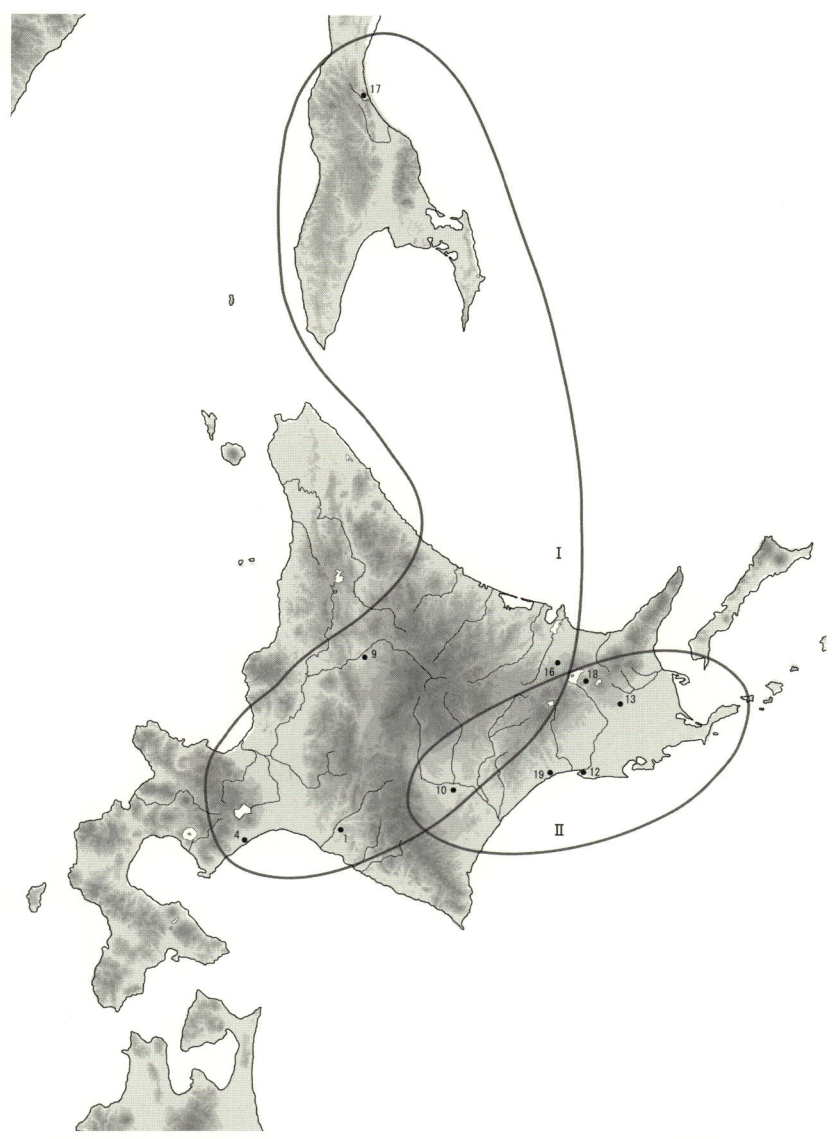

**図6　熊祭りの時系列Ⅰ型（沙流型）および時系列Ⅱ型（釧路型）の地域的差異と
　　　その空間分布**

図中の記号Ⅰ、Ⅱは表4下段に示した時系列型、番号は表5（章末）の地域番号である。なお、これらに含まれていない地域として、18.釧路(屈斜路)、および19.釧路(白糠)が加えられている。

後、神送りが行なわれるという点、さらに頭部が小屋の中に入れられるという点で沙流地域に見られるⅠ型と共通することになる。これら時系列Ⅰ型（沙流型）と時系列Ⅱ型（釧路型）の空間分布を図6に示す。

　また、サハリン・アムール地域におけるニヴフの熊祭りは、子グマを射殺後、解体し、頭部と他の解体部位を地下式住居の煙突から内部に運び込み、歓迎と肉の分配が行なわれ、その後、身体の骨は祭場にあるクマ檻に似た大きな木造の檻に、頭骨は削り花の中に納められ、森の中の氏族の聖所であるクマの頭が保存される杭上倉庫に持って行く（クレイノヴィチ 1993：181-182）ことはアイヌの熊祭りの時系列、とりわけ沙流地域や樺太に見られる時系列Ⅰ型と共通するところである。もっとも、饗宴や遊戯が祭りの当初より継続している点や、犬橇の競技、犬の供犠が行なわれること、さらにはニヴフの氏族社会と関連した熊祭りの意味がアイヌとは大きく異なる点など、内容には相違が見られる。

　また、マタギにおいて、子グマの儀礼的屠殺が欠如していること、狩猟したクマの儀礼が猟場で行なわれること、さらに、村において神主を招いての儀礼と饗宴が行なわれることは、アイヌにおける野生のクマの熊祭りの時系列と共通するものであり、地図上には示していないが全地域に共通する時系列Ⅲ型（狩猟型）とした。なお、それぞれの地域における時系列型は表4の下欄に示したとおりである。

2　幣所の構成の地域的差異

　熊祭りにおける幣所の構成を沙流地域を基本型とし、神祈りの対象となる神々の名称とともに各地域ごとにまとめた（表5、章末に示す）。なお、一部の地域については情報の不足を補うため熊祭りに限定されず、常時設置されている幣所に祀られている神々の記録を資料として用いた。なお、すでに述べた沙流地域の幣所の構成を基本型（図5）としているのは、本稿では沙流地域の文化人類学的情報資料を他の地域との比較、分析のための標準資料とすることによるためである。この基本型を表5の左欄に記し、これに対応する神々と幣所の構成を地域別に順次右欄に配列した。地域は沙流から始まり、北海道南西部、空知、日本海沿岸に至り、さらに、北海道東部の十勝、釧路、網走、そして、最後に樺太の17事例（1.日高（平取）、2.石狩（千歳）、3.日高（静内）、4.胆

振（白老）、5. 渡島（長万部）、6. 後志（余市）、7. 空知（ソラプチ）、8. 石狩（浜益毛）、9. 上川（旭川）、10. 十勝（伏古）、11. 十勝（足寄）、12. 釧路（春採）、13. 釧路（虹別）、14. 釧路（塘路）、15. 釧路（下雪裡）、16. 網走（美幌）、17. 樺太（小田寒））を記載している。なお、これ以外に検討した8事例（日高（二風谷）、日高（静内）、胆振（白老）、石狩（新十津川）、十勝（音更）、釧路（春採）、釧路（屈斜路）、網走（美幌））については情報がほぼ重複するか、不明確な部分があるため表には記載していない。これらについては必要に応じ本文中で比較、対照し、補足説明を行なう。さらに、同一地域においても個々人により祀る神々に若干の違いがある。しかし、明らかに別の型が同一地域に併存すると思われるものがある場合については、本文中で指摘することにする。その結果、後述する幣所構成の地域的差異の空間分布図においても型式が重複する地域が現われてくることになる。

　表5から以下の4型を抽出することができる。第1は基本型（沙流）のS型（図5、第2章に示した）である。これは左から幣所の神（ヌサコロカムイ）のためのムルクタヌサ、木の神（シランバカムイ；シランパカムイ）のためのラムヌサを配置し、その右に狩猟の神（ハシナウカムイ；ハシナウックカムイ）のためのハシナウヌサと熊の大神（メトゥシカムイ）のためのツバサンをまとめてイナウツバとし、最も右に水の神（ワッカウシカムイ）のためのペトルンヌサを設置し、叉木（ユクサパオニ）に掲揚されたクマ頭骨はツバサンの左よりに置かれるものである。第2の形式は後志（余市）などに見られるものでY型と呼ぶ。幣所を1つだけつくり、ここに叉木に掲揚されたクマ頭骨とともに諸神を配置するものである（図7）。第3の形式は釧路（春採）に典型的に見られ、H型と名付けられるものである。叉木に掲揚されたクマ頭骨はカムイヌサとして最も左にそれだけで独立させて置き、他の神々はその右に設置されたサケヌサにまとめて配置されるものである（図8）。第4の形式は樺太（小田寒）、および北海道の一部に見られるK型であり、神々の幣所が比較的独立しているものである（図9、図10）。以上の幣所の構成の4型式の空間分布を図11に示す。これらにつき、以下に説明することにする。

(1)　幣所構成S型（沙流型）

　基本型のS型には表5の上欄の地域番号 no.1 から no.5、および no.7 が含まれる。なお、幣所全体の中におけるそれぞれの神の幣所の順序は向かって左を

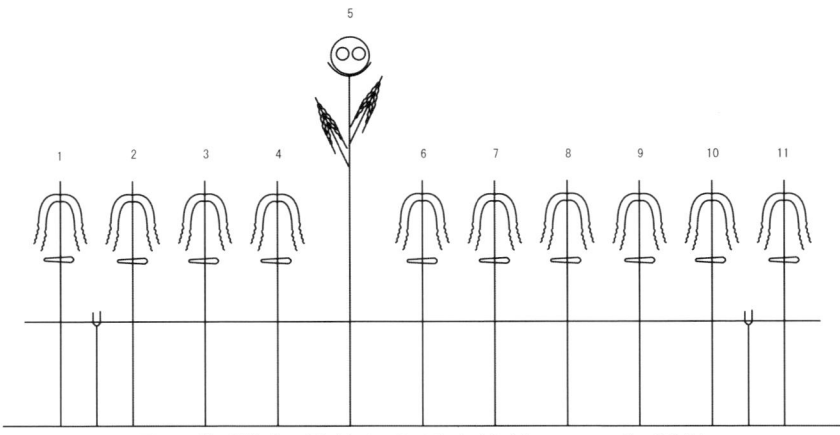

図7　幣所構成Y型（余市型）（後志（余市）における幣所構成）

1. ヌサコロフチ（幣所の神）、2. コタンパエカシ（祖先の名）、3. ムエカシエカシ（祖先の名）、4. カムイエカシ（熊の大神）、5. ユクサパウニ（クマ頭骨を飾る叉木）、これにラルコロイナウ（2本）がつく、6. イモカイナウ（子グマの親へ持って行く幣）、7. ケナシコロフチ（原野の神）、8. シランパカムイ（木の神）、9. レプンカムイ（沖の神）、10. ペトエトック（余市岳の神）、11. ペトプトカムイ（余市川口の神）各々に削掛をつける。（名取（1941：58-59）の写真および本文中の説明に基づいて作成。）

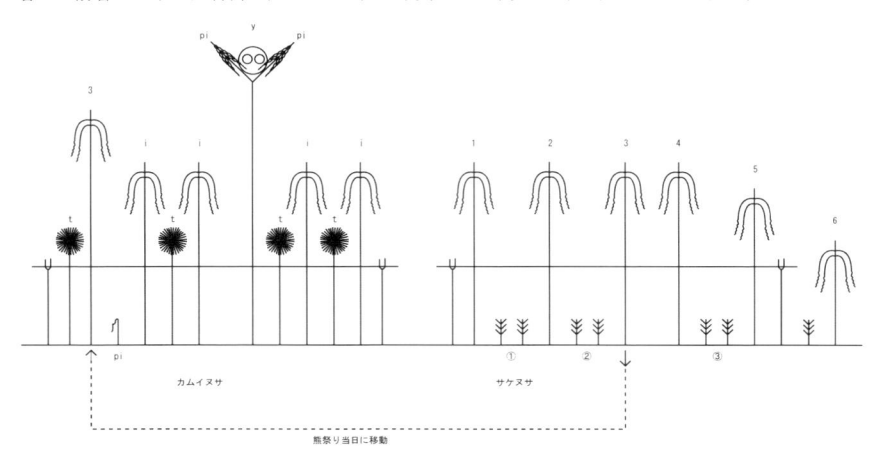

図8　幣所構成H型（春採型）（十勝（伏古）における幣所構成）

カムイヌサ：y. 叉木に掲揚されたクマ頭骨、t. タクサ、pi. パッカイイナウ、i. カモイイモカ（土産の幣）、サケヌサ：1. ポロヌプリ（雷神、カンナカムイ）、2. コタンコロカムイ（村を守護する神、シマフクロウ）、3. ニアシコロカムイ（山全体の神、監督者）、4. クマゲラの神（チップタチカップカムイ）、5. 狼の神（ホロケウカムイ）、6. 水の神（ワッカウシカムイ）、①狐の神（ケマコシネカムイ）、②蛇の神、もしくはシランパカムイ（？）、③狩猟の神、ミソサザイ（チアックチアックカムイ）。

なお、高い幣1-6はイナウネトバ(キケチノエイナウ)、低い幣①-③はシュトイナウと呼ばれる。（犬飼、名取（1939：261-263, 269；1940：80）の写真および本文中の説明に基づいて作成。）

第3章 熊祭りの地域的差異　91

図9　幣所構成 K 型（樺太型）

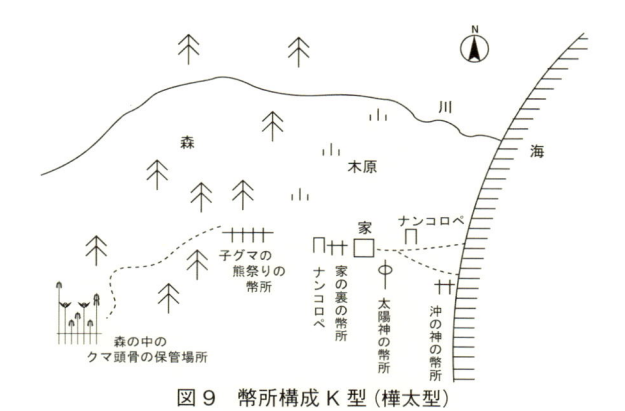

樺太（小田寒）における子グマの祭場、幣所、森の中のクマ頭骨の保管場所などの空間配置の模式図。
（Pilsudski（1909）の記述に基づいて作成。なお、樺太（白浜）においては、これ以外に家の裏の木原から山にかけての場所に山の神の幣所、木原には山の獣の送り場である野の幣所（知里、山本 1979：43）があることが報告されている。）

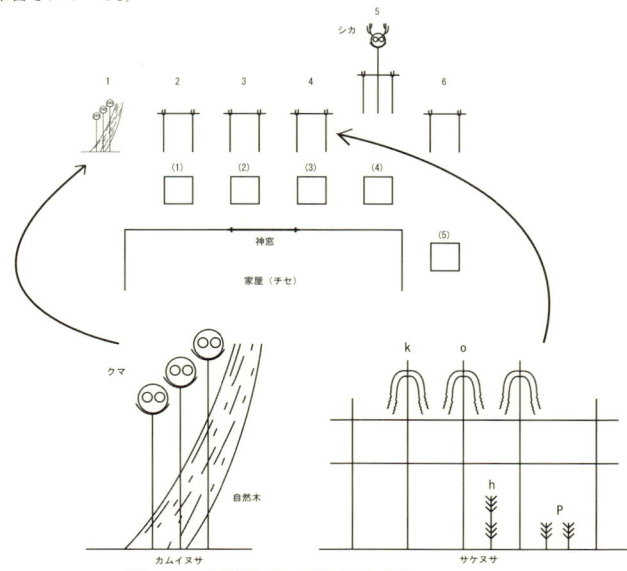

図10　幣所構成 K 型（樺太型）

十勝（足寄）における幣所構成。1. カムイヌサ、2. モユックヌサ、3. チロンヌップヌサ、4. サケヌサ、5. ユックヌサ、6. ウナヌエウシ、(1)コタンコロカムイセツ、(2)モユックセツ、(3)ペウレップセツ、(4)チロンヌップセツ、(5)プ（杭上倉庫）、k. チカップイナウ（キサルコロイナウ）（コタンコロカムイ、イソアニカムイ（ニアシコロカムイ）に捧げる）、o. チケイナウ（山の女神（オササンケカムイ）に捧げる）、h. オンネシュトイナウ（山の神、オロケウカムイにも捧げる）、p. ポンシュトイナウ（小鳥などに捧げる）（広野広道ノート（青柳 1982：165-168）に基づいて作成。）

図 11 幣所構成（S 型（沙流型）、Y 型（余市型）、H 型（春採型）、K 型（樺太型））の地域的差異とその空間分布

上位、右を下位とし（幣所の背後から見ればそれぞれ右翼と左翼）、神格の高い神を左に、神格の低い神を右にするが、この地域では個々の幣所の中においては中央を上位とする場合がある（名取 1941：45-46）と述べられ、日高（平取）(no.1)に見られるように、ツバサンの中央に熊の大王を位置づけ、その左側にフクロウ神、オキクルミ神を置き、右側に内別川縁の山の神、狐の神を配している。クマ頭骨を掲揚した叉木はこのツバサンの最も左に置いている（図5）。さらに、表にはあげていないが日高（二風谷）（名取 1941：55）もS型である。もっとも、ペトルンカムイ（川の神）がツバサンのコタンコロカムイの左側に入るなど若干の相違が見られる。

　石狩（千歳）(no.2)もS型であるが、水の神が最も左に配置され最上位の神格となっている。これについて、名取（1941：71）は、水郷千歳で水の神を最上位のヌサに祀ることは当然といえると述べている。また、幣所の神、大地の神（シリコロカムイ）（これは沙流地域における木の神、シランバカムイに相当）、狩猟の神は基本型と共通であるが、クマ頭骨を含む諸神の幣所をカムイヌサと称していること、そこにおいてクマ頭骨の左側にも神々が配置されていることは基本型と若干異なっている。しかし、千歳は元来沙流の人々であるサルウンクルの移住した地であることから、全体として共通性が見られるのは当然であろう。もっとも、4種類の狐神、シコツ湖のアメマスの神など地域独自の神々が見られることは地域的特徴である。なお、熊の大神が見られないが、ポロシリ岳の神（ポロシリカムイ）とはヌプリコロカムイ（山岳を領有する神＝熊の大神）と考えても良いであろう。日高（静内）(no.3)において、最も左に配置される幣所の神（ヌサコロカムイ）の右隣に蛇の神（キナシュトノ）が置かれていることは、幣所の神の正体が蛇であることと関連して、両者の結びつきを示すものである。また、3種類のフクロウ神と3種類の狐神が祀られることから、この地域におけるフクロウ神や狐神の重要性を知ることができる。また、沖の神（レプンリリカムイ）をはじめ、静内河口の神、舟を陸上げする時の神、泊の神など海における生計活動との関連性を示す神々が見られる。また、十勝のオイカマナイ村に由来するという疱瘡や風邪の神から守ってくれる重要な神であるパセオンカムイ（名取 1941：56）が祀られていることは、沙流地域において村や家を伝染病などの魔神から守護してくれる荒神（イモシカムイ）やチクベニカ

ムイ（エンジュの神）、あるいは樺太において病魔などから村を守り、海岸、道、家の背後の幣所の上手に立てられているナンコロペ（顔を持つ者）といわれる木偶（和田 1999：102-104）との共通性を指摘することができる。

なお、静内の資料（名取 1941：55-56）には、幣所の構成が記されていないが、最も左に位置する幣所の神、蛇の神、山の神はラムヌサ（低い幣）として配置され、病気から守ってくれる神、祖先供養（？）をのぞく諸神はリーヌサ（高い幣）としてその右に位置するものと考えられる。なぜならば、煎本（1991：フィールドデータ、TK 1910m 静内東別）の情報資料によれば、左のラムヌサには 1. 穀物の神（ヌサコロフチ）、2. 山の神（シリコロカムイ）、3. 蛇の神（キナスットカムイ）の3神が祀られ、中央のリーヌサには、4. 太陽の神（ピンネアイハシュイナウコロオイナマット）、5. 熊の神（ヌプリコロカムイ）、6. 静内の奥にいるシマフクロウの神（チカポカムイ）（コタンコロカムイ）、7. 静内の川にいるカッパの神（ミントチカムイ）、8. 狐の神（シトンピ）、9. 恵山にいた狐の神（シトンピカムイ）、10. シャチの神（シアシペタンネカムイエカシ）、11. 時化の時に波の落ちる所の安全を見守るシャチの神（シアシペタトネカムイエカシ）、12. 入江の神（プシトマリコロカムイ）の9神が配され、右手のラムヌサには 13. 祖先神（シトキマットフチ）、14. 水神（ワッカウシカムイ）が位置づけられるからである。

静内地域は沙流地域を含む西方のシュムクルと東方の人であるメナシクルの両系統の境界地帯である。ここに記載した資料は、太陽の神など北海道東部に特徴的な神格が見られる一方、穀物の神（沙流の幣所の神に相当）や山の神（沙流の木の神に相当）などの神格は沙流に共通し、幣所の構成は基本型であるS型となっている。

胆振（白老）（no.4）は幣所の神をポンヌサ（小さな幣所）として置き、その他の神々を叉木に掲揚したクマ頭骨と一緒にポロヌサ（大きな幣所）としてまとめている。木の神（シランバカムイ）、イソサンゲクル（狩猟の神？）、熊の大神（キムンカムイ）、狐の神（チロンヌップオルン）、川の神（ペットオルン）などは沙流と共通の神々であるが、狩漁の神（イソプンギョカムイ）、泊の神（トマリオルン）、舟の出入りの所の神（マサオルン）などは、白老におけるメカジキの漁撈など海域での生計活動と関連する地域の特徴を示している。なお、現在の白老アイヌ民族博物館において復元されている幣所（財団法人アイヌ民族

博物館 2003：77-78, 208-209) では、基本的に上記の幣所の構成と同様であるが、幣所の神をポンヌサに置き、その右のポロヌサには、大地を司る神（シリコロカムイ）、狩猟の神（ハシナウッカムイ）に続き、叉木に掲揚されたクマ頭骨の左側にクッタルシ山の神（クッタルシヌプリコロカムイ）、熊の大神（メトゥシカムイ）、水源の神（ペトクンカムイ）、狐の神（ケマコシネカムイ）を配置し、右側に沼の神（トーコロカムイ）、水の神（ワッカウシカムイ）、船つき場を司る神（トマリコロカムイ）、河口を司る神（チワシコロカムイ）、海岸を司る神（マサラコロカムイ）、村を司る神（コタンコロカムイ）を配置している。なお、満岡（1924：68-69）、河野（1950：78-79）、河野広道ノート（青柳 1982：85）のスケッチによれば、屋外の神酒を捧ぐ諸神の幣所には向かって左に雄グマ頭骨、右に雄グマ頭骨がそれぞれの叉木に掲揚され、それぞれタクサイナウ4本、キケチノイェイナウ6本（内2本は叉木の枝につけられている）が描かれているが、諸神の配置等についての詳細は不明である。

　渡島（長万部）（no.5）では幣所の神をムルクタヌサとして独立させ、諸神をポロヌサに祀る。クマ頭骨を中央に、その左に地神（ケナシコロカムイ）、狐の神、太陽神（カンドオッタチュップカムイ）、水の神を置き、右に海の神（アトイコロカムイ）、舟つき場の神（マサルコロカムイ）、舟の出入りする所を守る神（カイバチュップカムイ）を配している。この配置は後述する石狩（浜益毛）（no.8）に見られるクマ頭骨の左に山に関する神、右に海に関する神を位置づけることと共通している。なお、名取（1941：58）は長万部において太陽神が祀られることは平取、白老と異なると述べている。すでに述べたように日高（静内）（no.3）においても太陽神が祀られ、このことは後述するように北海道東部に共通するものである。

　空知（ソラプチ）（no.7）では、幣所の神（ヌサコロカムイ）は他の諸神とまとめて祀られるが、これと関連の深いと考えられる穀物を与えた神である蛇の神は独立した幣所を持ち、最も左に位置づけられている。また、木の神(地の神)（シリコロカムイ）、狩猟の神（ハシナウカムイ）、ミソサザイの神（狩の神）（チャックチャックカムイ）が見られるのは基本型に近いが、独立した幣所を持たない。さらに、セタウシの狼神（リヌサカムイ）、狼の神（ホロケウカムイ）、狼の神（エルムンケップカムイ）など多種の狼神が見られることは地域的特徴である。幣所の

神が諸神と同じ幣所に配されていることは次に述べるY型に近いが、穀物を与えた神が独立した幣所を持つことから、基本型のS型に含めることができよう。

(2) 幣所構成Y型（余市型）

　後志（余市）(no.6)では、幣所の神はあるが、独立した幣所を持たず、すべての諸神は1つの幣所にまとめられている（図7）。幣所の神はこの中で最も左に位置づけられている。したがって幣所の構成という点から基本型（S型）とは異なり、これをY型と名づけることにする。もっとも、幣所の神が最も左に位置づけられ、原野の神（ケナシコロフチ）、木の神（シランバカムイ）があるなど、S型をそのまま1つにまとめた結果、Y型となっていると考えることも可能である。Y型には後志（余市）(no.6)の他、石狩（浜益毛）(no.8)、上川（旭川）(no.9)、さらに釧路（塘路）(no.14)が含まれる。叉木に掲揚されたクマ頭骨の左には幣所の神、祖先の神、熊の大神、原野の神、木の神が位置づけられ、右には、沖の神（レプンカムイ）、余市岳の神、余市川口の神が配せられる。

　石狩（浜益毛）(no.8)（名取 1941：61には増毛とあるが、名取（著作集）1974には浜益毛とされている）では、幣所の神はあるが、独立したムルクタヌサを持たず、クマ頭骨を中心にした1つの幣所にまとめられ、しかも最も下位である右端に位置づけられている。叉木に掲揚されたクマ頭骨の左には熊の大神、シマフクロウの神（コタンコロカムイ）、フクロウの神（カムイチカップ）、右には沖の神（レプンカムイ）、岬の神（シリバコロカムイ）、泊の神（トマリコロカムイ）が配置されている。これについて、名取（1941：62）はヌサの左半分は山の方面の神で、右の半分は沖の方面の神であると述べている。これは、すでに指摘した渡島（長万部）(no.5)と同様の特徴である。ただし、石狩（浜益毛）(no.8)では太陽神は幣を捧げる神ではなく、網走地域と同様、日食の際、太陽を呼び戻す時などに祈る（名取 1941：63）のみであるという。また、熊祭りを詳細に取り行なう時にはその他の地域特有の神々の幣を立てるが、その中に山城の神ポイヤウンベのチャシ（チャシコットコロカムイ）、ポイヤウンベの戦場高地（シンヌタップカ）など、英雄叙事詩（ユーカラ）に登場する主人公ポイヤウンベに関係する地名が見られることは特徴的である。さらに、名取（1941：62）は、この地域では日高のように家の中にチセコロカムイやチクベニカムイはなく各種の動物のマラプト（頭骨）が幣に包まれて飾られている、と沙流地

域との相異を述べ、他方、幣所の両側に1本ずつエゾ松の7-8尺の木の中央にササを数本結び、これに削り花を掛けたものを立てることは、北海道北部の北見枝幸地域、樺太アイヌなどが木に削り花をつけることと共通すると記している。このように、幣の形態などについては樺太との共通点が見られるが、クマ頭骨と諸神をまとめて1つの幣所に祀るという幣所の構成は後述する樺太とは異なり、Y型である。

　上川（旭川）（no.9）では、幣所の神（ヌサコロカムイ）は独立した幣所を持たず、1つの幣所に諸神を配し、中央正面に叉木に掲揚されたクマ頭骨を立てる。諸神の名称と配置は倉光（1953：26-27）および川村カネトアイヌ記念館で1985年に復元された熊祭りの記録（相賀 1985：8, 33, 51）に基づけば、左から1. 国土の神（コタンコロカムイ）（シマフクロウの神に相当）、2. 大地の神（シランバカムイ）（木の神に相当）、3. 武勇の神（ホロケウカムイ）（狼の神に相当）、4. 運を授ける神（シトゥンベカムイ）（狐の神に相当）、5. 山の神（ヌプリコロカムイ）（熊の大神に相当）、6. 猟の神（イソアニカムイ）、7. 涯路の神（クッコロカムイ）、8. 幣所の神（ヌサコロカムイ）、9. 幸運の神（チャックチャックカムイ）（狩猟の神に相当）、10. 厄除けの神（ウバシチロンノップカムイ）（狐の神に相当）、11. 水猟の神（カッケウカムイ）、12. 水の神（ワッカウシカムイ）となる。この中でも、コタンコロカムイは村の守護神であり、またヌサコロカムイは各家の幣所の守護神なので、他の神々より位が高い(相賀 1985：33)とされている。さらに、神々の記載と幣所の写真（倉光 1953：27）から、不明確ではあるが、低い幣が幣所の前面に配せられているようにも見え、また国土の神（コタンコロカムイ）が最上座左上端の幣であり、またリイナウカムイ（高い幣の神）に捧酒するとの写真解説（倉光 1953：31, 33）から、低い幣の存在を想定することができるかも知れない。もしそうであれば、ヌサコロカムイが他の神々より位が高いという前記述から、低い幣には8〜12の諸神が相当するかも知れない。この場合、日高（静内）（no.3）のようにラムヌサ（低い幣）とリーヌサ（高い幣）が直列に並ぶのではなく、後述の十勝（伏古）（no.10）のように、同じ幣所の中に上下2段に並列に配置されているということになる。もっとも、幣所の神が独立した幣所を持たないという構成はY型になる。

　なお、同じY型に属するものとして釧路（塘路）（no.14）をあげることがで

きる。ここでは、クマ頭骨を叉木に掲揚し、マラプトイナウ（頭骨の幣）2本をつけ、両側にエペレイナウ（子グマの幣）を捧げ、左右に諸神を配している。幣所の神（ヌサコロカムイ）は見られず、また後述する、釧路（春採）で典型的に見られるような独立したクマ頭骨のためだけのカムイヌサも見られない。したがって、幣所の構成という点からY型とされる。なお、名取（1941：66）の写真を見ると、それぞれクマの頭骨が掲揚された2本の叉木が幣所に立てられ、それぞれについて前記の諸神が配されているようである。このことは、前述の胆振（白老）（no.4）における幣所のスケッチに見られるように、2頭のクマを同時に送る時の共通した形式かも知れない。

　なお、表にはあげていないが、釧路（屈斜路）についてもY型の可能性がある。名取（1941：67）によれば、クマ頭骨のみを祀るカムイヌサがあるか否かについては述べていないが、幣所の神々の配置は左から、1. シマフクロウの神（コタンコロカムイ）、2. フクロウの神（クンネレックカムイ）、3. 雷神（カンドコロカムイ）、4. 山の神（キムンカムイ）、5. 山の王神（トイトクンペ）、6. 岳の神（アツサヌプリカムイ）、7. 山の神（ペケレワクサウチ）、8. 摩周湖の中島の姥神（カムイスット）、9. オプタテシケ山の神（オプタテシケカムイ）であると記されている。また、更科（1955：18-19）はスケッチと記事で、釧路（屈斜路の可能性あり）において、熊祭りの幣所には左から子グマの両親、熊の支配者（メトットカムイ）、エゾフクロウ（クンネレクカムイ）、子グマ（2本）、シマフクロウ（コタンコルカムイ）の幣が立てられ、クマ頭骨をのせる叉木（ユッパオマニ）はエゾフクロウの右側に立てられていることを示している。もっとも、上記の更科による記事が屈斜路のものではなく、かつ名取の記載に欠けていたカムイヌサが独立して別に存在した場合には、釧路（屈斜路）は次に述べる釧路（春採）で典型的に見られるH型ということになる。

(3)　幣所構成H型（春採型）

　第3の型式であるH型は釧路（春採）（no.12）に典型的に見られるものである。叉木に掲揚されたクマ頭骨はカムイヌサとして独立させ、他の諸神はまとめてその右のサケヌサに配置させられる。サケヌサの中では左からコタンの守り神であるシマフクロウ（モシリコロカムイ）、日の神（チュプカムイ）、雷神（カンナカムイ）が位置づけられ、地域に特異的な雄阿寒岳や雌阿寒岳の神、そし

て海に関連する沖の神であるシャチ（レプンカムイ）、最後に水の神（ワッカウシカムイ）が最も右に配せられる。基本型のＳ型で見られた幣所の神（ヌサコロカムイ）、木の神（シランバカムイ）、狩猟の神（ハシナウカムイ）は見られない。なお、名取（1941：64-65）によれば、春採では村のオンネチセ（集会所）にコタンノミヌサを作り、各自の家には穀物のためのムルクタヌサは作らず、カムイヌサがあり、これとは別にシルンヌサを作りこれに祀る神は、1. 天日神（リパウェンカラカムイ）、2. 雄阿寒岳の神（ピンネシリカムイ）、3. 雌阿寒岳の神（マチネシリカムイ）4. フクロウの神（コタンコロカムイ）、5. 沖の神（カイベコロカムイ）、6. 水の神（ワッカウシカムイ）、7. 月の神（クンネチュップカムイ）がある。前記の諸神（佐藤 1961：120, 133）と比較すると、雷神を欠いていることと、逆に月の神が加わっていることなどが異なるが、他はほぼ重複している。同一地域の長老たちの持神は大体同一（犬飼、名取 1940：111）であるが、それぞれ自分の持神があるので、この違いは個人差によるものであろう。

　同様に釧路（虹別）（no.13）においても、カムイヌサと区別されるサケヌサの諸神は、左からフクロウ神（モシリコロカムイ）、竜神（カンドコロカムイ）、日輪の神（チュップカムイ）が配せられ、これに続いて地域に特異的な神々が位置づけられている。諸神に若干の相違はあるもののクマ頭骨を祀るカムイヌサが独立していることからＨ型である（写真20）。なお、サケヌサとは熊祭りの時ばかりではなく、酒を造った時に幣を立て、諸神に一家眷族が無事に災難なく暮らせるように自分が持っているどの神にでも祈ることができる幣所（犬飼、名取 1940：110）という性格を持つものである。

　独立したカムイヌサと諸神をまとめたサケヌサをつくるという幣所の構成から、十勝（伏古）（no.10）もＨ型とすることができる（図8）。ただし、熊祭りの前日にサケヌサに配せられているニアシコロカムイは、熊祭りの当日はカムイヌサにも配せられる。ニアシコロカムイはシマフクロウであるコタンの守護神（コタンコロカムイ）の弟分で山全体の神であり、熊祭りの監督者（犬飼、名取 1939：261-263；1940：80-81）であると考えられている。また、サケヌサの最上座である左上にはポロヌプリが祀られるが、これは雷神（カンナカムイ）であり、神位が高いために直接名前を呼ぶことをはばかり、その住所と考えられているポロヌプリという山の名前で代称している（犬飼、名取 1939：261）の

写真20　北海道（虹別）釧路地域、1940年頃のカムイヌサにおけるクマの頭骨

[犬飼、名取（1940：97）に準拠]

である。サケヌサの根元に3か所シュトイナウを立ててあるのは左から狐の神（ケマコシネカムイ）、蛇の神（あるいはシランバカムイ（？））、狩猟の神（ミソサザイ）（チアックチアックカムイ）である。幣所の構成は釧路（春採）に見られるものと同様のH型であるが、蛇の神や狩猟の神であるミソサザイの神など基本型に見られる神々と共通していると考えられる部分もある。祭主のT.F.氏の祖先が5代前に旭川に近い辺別地方から今の十勝地方に来て、そこで妻を迎えて定住した（犬飼、名取 1940：81）ことと関係があるかも知れない。

(4) 幣所構成K型（樺太型）

　第4の型式は樺太（小田寒）（no.17）に典型的に見られるもので、K型と呼ぶことにする（図9）。情報は必ずしも明確ではないが、ブロニスワフ・ピウスツキによる熊祭りの記録によると、子グマが屠殺される場所は、「森に接して小屋の背後に広がっているさして広くはない草原」であり、ここに60本のトドマツの若木が垣根のように1列に立てられ、その前に背丈より高い6本の柱が据えられ、その頂には長い削り掛け（削り花）がつけられ、さらにこれらは細長い枝で互いに結び合わされ、上部に60本の短いイナウ（樺太アイヌに関する文献資料においては、イナウは幣、削り花、幣所の意味で用いられている。著者注）

写真21　20世紀初頭の樺太アイヌにおけるクマ頭骨を掲揚する森の中の幣所
[Pilsudsuki（1909：59）に準拠]

が取りつけられる。そして、この垣根に沿って茣蓙が置かれ、飾り屏風が立てられる。他方、「家の裏に設えてある」幣所へ1人の老人が行き、「村の守護神」に捧酒し、さらに、2人目は海辺へ行き、そこには「海神」に捧げるイナウが立っているという。また、最年長の老人は小屋の中の炉の前で火の女神への祈りを唱え、イナウを燃やし、酒を飲む（Pilsudski 1909, cf. 和田 1998：22-23）。さらに、本祭第1日の子グマの屠殺と饗宴の後、本祭第2日目にはクマ肉の饗応が行なわれ、その後、骨は森へ運ばれ、すでに大昔から「クマの骨の保管場所」とされていた所に安置される。正確な記述はないが、村からある程度離れていると考えられる森の中にクマの頭を突き刺した幣所が写真（Pilsudski 1909：59）にも記録されている（写真21）。

　以上のことから、幣所は1か所にまとまっているのではなく、家の裏、海辺、森の中にそれぞれ独立してあることが明らかになる。また、名取（1941：71-72）は樺太では太陽神（チュップカムイ）がトドマツの高さ3間位ある中央に枝を曲げて丸い太陽神を形象りキケイナウを結ぶと述べ、同様に河野広道ノート（青柳 1982：168-170, 238-239）にも樺太タラントマリのイナウとして、

太陽の神にあげるチュプカムイイナウ、山の神にあげるイコンカラカムイイナウ、さらにレプンカムイイナウなどが記されている。また、樺太シラハマにおいても、太陽、山神、海神をはじめ月の神のイナウがあることが記録されている。これらがどこにある幣所に捧げられたかは不明であるが、すべてが家の裏の幣所にまとめられていたのではないことは、ピウスツキの記録から見て取れるところである。なお、これ以外にも、ナンコロペ（顔を持つ者）という木偶が、病魔が来ると考えられていた村はずれの海岸、道などに立てられており、これは家の裏にある幣所の上手に立てられることもあった（和田 1999：102-104）ことが記されている。さらに、樺太の小田寒のすぐ南に位置する白浜において、コタンの幣所には家の裏の幣所（チセオシマクンイナウカラウシ, chise oshimak un inau kara ushi：家の裏にある幣を作る場所）、浜の幣所（アトゥイサムンイナウカラウシ, atui sam un inau kara ushi：海辺にある幣を作る場所）、山の幣所（キムンイナウカラウシ, kim un inau kara ushi：山にある幣を作る場所）、野の幣所（ケヨッニウシ, kei ok ni ushi：頭骨が懸る木のある場所）がある。漁猟の前に、浜の幣所では海の神に、山の幣所では山の神に幣を捧げて祈り、野の幣所では山の獣の頭骨が送られる。しかし、熊祭りの際にはイナウコホ（inau kox）と称される特別の幣所が設けられ、頭骨はここで送られる。なお、浜の幣所は村から半里くらい離れた砂浜に設けられ、山の幣所は家の裏、木原から山へかけて人のあまり行かない清らかな場所に設けられ、野の幣所は家の裏の木原に設けられ、山の幣所と並んで置かれることもある（知里、山本 1979：43）という。

　以上の資料を総合して考えると、樺太に見られるK型の特徴はクマの頭骨は森の中の幣所、海神（レプンカムイ）は海岸の幣所、山の神は山手にある幣所、山の獣の送り場としての木原にある幣所、太陽神（チュップカムイ）は高い木の上、ナンコロペは病魔が侵入してくる海岸やそこからコタンに続く道、そしてコタンの守護神（コタンコロカムイ？）の幣は家の裏の幣所というように、神々によって独立した幣所と送り場がそれぞれ別の場所にあったということになる。

　北海道においても、釧路（下雪裡）（no.15）、網走（美幌）（no.16）、さらには十勝（足寄）（no.11）が、K型であると考えられる。釧路（下雪裡）（no.15）では、サケヌサ、カムイヌサ、チロンヌップヌサ、コタンコロカムイヌサ、がそれぞ

れ独立している。また、位置は不明であるが、昔はタヌキを山で獲っても幣所を作ったと記録されている（青柳 1982：120-122）。サケヌサは一番左に位置するが、その右側のカムイヌサはそれより少し高く南向きで、クマを獲ってくるたびに順に並べて幣所を1つずつ作る。チロンヌップヌサはこの背後に位置し、飼狐を送った時のみ幣所を作り、山で獲った時には幣をつけ酒をあげてサケヌサの側に置く。コタンコロカムイヌサは最も高く、カムイヌサの前面に位置する。サケヌサにおける諸神は幣につける印から判断すると、1. 鳥と関連する狩猟の神（イソアニカムイ）、2. 祖先神と関連するレペタエカシノミカムイ、3. 河口を司る神であるチワシコロカムイ、4. クマゲラの神であるチプタチリカムイ、5. 太陽神もしくは雷神と関連するカンドオレンオマン、6. 鳥と関連するモシリコトリからなる。また、クンネチュプカムイ（月の神）もあるが、幣をあげず、捧酒し神祈りするだけであるという。

　なお、釧路（下雪裡）のK.Y.氏は優れたアイヌ文化の伝承者であるが、両親は釧路（春採）よりこの地に移住したとのことなので、先に述べた釧路（春採）（no.12）における幣所の構成や神々と無関係であるとは思えない。釧路（春採）などにおける記載が熊祭りに直接関係する幣所や神々についてであり、他に狐の神やタヌキの神の幣所があったのかも知れない。しかし、フクロウの神がコタンコロカムイヌサとして独立の幣所を持つことはH型には見られなかった特徴である。

　同様に、網走（美幌）（no.16）も河野広道ノート（青柳 1982：111-112, GS.K. 1951m）に基づけばK型であり、キムンヌサ（カムイヌサに相当）は独立しているが、沖の神（レプンカムイ）のためのレプンヌサ、シカのためのユックヌサ、などもサケヌサから独立している。サケヌサにはコタンの守護神であるコタンコロカムイ、雷神（カンナカムイ）、日の神（チュップカムイ）、酒（サケ）が配せられている。なお、酒（サケ）とは酒の神（サケコルカムイ）を意味するものである。もっとも、同じ美幌地域においても、伝承者が異なる資料（名取 1941：67-68, GH.K. 1939m）によれば、クマ頭骨を叉木に掲揚するカムイヌサ以外に、サケヌサには1. シマフクロウの神（コタンコロカムイ）、2. フクロウの神（クンネレックカムイ）、3. 山の神（ヌプリカムイ）、4. 岩の神（ペンケイワ）、5. 川の神（チワシコロカムイ）、6. 狼神（オンルプシカムイ）、7. クマゲラの神（チ

プタチカップカムイ)、8. ワシ神（カバチリカムイ）がまとめて配置され、むしろH型となっている。もっとも、日の神や雷神をサケヌサに祀らない点は釧路（春採）、釧路（虹別）とは異なる。なお、獲った時に幣をつけサケヌサで送る神は、大鷲（ヌケチカップ）、トビ（ワトッタカムイ）、カワガラス（ウオルンカップケウカムイ）、ミソサザイ（トシリボクンカムイ）、ヤマセミ（アイヌサッチリカムイ）、ギンザンマシコ？（ソウタラカムイ）、ホシガラス（メドットエヤミ）、ワタリガラス（カバシクル）、ハシボソカラス（シラリワ）、雀（アマムチリカムイ）、ゴジュウガラ（シチカップ）、コガラ（ポンパケクンネ）、シジュウカラ（トウェキリコロ）、ミヤマカケス（パラケウ）、エゾライチョウ（フミルイ）等であるという。

　すなわち、網走（美幌）においては神格に釧路（春採）と共通性が見られるにもかかわらず幣所の構成がK型であるものと、幣所の構成が釧路（春採）と同様H型ではあるが神格は異なるものとが併存しているということになる。

　十勝（足寄）（no.11）もカムイヌサは独立するが、サケヌサの他にチロンヌップヌサ、モユックヌサ、ユックヌサ、ワッカウシヌサなど独立した幣所が見られ、K型とされる。ヌサの配置を図10に示したが、家の東側に6か所の幣所がある。カムイヌサは自然木に叉木に掲揚されたクマ頭骨が立てかけられており、森の中に骨の保管場所がある樺太と似た印象を与える。サケヌサに祀られる諸神は、捧げられるイナウの種類から、チカップイナウを捧げるフクロウの神（コタンコロカムイ）、イソアニカムイ（ニアシコロカムイ）、チケイナウを捧げる山の女神（オササンケカムイ）、熊の神（キムンカムイ）、オンネシュトイナウを捧げる山の神、オロケウカムイ（狼の神）、ポンシュトイナウを捧げる小鳥などとなる（青柳 1982：165-168）。また、1番右端には灰を送る場所であるウンアヌエウシと呼ばれる幣所があり、さらに屋外の西北にある便所の北側にエカシヌサが位置し、また水の神（ワッカウシカムイフチ）の幣所は川の縁に置かれるという。さらに、家の東側の幣所と家の間に、幣所に平行に左からシマフクロウの檻（コタンコロカムイセツ）、タヌキの檻（モユックセツ）、子グマの檻（ペウレップセツ）、狐の檻（チロンヌップセツ）が置かれ、倉庫（プ）が家の南側に建てられている。このことから、この地域では子グマの飼育のみではなく、シマフクロウ、タヌキ、狐が飼われていたことが明らかとなる。このことは、釧路（下雪裡）（no.15）において、飼狐を送る時にヌサを作ると述べら

れることから明らかになる狐の飼育と一致するものである。

　以上、地域的差異に関する幣所の構成の分析の結果、S型では表5（章末）の上部（幣所の左側）に幣所の神（ヌサコロカムイ）、木の神（シランバカムイ）、狩猟の神（ハシナウカムイ）が配置され、表のその下に熊の大神（メトゥシカムイ）のツバサンがあり、ここに叉木に掲揚されたクマ頭骨が置かれることになる。幣所の神が最も左に位置づけられ独立した幣所を持つことが特徴的である。このことは、「石狩においてムルクタヌサを作ることは胆振、日高、十勝地方と同様でアイヌの初期農耕の比較的早く行なわれた地方のみに限られている」（名取 1941：60）と述べられ、「幣所の神が祀られるのは日高山脈以西に限られる」（寒川 1977：192）と再確認されていることと矛盾はしない。Y型では、幣所の神の重要性が薄れ、諸神と共に1つの幣所が構成され、叉木に掲揚されたクマ頭骨もここに位置づけられることになる。これはS型と近いが、独立していた幣所の神、木の神、狩猟の神などが諸神と共に1つの幣所にまとめられ、そこにクマ頭骨を配置するという点で、S型とは異なるものとして考える必要がある。H型では幣所の神（ヌサコロカムイ）がなく、叉木に掲揚されたクマ頭骨が独立した幣所を構成する。この形式について佐藤（1961：144）は「（釧路地方のカムイヌサには）決して他の神のイナウは立てて祭らない…他の地方のイオマンデと比較して見るなら、釧路地方のものはまったく独特のものである」とカムイヌサの独自性を指摘し、「（日高山脈の東では）カムイヌサにはユクサパウニだけを立て、他の祭神はすべてサケヌサに移すこと」（寒川 1977：198）と再確認されていることとも矛盾はしない。しかし、すでに述べたように、カムイヌサの独立という基準のみではなく、その他に独立している幣所があるか否かという基準を導入することにより、樺太をも含んだ型式であるK型と、カムイヌサだけを独立させ他はサケヌサとしてまとめるH型とが分離され、このことにより、釧路地域、さらには日高山脈の東においても、複数の異なる型式が認められ、4型式の幣所構成の地域的差異に関する新たな全体像とそれらの分布域を提示することが可能となったのである（図11）。

　したがって、幣所の構成の型式とは、元来、森や海岸や家などそれぞれの場所に独立してあった幣所を1か所にまとめる過程での諸神の配置の仕方であると考えることができる。クマをはじめさまざまな動物の飼育、あるいは粟や

稗の植物栽培により、家の近くに幣所を設置することになったと考えるならば、幣所の構成は生計活動と定住性という生態学的問題、さらには文化接触とその後の熊祭りの展開の過程とも関連する問題として捉えることが可能である。これについては熊祭りの動態のところで検討することにする。

3　幣所の神々の地域的差異

次に表5に基づいて、神々の地域的差異について検討する。表の全体的なパターンから以下のことが明らかになる。第1に、新たな神々の記載が左上から右下に表を斜めに横切っていることがわかる。同じ種類の神は表の横線上に並べて記されているため、神々の記載が斜めになっているということは地域により新たな神々が追加され、神々に地域的差異があるということを示すものである。もっともその降下の傾斜は十勝、釧路以後は減少しており、この地域では地域的差異が少ない、すなわち共通する神々が多いことを示している。第2に表の左上にあった神々が表の右上では欠落していることがわかる。これは、基本型で見られた幣所の神、木の神、狩猟の神などが、表の右の地域では見られないことを示すものである。逆に、表の左上では見られなかった神々が新たに追加され、それらがある地域では、水平線上にプロットされていることがわかる。たとえば、祖先の神、太陽の神、雷神などは十勝、釧路、樺太など北海道東部から北部に共通しており、狼の神は空知、上川、十勝など北海道内陸部の地域に共通している。さらに、第3として、すべての地域に共通する神々が存在する。これは表の中で水平線上に連続して記されるパターンとして出現しており、コタンを守護する神（コタンコロカムイ）、沖の神（レプンカムイ）などが相当する。これら熊祭りにおける幣所の特徴的神々の地域的差異を表6にまとめ、さらにその空間分布を示したものが図12である。

さらに、図13にはフクロウの神(d)、熊の大王(e)、狐の神(f)、沖の神(g)、狼の神(j)など動物の神々だけを重ねて示した。ここに見られる地域的差異を生態的視点から分析するならば、北海道と樺太における熊の大神に関連する山での狩猟活動、樺太から北海道沿岸地域に共通する沖の神（シャチ）と関係する海での海獣猟活動や漁撈活動の関連性を指摘することができる。なお、幣所の神(a)は植物栽培活動との関連性が認められ（図12、14）、その分布が北海道南

第3章　熊祭りの地域的差異　107

表6　熊祭りにおける幣所の特徴的神々の地域的差異

	a.幣所の神(ヌサコロカムイ)	b.木の神(シランパカムイ)	c.狩猟の神(ハシナウカムイ)	d.フクロウの神(コタンコロカムイ)	e.熊の大王(メトゥシカムイ)	f.狐の神(シトンパカムイ)	g.沖の神(レプンカムイ)	h.祖先(エカシ)	i.太陽神(チュップカムイ)	j.狼の神(ホロケウカムイ)	k.雷神(カンナカムイ)
1. 日高(平取)	+	+	+	+	+	+	−	−	−	−	−
2. 石狩(千歳)	+	+	+	+	−	+	−	−	−	−	−
3. 日高(静内)	+	+	+	+	+	+	−	+	−	−	−
4. 胆振(白老)	+	+	+	−	+	+	+	−	+	−	−
5. 渡島(長万部)	+	+	+	−	+	−	+	+	−	−	−
6. 後志(余市)	+	+	+	−	+	−	+	−	−	−	−
7. 空知(ソラプチ)	+	+	−	+	+	+	+	−	−	+	−
8. 石狩(浜益毛)	+	−	−	+	+	−	−	−	−	−	−
9. 上川(旭川)	+	+	+	+	+	+	−	+	−	+	−
10. 十勝(伏古)	+	−	−	+	+	+	+	−	+	+	+
11. 十勝(足寄)	−	+	+	+	+	+	+	+	+	+	−
12. 釧路(春採)	−	−	−	+	+	+	+	−	+	+	+
13. 釧路(虹別)	−	−	−	+	+	+	+	+	+	−	+
14. 釧路(塘路)	−	−	−	+	+	+	+	+	+	−	−
15. 釧路(下雪里)	−	−	−	−	+	−	−	+	+	−	+
16. 網走(美幌)	−	−	−	−	+	+	+	−	+	−	+
17. 樺太(小田寒)	−	−	−	+	+	+	+	−	+	−	−

(＋はあり，−はなしを示す。)

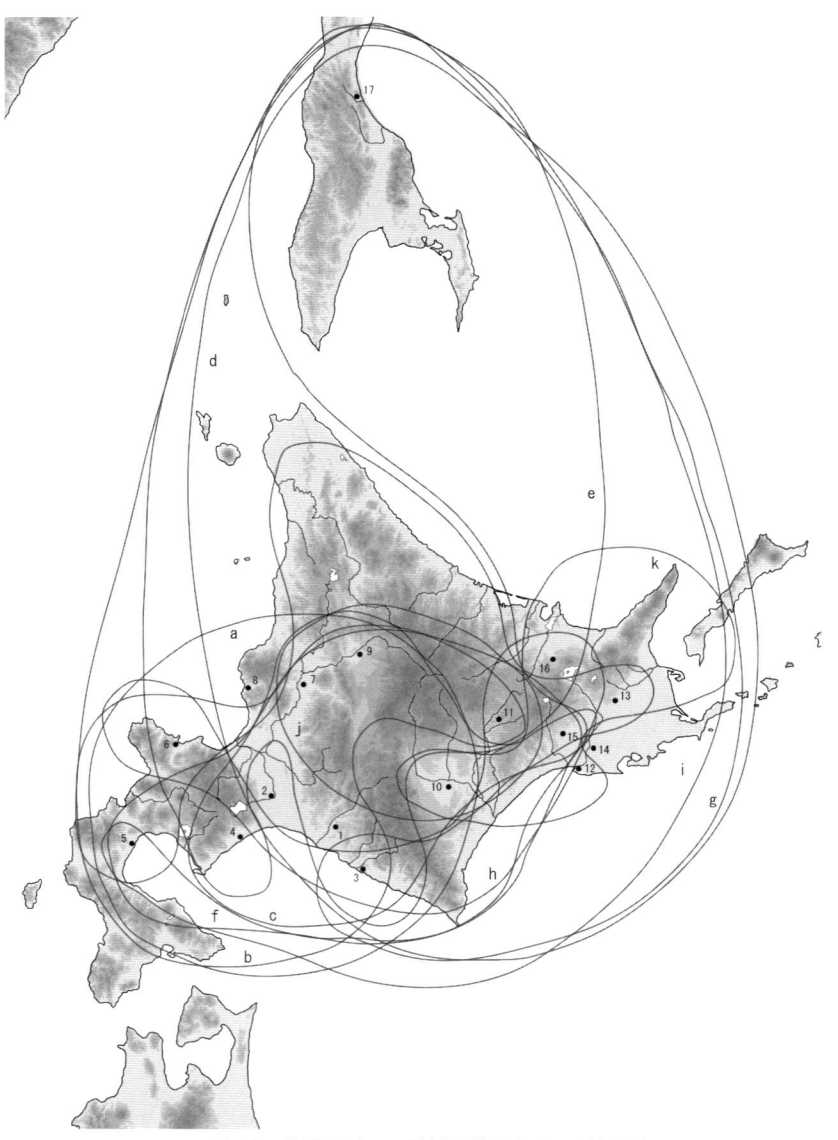

図12　幣所の神々の地域的差異とその空間分布

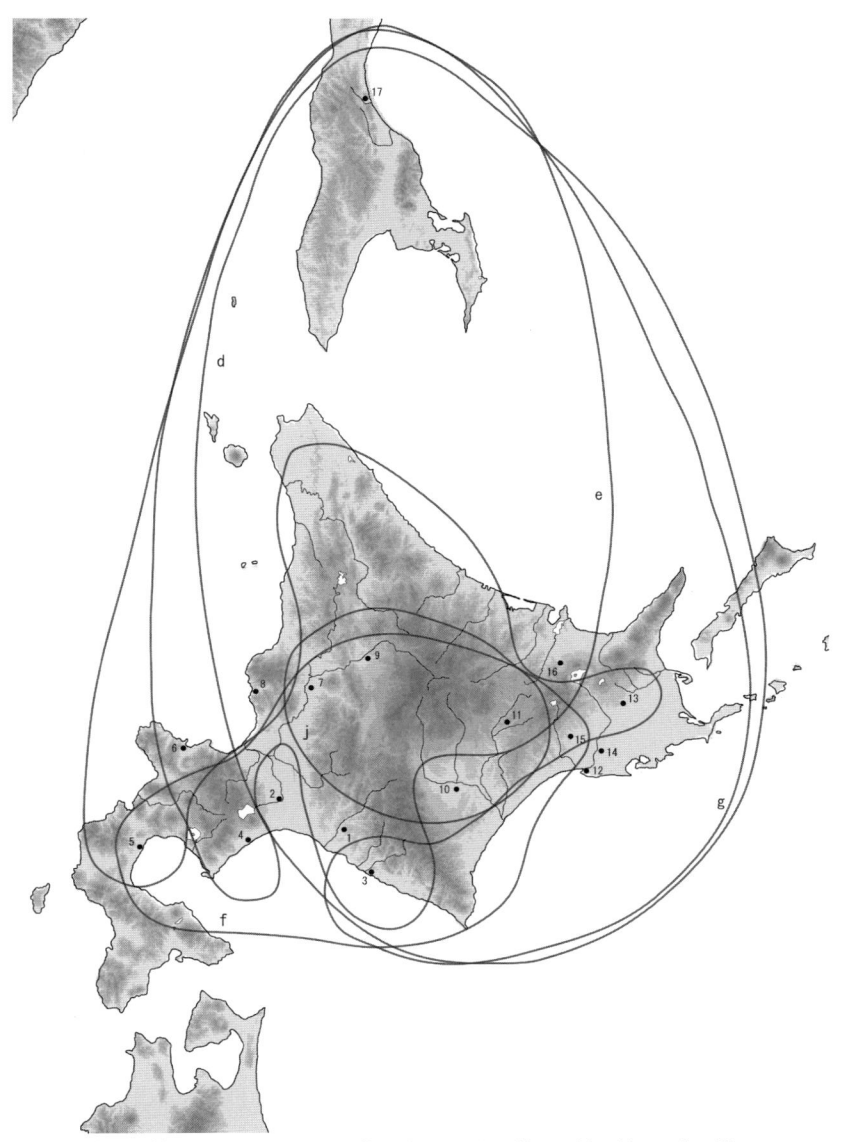

図13 幣所の神々（d. フクロウ神、e. 熊の大王、f. 狐の神、g. 沖の神、j. 狼の神）の空間分布

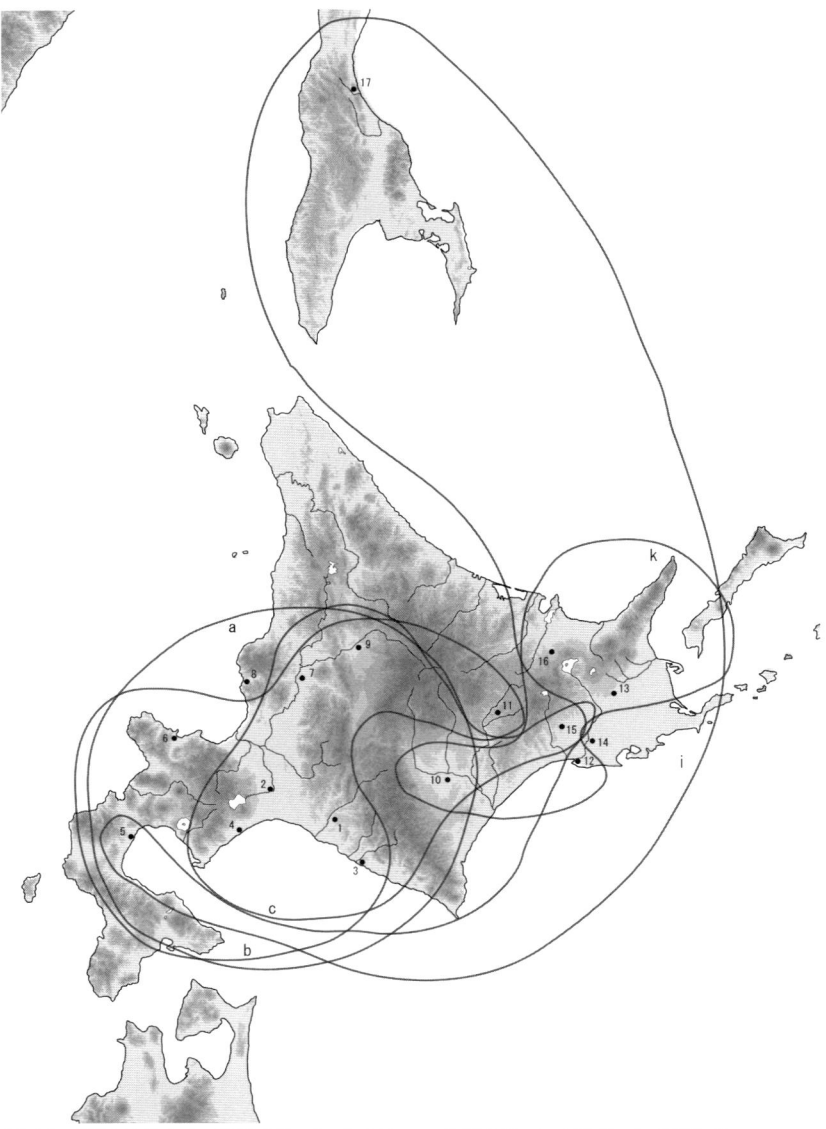

図 14 幣所の神々（a. 幣所の神、b. 木の神、c. 狩猟の神、i. 太陽神、k. 雷神）の空間分布

西部から中央部に限定されていることと対照的である。また、狼の神は狩猟との関連性が考えられるが、その分布は北海道内陸部に限定されている。なお、これらの動物神は狩猟対象動物というよりは、それぞれの生計活動の領域を有する神々、もしくはそれらの活動を助ける神々であると考えられる。

また、生計活動とは直接関係しない、より普遍的な神々に関しても釧路、網走、樺太、長万部、静内（本文中に記載）などに見られる太陽神(i)、あるいは十勝、釧路に見られる雷神(k)など、地域的特性を指摘することができる。さらに、幣所の神(a)、木の神(b)、狩猟の神(c)も地域的特性を持つと考えられるので、これらを重ねて図14に示した。太陽神が樺太、北海道東部を中心に、北海道南部から西部（本文中で記したように、3. 静内、さらに熊祭りには祀られないが8. 石狩浜益毛にも見られる）に至る海岸地域にまで分布しているのが特徴的である。雷神が北海道東部に限定されるのとは対照的に、幣所の神、木の神、狩猟の神は北海道南西部から中央部に限定されている。生態的条件のみならず、おそらく文化的伝統に基づくようなこれらの神々の地域的差異が、北海道南西部と、北海道東部・海岸部・樺太の大きな2つの分布域を示すことが明らかになる。

4　文化要素の地域的差異

次に地域間に見られる特徴的文化要素の差異について分析を進める。熊祭りにおける儀式次第の時系列（表3, 表4）に沿って、子グマの儀礼的屠殺における、A. 子グマにつける晴着（ポンパケ）と耳飾り（カムイニンガリ）、B. 花矢（ヘペレアイ）、C. 本矢、D. 絞木（レクンバニ）、E. 繋ぎ木の使用の有無、遊戯におけるF. 人間クマ（アイヌペウレップ）、G. 綱引き（ウコトゥシウック）、H. 射術競技、I. クルミ撒き（ヤムチャラパ）についての有無、解体時におけるK. 解体作法、L. クマの偶像、饗宴におけるM. 歌・踊り、N. ユーカラ、O. 占い・運試し、P. 席次、Q. 肉の分配、神送りにおけるR. 頭の飾りつけ、S. 頭骨の保管・掲揚の有無について検討し、その結果を表7に示す。特定の文化要素が文献資料に記載されているものを＋で、記載されていないものを－で表記した。ただし、文献に文化要素の明確な記載はないが、全体的情報から見て実際にはあると判断できるもの、および、内容に相違はあるが、同一の文化要素と認められると判断

できるものについては（＋）で表記した。したがって、これらの結果は文献情報に基づいた文化要素の地域的差異であり、個別の事例については実際とは異なる部分があるかも知れない。しかし、この比較、分析により、文化要素の全体的な分布の傾向を知ることは可能であると考えられる。

(1) **晴着・耳飾り**

　子グマを檻から外に出した後、晴れ着（ポンパケ）を着せ、耳飾りをつけることが、釧路（虹別）（犬飼、名取 1940：103-104）で報告されている。晴れ着は前垂の意味であり、削り花の縄を編み、これに彩布（サランベ）をとじ着けたものである。耳飾りも削り花で輪を作り、これに彩布を結んだものである。これらは神の国への土産と考えられている。なお、晴れ着や耳飾りは釧路地方以外にも余市、浜益毛、近文、十勝、樺太に見られる（犬飼、名取 1940：104）と述べられている。しかし、上川（旭川）、十勝（伏古）において屠殺前に晴着や耳飾りが着けられるという報告は他に見られない。もっとも、屠殺後、頭の飾りつけをした後の頭骨に首飾り、耳飾りをつけ土産物（イモカ）を供える（相賀 1985：87）との記事があることから、神送りの時に装身具をつけるということは認められよう。

　さらに、胆振（白老）でも頭飾りを「髪を結ってやる」とか「化粧する」と表現し、頭骨の上は削り花で作られたヘペレコソンデ（子グマの小袖、すなわち盛装）で飾られ、雌グマの場合には首飾りも添えられる（河野 1950：73、75）。また、日高（沙流）では解体後の毛皮のついたクマの頭部の前に杯を4個のせた膳を供え、酒を満たした行器を置き、首には耳飾り（ニンカリ）をかけ、雄グマであれば刀（エムシ）を置き、雌グマであれば首飾り（シトキ）を首にかけ、さらに顎の下には神の国への土産となる串餅、乾鮭、花矢が置かれる（伊福部 1969：69）。もっとも、これらは解体後、さらには頭骨の飾りつけ時に行なわれる飾りつけということになる。

　屠殺前に晴着や耳飾りをつけることについては、前述の釧路（虹別）の他、釧路（春採）、網走（美幌）、樺太（小田寒）において見られる。特に釧路では地面に交叉して打ち込まれたツシコットニと呼ばれる2本のアカダモの杭に縄で引かれた子グマの首が乗せられ、屈強な若者の1人が飛びかかり両耳をつかみ、耳と耳の間の皮に食いつき、同時に他の者たちが4本の肢を捕え、折り重

第3章 熊祭りの地域的差異

表7 熊祭りにおける文化要素の地域的差異

文化要素	日高(沙流)	胆振(白老)	上川(旭川)	十勝(伏古)	釧路(虹別,春採)	網走(美幌)	樺太(小田寒)	マタギ(本州北部)	ニヴフ(サハリン,アムール)
A. 晴着・耳飾り	-	-	-	-	+	+	+	-	+
B. 花矢	+	+	+	+	+	+	+	-	-
C. 木矢	+	-	+	+	-	+	+	-	+
D. 絞木	+	-	+	+	+	+	+	-	-
E. 繋ぎ柱	+	-	+	+	+	+	(+)	-	(+)
F. 人間クマ	+	-	-	-	+	+	-	-	-
G. 綱引き	+	-	+	-	+	+	-	-	-
H. 射術競技	+	-	-	-	(+)	-	-	-	+
I. 相撲	+	+	+	+	+	+	(+)	-	+
J. クルミ撒き	+	+	+	+	+	+	+	-	-
K. 解体作法	+	(+)	+	+	+	(+)	(+)	+	+
L. クマの偶像	-	-	-	-	-	+	+	-	-
M. 歌・踊り	+	+	+	+	+	+	+	(+)	+
N. ユーカラ	+	(+)	(+)	(+)	+	+	+	(+)	-
O. 占い・運試し	+	+	+	(+)	+	+	(+)	(+)	+
P. 席次	+	+	(+)	(+)	+	+	+	+	+
Q. 肉の分配	+	(+)	(+)	+	+	(+)	+	+	+
R. 頭の飾りつけ	+	+	+	+	+	+	+	(+)	+
S. 頭骨の保管・掲場	+	+	+	+	+	+	+	(+)	(+)

(+は要素あり、-は要素なしを示す)

写真22　檻から出されたクマに男たちが帯をつける
樺太アイヌ（昭和初期、1920-30年代）（北海道大学附属図書館蔵）［資料撮影煎本（2010）］

なって子グマを押え、口に棒をかませ、頭部の片側を棒で支えて動けなくする。そこに子グマに晴着を着せる役（カムイコレアン）が首につけた縄の結び目をしらべ、さらに紐で固く結び止める。そして、子グマの背中に晴着を着せ、紐を腹にまわして縛り、耳を歯でかんで（近頃は太い針金を用いて）孔を開け、耳飾りを結びつける（犬飼、名取 1940：121；佐藤 1961：148）。網走（美幌）においては前述のツシコットニは用いられず、クマを繋ぐ柱であるトセコッニに縛りつけ、選ばれた勇敢な青年がクマの後方から飛びつき、他の者たちが大勢で取り押さえ、晴れ着（ポンパケ）を着せ、耳飾り（キサルンペ）を歯でかんで孔を開けてクマの耳につける（米村 1952：43）。

　樺太（小田寒）においては、革紐をつけて檻から出されたクマにその役を与えられた若者が飛びかかり、腹でクマの口を押さえながら腕を首に巻きつけ、同時に多数の男たちがクマに群がり、前足をぐるぐる巻きにし、背中に重い木の幹を乗せ、何人かが体の後部に馬乗りになり動きを封じる。そして、草の茎で編んだ巾の広い長い帯（種々の食料の詰まった2個の小袋が結えつけられている）が締められ、削り花で作られた耳飾りが縫いつけられる（Pilsudski 1909, cf. 和田 1998：30）。同様に、小田原（1908：147）は、耳を捕えられ頭部を握られた子グマの背に革で作った紐物、編物が飾りつけられることを記している。写

写真23　屠殺されたクマへの神祈り
樺太アイヌ（昭和初期、1920-30年代）（北海道大学附属図書館蔵）［資料撮影煎本（2010）］

真資料（写真22・23）からも、檻から出されたクマに男たちが帯をつける様子、矢を受け横たわるクマに締められた帯を見てとることができる。

　なお、ニヴフ（サハリン、アムール）においては、檻から出されたクマに人々が飛び乗り、両側に鉄の鎖を固定した転子つき首輪を着け、同時にこの首輪を引きずり下ろさせないようにするため胴体に2本の革紐がつけられる（クレイノヴィチ 1993：158）。また、シュテルンベルク（Sternberg 1905, cf. 和田 1966：35）は鉄製の輪と革紐についてのみならず、クマを殺す日には、檻から出された「クマの胴に各種の食品がつまった小袋のついている太い組み帯が締められる」と記している。さらに、クレイノヴィチ（1993：159）は、ルゥニ湾（樺太中部の東海岸）のニヴフはクマを檻から引き出す日に、クマに「ズボン（チフィフ　ウァル　キズト）」、すなわち後の大腿を革紐で縛り、腹帯に結びつけたものを穿かせることを記している。また、解体後のクマに干し魚、ユリ、プッチカ、煙草、チイルフの根、魚卵の乾燥させたものを束にして背負い紐を結びつけたもの（クレイノヴィチ 1993：171）が供され、頭の下には矢の入った箙が置かれ、頭の側にはタバコや砂糖やほかの馳走が並べられる（Sternberg 1905, cf. 和田 1966：37）。したがって、ニヴフも樺太アイヌや北海道アイヌと同様、クマに土産物を持たせるという考え方は共通しており、とりわけ、屠殺前の子グマ

に晴れ着や耳飾り、あるいは「ズボン」をつけるということは釧路、網走、樺太のアイヌおよびニヴフに特徴的な文化要素であることが指摘できる。

(2) 花矢、本矢、絞木

　花矢（ヘペレアイ）、本矢、絞木（レクンバニ）の使用について検討する。綱のつけられた子グマは「遊ばせて送る」ため祭場をまわり、花矢が射られ、本矢と絞木（レクンバニ）で殺される。花矢は日輪の形であるチュップカムイノカや飾刀の形であるエムシポノカ、雷神の形であるカンナカムイノカ等が彫刻され、矢羽根はカモメの尾羽根、あるいはカケスの尾羽根が用いられる。致命的な殺傷力はなく、突き刺さった花矢はタクサと同じ形のアイキックニと呼ばれる除魔の役割を持つとされる棒で払い落とされ、やじりと矢柄が離され、花矢から抜けた魂はクマと共に土産物として神の国に行く（犬飼、名取 1940：102, 122）と考えられている。もっとも、花矢が用いられるのは北海道アイヌだけで、樺太ではこの記載はない。ただし、ニヴフにおいては本矢を射る前に肥厚した木のやじりのついた矢をクマの方向に射る行事（クレイノヴィチ 1993：161-162）が行なわれる。もっとも、これはクマの背後に立てた板を的とする試射競技（Sternberg 1905, 和田 1966：36）となっており、この矢がクマの土産物だという記述は見られない。

　本矢は北海道、樺太で用いられる。しかし、釧路や網走地域では本来は本矢は用いられず、クマは2本の絞木（レクヌンバニ）に首を挟み絞殺される。胆振（白老）の報告でも本矢は記されていない。本矢を用いるのは、2歳くらいになったクマが首を絞めるだけで息を止めるのが困難である場合に用いられる（犬飼、名取 1940：122）のである。絞木を用いる場合は、首を挟んだクマの上に数人の男たちが乗り絞殺する。なお、本矢が用いられる場合には、その後の絞木による絞殺は、ほとんど死んでしまったクマに行なわれるため、儀礼である（伊福部 1969：60）と考えて良い。しかし、絞木による絞殺が本来の形式であることは、本矢がイノソレアイ（弱らす矢）と称される（犬飼、名取 1939：264；佐藤 1961：150）ことからも窺い知ることができる。この儀礼的用法も含めて、北海道の全地域において絞木の使用が認められる。しかし、樺太アイヌ、ニヴフにおいては絞木の報告はない。なお、樺太（小田寒）においては前述したように、帯や耳飾りをつける時にクマを押さえつけるために重い木の幹が用

いられている。また、ニヴフでは、首輪と革紐をつける時に4本の太い棒がクマの足を縛りつけるために用いられる。矢を射た後に棒は用いられないが、瀕死のクマの頭の上に人が腹這いで乗り、クマがはやく窒息死するように両手で鼻孔に雪を詰める（クレイノヴィチ 1993：163）ことが報告されている。

以上のことから、花矢の儀式と絞木の使用は北海道アイヌに広く見られ、とりわけ本矢を用いないことと屠殺前の子グマに晴着や耳飾りをつけることが釧路、網走地域に特異的であることが明らかとなる。すなわち、これら以外の北海道の地域では屠殺に本矢を用い、儀礼的に絞木で絞殺し、その後、晴着や耳飾りなどを土産物として供えるという儀式次第になっていることがわかる。

(3) 繋ぎ木

祭場において、檻から出した子グマを一時繋いで休ませ、また最後に本矢を射る時に繋ぎ留めておくための柱であるトゥソクニ（ツシコットニ、トゥシコツニ）が祭場中央の北寄りに立てられる。これは日高（沙流）地方では、キハダ（シコロ）の丸太に3個ずつ3段に削りかけが作られ、頂部はマツやササの葉で飾られ、割れ目（エパロ）がつけられて、逆さ削り幣（チェホロカケップイナウ）がトゥソクニイナウとして挿され、クマの解体時に血がこれにつけられるものである（伊福部 1969：35）。なお、ツシコットニイナウは、クマが祭場に入り絞殺され、カムイヌサの前に安置されるまでの間、クマに悪霊がついて怪我災難のないように守護するもの（犬飼、名取 1940：102-103）であり、血は祭場を祓い浄め、クマの霊を守るもの（伊福部 1969：35）とされる。十勝（伏古）では祭場に連れ出されたクマはツシコットニに装置されたブドウ蔓製の輪に1本の縄で繋がれ、花矢、本矢を受け、絞木で絞殺される。そして、ツシコットニの傍に運ばれ、頭をツシコットニに向けられ、尻をヌササンの方向に据えられ、湯でクマの顔と手足の裏が洗われる（犬飼、名取 1939：266, 268）。なお、上川や十勝地域で花矢を射る時に（釧路地域とは異なり）子グマをトゥシコツニに繋いでおくことについて、佐藤（1961：150）は狭い場所で間に合い、危険も少ないと述べている。

繋ぎ木の使用は北海道に広く見られるものであるが、胆振（白老）では報告されていない。また、樺太（小田寒）において、クマは帯や耳飾りをつけられた後、祭場へと移動し、イナウで飾りつけられた垣根のところにある2本の高

写真 24　広場の高い柱に繋がれたクマ
樺太アイヌ（昭和初期、1920-30 年代）（北海道大学附属図書館蔵）[資料撮影煎本（2010）]

い柱の間に、頭が東を向くようにして革紐でしっかりと縛りつけられ、別離の言葉の後、矢で射殺される（Pilsudski 1909, cf. 和田 1998：31-32）。したがって、子グマを繋ぐ木は 2 本の高い柱ということになる。もっとも、子グマに別離の言葉を手向けている写真（Pilsudski 1909, cf. 和田 1998：41）において、子グマは 1 本の高い柱の横におり、これは 2 本の柱に繋がれた子グマの写真とは別の場所のようである。あるいは、2 本の繋ぎ木とは別に高い 1 本の柱があったのかも知れない。実際、樺太で撮影された別の写真資料（写真 24）では、ポロイナウ（大きな幣）と呼ばれる 1 本の高い柱にクマが繋がれているのを見てとることができる。この柱はもともと木であったようで、樹皮が剥がされ枝に幣が結びつけられているなど、次に述べるニヴフにおけるクマの繋ぎ柱を連想させるものである。

　さらに、ニヴフではクマを繋ぐ柱は 2 本の高いモミの木で作られ、樹冠とトォト（手）と呼ばれる 4 本の小枝を残して樹皮と枝が取り除かれる。4 本の小枝にはそれぞれ 1 本ずつのイナウが結びつけられる。祭場ではこれらの柱はチヴェの木の前の両側に立てられ、クマが繋がれる。クマの左側の柱は前方の柱

と呼ばれ、最も大事な柱とされている（クレイノヴィチ 1993：151, 160, 185）。したがって、ここでは、その木の傍で子グマが殺されることになっているチヴェの木を中心として、その前面両側に立てられた2本の柱が繋ぎ木として用いられていることが明らかとなる。なお、上記は樺太（サハリン）のニヴフに関してであるが沿海地方（アムール）においてはクマを殺す前には柱に繋がず、首輪の鎖に結びつけた綱を他のニヴフたちが掴んでいる時に、射手のニヴフが射止める（クレイノヴィチ 1993：374）という。

　したがって、1本の繋ぎ木を用いるということが北海道アイヌ、樺太アイヌに広く見られる。もっとも、樺太アイヌ、ニヴフに関しては繋ぎ木として2本の柱を用いるということも記されている。さらに、ニヴフにおいてはこれとは別に1本の木があり、この木の傍でクマが殺されたという可能性を指摘することができる。

(4)　人間クマ

　子グマの屠殺後、遊戯が行なわれる。人間クマ（アイヌペウレップ）は日高（沙流）地域に見られるが、その他の地域では明確な記録がない。もっとも、ニヴフにおいては、クマの解体後、その頭や肉が煙孔から入れられた地下式住居の中で、少年が格闘の演技を行なうが、人々は「山の子ら（パル〈山の人〉であるクマの氏族）がやって来たのかな」と冗談をいい、女たちは丸太を叩きながら、「山の小さな子らが遊んでいる、丸太を叩いて遊んでいる」と歌う（クレイノヴィチ 1993：174-175）。また、女はクマの動作、まるで後ろ足でゆっくりと歩き回りながらはしゃいでいる様子、遊んでいる様子、檻の中で走り回っている様子が表現された踊りを行なう。昔、女たちがこの踊りを演じる時、頭にイナウで作った冠を被り、手にはクォルグォルと呼ばれる中空になった木塊に魚皮を貼って作ったガラガラで中に小石を入れたものを持っていた（クレイノヴィチ 1993：176）という。沙流地域における人間クマはシャマニズムと関連するものなのか（煎本 1995b：201）、あるいはそれが遊戯や格闘競技となったものなのか、さらには前述した子グマに飛びついて晴着を着せる儀式の変形なのかを決めることは困難である。しかし、それらすべての要素が含まれていることだけは指摘することができよう。なお、人間クマを含む遊戯の意味に関しては、後述する第5章「熊祭りの意味」の4　祭りと初原的同一性の節で検討する。

(5) 綱引き

　遊戯にはさらに競争的性格を持つ競技が見られる。綱引きは日高（沙流）、上川（旭川）、釧路（春採）、網走（美幌）などで報告されている。日高ではクマを繋ぐために使った２本の綱をつなぎあわせ、男女２組に分かれて行なわれる。雄グマの時はクマが男に加勢するため男組が勝ち、雌グマの時はクマが女に加勢するため女組が勝つといわれている（伊福部 1969：61-62）。上川では男組が勝つと今年は雄グマが、女組が勝つと雌グマが授かるといわれ、猟の占いになっている。また、山の者と川沿いの者とに分かれて勝負し、山と川の猟を占う場合もある（相賀 1985：65）。網走ではクマの絞殺後、クマを結えていた縄は輪にされ、男女が取りついて踊りまわった後、男女に分かれて綱引きがはじめられ、中間より切断される（米村 1952：43）。もっとも、釧路では、女が綱に触れることは禁忌になっているため、男が２人で引き合うのみで、途中でエカシが小刀で綱を切り、引きあっていた２人は後にひっくり返り一同は大笑いして終わる。これは縄の霊が切られることにより自由になり、子グマと一緒に神の国へ送られるようにするためである（佐藤 1961：153-154）とされる。

　もっとも、綱引きにおいて綱を切るという行事は、日本神話におけるスサノオノミコトのやまたのおろち退治の伝説を思い起こさせる。アイヌの伝説においては、人文神アエオイナカムイが、大蛇の頭領であり、龍蛇あるいは雷神（カンナカムイ）ともいわれている悪神ミンタルコロカムイ（mintar kor kamui）を松脂を塗り固めた弓の弦で切り、屋敷の守護神としてこの世に留まらせた（富士元 1952：14）とされる。もちろん、アイヌ文化における蛇は日本神話における大蛇が氾濫する河川の隠喩とされることとは異なり、コタンを守り幣所を領有する神としての役割が与えられている。しかし、同時に、幣所の神が農耕と関係するということを考えると、両者に何らかの神話的共通性を想定することができるかも知れない。さらに、綱を切るということは人々が直接意識していないにもかかわらず、結界を解くという、より普遍的な象徴的意味もあり、第５章で後述するように祭りにおける初原的同一性の場を作り出す役割があると考えることができる。いずれにせよ、綱引きは地域的差異はあるが、北海道に広く見られるものであることが明らかになる。もっとも、綱引きは樺太アイヌ、ニヴフでは報告されていない。しかし、北方地域ではしばしば

見られ、たとえばカムチャッカ地方の海岸コリヤークでは、冬の祭りで盛大な綱引きが行なわれている（煎本 1997 フィールドデータ）。

(6) 射術競技

　弓矢を用いた射術競技も、日高（沙流）の他、釧路（虹別）でも報告されている。釧路では頭の飾りつけの後、焚火の明りの中で古老や若者が、残った花矢でウコアイオマンテ（互いに矢を送る）と称して誰の矢が最も遠くまで飛ぶかを試したり、アイプイオマン（矢が穴を通って送られる）と称する立木の枝と枝との間の穴を通す競技、繋ぎ木などに幣を立てかけて射たり、遠い立木の幹を狙って射たりし、願いごとの成就やクマが授かるかどうかを占う（犬飼、名取 1940：127；佐藤 1961：164）。したがって、これは競技であり、同時に占いや運試しとなっていることがわかる。また、ニヴフにおいてクマを射殺する前に試射競技が行なわれることについてはすでに述べたとおりである。これは、花矢の儀式と同様、儀礼化した射術競技と見ることができるかも知れない。

(7) 相　撲

　相撲も競争的な遊戯であり、北海道ではその詳細については不明であるが、沙流で行なわれたことが記されている。ニヴフでは、クマの射殺後、飼主と射手とが格闘を行ない、負けた飼主がクマの屠殺に無関係であることをクマを騙して見せつける演技が行なわれる。また、クマの屠殺の前には若者たちが取っ組み合いの競技を行なう。この熊祭りの格闘において、1 番強い者が 1 番弱い者を打ち負かせずに、逆にこの弱い者が皆と取り組み合って勝者となることがあるが、その人のことは山の人（クマの氏族）に助けてもらっている、あるいは、色々な山の幸福（運）で強い、と言われる。この他、ニヴフは縄跳び、切り株に座ったままで床に置かれた椀の水を飲む競技、後方に身体を曲げる競技、高跳び競技などを行なうが、熊祭りの期間中、連日行なわれるのは犬橇の競争である（クレイノヴィチ 1993：148-150, 163, 175）。ニヴフにおいては熊祭りに関連して、アイヌと比較すればより多くのさまざまな競技が行なわれていることがわかる。

　また、樺太アイヌにおいては、クマの解体時に、頂部が二叉に分かれた高い柱に縄を投げて引っかけ、つるつるした幹をよじ登る競技（Pilsudski 1909, cf. 和田 1998：33）が記録されている。

(8) クルミ撒き

　クルミ撒き（ヤムチャラパ）は子グマの屠殺後、解体前に行なわれるが、日高（沙流）では栗、クルミ、団子などが撒かれ、人々は大騒ぎをして争って拾う（伊福部 1969：62）。これらは神の国に持たせてやる土産（佐藤 1979：136）とされている。胆振（白老）では屋根の上から集まってきた人々に餅が撒かれる（青柳 1982：70）。また、上川（旭川）ではニヌムチャリ（クルミ撒き）は若者が檻の上に乗り、クマの供物であったクルミや干し魚を撒いて、人々は歓声をあげて拾う。これは、人間の世界は冬にも木の実がいっぱいあるとクマの霊を羨ましがらせて、また下界に肉と毛皮を持って来てくれることを願うためである（相賀 1985：64）といわれる。十勝（伏古）ではクマの解体後、男たちが檻の上から人々にクルミを撒き（犬飼、名取 1939：268）、釧路（虹別）では古老たちがクルミと干し鮭を細かく切ったものをお祝の意味で広場に撒き、人々は争ってこれを拾う（犬飼、名取 1940：125）。また、佐藤（1961：159-160）はニノムチヤリ（クルミ撒き）はカムイヌサに供えた供物のクルミと干鮭を細く切ったものを一緒に広場の人々に撒き、人々は大騒ぎして拾うと述べている。さらに、ところによっては魔物を追い払うために撒き、家と幣所の間の道に撒くところもある（更科 1955：43）という記事や、祭りなど人が集まる所へは魔神たちも寄って来るので、それを遠ざけるために行なう（知里 1953）という話も紹介されている。

　なお、クルミ撒きは樺太アイヌやニヴフには報告が見られない。もっとも、樺太アイヌにおいて、子グマが殺される前に老人により子グマに手向けられる別離の言葉の中で、どうすれば、子グマが故里へたどり着くのかが教えられる。すなわち、シンタ（shinta）（北海道アイヌでは揺籃を意味するが、樺太アイヌでは１種の橇である）に乗ったクマは雲まで引き上げられ、森に覆われた山の斜面に着陸する。そして、道を先に進み、土産にもらったご馳走を鳴き声をあげて四方八方を飛び回る鳥の姿の叔父たち（カラス）に振舞う。さらに、１つは大きく１つは小さい一対の足跡の穴を見つけ、この足跡を辿って行けば昇る太陽の方へ通じているという。こうしてクマは我が家にたどり着き、彼の母が喜んで迎え入れるというのである。さらに、ピウスツキ（1909, cf. 和田 1998：32, 35-36）は、二叉になったイナウに掲揚されたクマの頭骨を森の中のクマの骨の

保管場所に安置させる時、森や川や山の神々も一緒に享受できるように食物が四方へ向けてばら撒かれ、静寂な森の中でカラスだけが食事の匂いを嗅ぎつけて高い木から舞い上がり、カアカアとけたたましく鳴いて祭のご馳走を催促したことを記している。ここで、食物を四方へばら撒くということは、北海道アイヌにおけるクルミ撒きの儀式を連想させる。それは、樺太アイヌによって語られるカラスの姿をしたクマの叔父たちのみではなく、魔神をも含めたすべての神々と人間たちへ供物を捧げることを意味すると考えることができるかも知れない。もっとも、人々が歓声をあげて拾うという儀式としてのクルミ撒きは樺太アイヌでは見られない。

(9) **解体作法**

クマの解体作法とは、神（カムイ）であるクマを迎え、その着物である毛皮を脱がせ、土産物の肉とともにそれを受け取り、酒食を供してもてなし、人間の国からの土産物を持たせて神の国へ送り返すという観念に基づいた儀式である。したがって、その作法に細部において違いはあったとしてもアイヌのみならずニヴフにおいてもきわめて共通した特徴が見られるのである。

たとえば日高（沙流）における皮剝ぎ（イリ）において胸のところでサンペヌマッ（心臓の紐）と称する切り残しを最後に作り、1か所弓を押しあててからこの部分を切り離すという作法（伊福部 1969：64）は、胆振（白老）（財団法人アイヌ民族博物館 2003：225）、上川（旭川）（相賀 1985：71）、十勝（伏古）、釧路（虹別）（犬飼、名取 1940：83,124）においても見られる。もっとも、釧路ではヌマッの数が雄グマは3か所、雌グマでは5か所が普通であり、また弓ではなく、パッカイニ（オツクメニ、あるいはノッケウポコマップともいわれる）という解体時に胴体に代るものとされる30センチほどのヤナギの棒に8か所の削り花をつけたものを枕にして、小刀（マキリ）の刃を上に向けて下から突込み、ウエッとクマの叫び声に似た気合のもとに切り離す（佐藤 1961：156）という。なお、このパッカイニは北海道アイヌ、そしておそらく樺太アイヌ（石田 1909：136）においても広く見られるものであり、最終的に神送りに際してクマ頭骨を掲揚した叉木（ユクサパオニ）に水平に縛りつけられ、一端に生殖器と膀胱と直腸の一部が削り花で縛られ、他の端にはササの葉で包んだ稗と麹と神箸（カムイパスイ）が下げられ、子グマの霊とともに神の国へ送られるこ

とになるものである。

　さらに、樺太（小田寒）においては、クマの腹部を縦に切り裂いた時、真中に残した筋を指でうまく引きちぎると猟運に恵まれる（Pilsudski 1909, cf. 和田1998：33）とされる。また、ニヴフにおいても皮に「ボタン」と称される3か所（雌グマの場合には4か所）の細い筋が残され、フゥと叫んで手で引きちぎられる。さらに、皮にはもう1か所の筋が残されるが、これは「帯」とされ、指で引きちぎられる。クレイノヴィチ（1993：164-165, 187）はこの宗教儀礼はクマの毛皮が山の人（クマの氏族）の着衣に他ならないことを示すものであり、さらに、このことは上衣の留め金を意味する小さな差し渡し棒が5本（雌の場合は4本）、胸と腹の上に置かれ、留め金を外すようにこの棒が切られてから皮が剥がされるというマンシ（ヴォグル族）とハンティ（オスチャク族）のクマ崇拝に著しく似ている（マンシ、ハンティは飼グマ送りは行なわないので、狩猟による野生グマの送り儀礼についてである。著者注）ことを指摘している。

　解体時の肉の処理の特別な作法についても日高（沙流）のみならず、すべての地域で見られる。もっとも、十勝（伏古）においては、沙流で用いられたラムヌサとハシナウヌサの代りに繋ぎ木（ツシコットニ）をイリヌサ（皮剥ぎの幣）として用いるのが正式であるという。また、イリヌサに掛けた内臓その他の肉は昔は全部1度、檻の天井に吊し、後で神窓から家の中に入れた（犬飼、名取1940：83, 88）という。また、釧路では、肉などはカムイヌサに掛けられ、頭の飾りつけと神送りが終わった後に、オホホホというウココセ（凱歌）とオノノオノノという出迎えの人の歓声の中、神窓から室内に入れられる。この際、男たちによる行列が組まれ、手草（タクサ）持ちが宝物（イコロ）を持って先頭に立ち、縄取り後の1人がクマの毛皮を持ち、別の1人が心臓、胆のうを行器の蓋に入れて続き、さらに、クマの生きていた時の頭部から後方に至る順序に、首の脂肪肉、背肉、胸肉、腹肉、股肉、脛肉などが続く（佐藤1961：168）。なお、釧路ではすでに熊祭りの儀式次第のところで述べたように、クマ頭部は室内には入れられないが、毛皮と肉は室内に設けられた神壇に安置されることになる。

　なお、釧路地域に見られる作法は野生のクマの狩猟の時とほぼ同じ形式である。山でクマを狩猟すると、狩小屋まで運び皮を剥ぐが、幣所にはコタンコロカムイ（コタンの守護神、シマフクロウ）、クンネレツカムイ（クマの所在を知

らせるというエゾフクロウ)、チュプカムイ(日の神)、ワッカウシカムイ(水の神)が祀られている。なお、小屋の中の炉にはアペウチカムイ(火の神)の幣が立てられる。クマを幣所の前に置いて新たに山の神(キムンカムイ)の幣を作り幣所に立て、ブスクスリ(酒の代用品)を捧げてから、別に内臓を掛けるためのイリヌサ(皮剝ぎ幣所)を作る。胆のうを注意して取り出すが、その時、肝臓と小腸を細く切って串に刺し、コタンコロカムイとクンネレツカムイとに感謝の意味で捧げる。狩人たちもフイベ(生食)といってこれらに塩をつけて食べる。なお、帰る時には生け捕った子グマを肩に乗せた者を先頭に、獲物を背負う者、荷物を背負う者が続き、コタンの入口で合図の空砲を放つと、迎えの者は口々にオノノー、オノノー(よかった、よかった、でかしたと喜びの声)とイヤレンカ(歓迎)を行ない、狩人たちはそれに応えるようにオホホホーとウココセイ(凱歌)を叫ぶ(佐藤 1961：107, 110-111)。なお、飼グマの熊祭りの際には、家の中に入れられたクマの肉は神壇に供えられ、その夜は食べられないが、古老(エカシ)たちだけが肝臓、肺などの内臓を細く切って塩をつけ、フイベ(生食)といって食べることが許される(佐藤 1961：169)という。

　日本本州北部の青森県、秋田県、新潟県などのマタギは、野生のクマの伝統的狩猟者である(Ikeya 1997；武田 1977)。クマを狩猟すると解体時にケボカヒとモチグシという儀礼を行なう。ケボカヒとはクマの毛皮を剝いで唱えごとをする儀式である。西津軽大然村のマタギでは、クマは頭を北向きにされ、左肢を下、体は谷川の流れの方向に寝かせられ、皮を剝がれた後、頭の皮を尻の方に、尻尾の皮を頭の方に置きかえて肉に被せ、シカリ(狩猟者のリーダー)が皮の頭の方にしゃがみ、2番シカリは反対の側、他のマタギはクマを取囲んで同じようにしゃがむ。シカリはクマの耳をつかんで小声で、「アンモンオークラ　タヤフイダノカミ(名高い暗門の滝の大きな岳…)」と3度くり返し、そのたびごとに耳を握りしめる。すると2番シカリが「オドシタマタギ(追い落としたマタギ)」といい、その次のマタギが「タタイタマタギ(殺したマタギ)」とつけ加え、最後に一同が、「ヨイマタギ」と唱和する(後藤 1971：420)。モチグシとは解体後、串にさした肉片を焼き、山の神(マタギにおける山の神はクマを意味するものではなく、アイヌの木の神(大地の神)、もしくは狩猟の神に相当するものであると考えられる。著者注)に供える儀式である。秋田マタギにおい

ては、串２本に必ず心臓の肉を入れて、肉９片をそれぞれ刺し、火で焙り、山の神に供えてから皆で分けて食べる（高橋 1989, *org*.1937：302）。また、萩形（ハギナリ）地区においては、クマの頭、両耳、４肢の毛を少しずつ切って枝に供え猟の神への毛祭りをする。唱えごとが終わるとリーダーは出刃でクマの心臓を刺し、血を木椀に受けて、マタギ一同が飲む（太田 1979：80-81）という。

　また、新潟県魚沼地方では、クマの枕元に木の枝を切って立て、銃や槍を立てかけ、絵馬形の紙を各自が結びつけて、クマに真言を唱え、成仏することができるようにする。また、幣束（サカキ）には、「明神幣」、「権現幣」、「さるまりゆく（猿丸猟師様）の１本幣」の３種があり、赤、黄、青の色紙を以って作り、猟場の大将が神祭る時には上から 12、7、5、3とチヂミをつけた切り方がされたという。また、熊祭りとして、クマの狩猟の後、その晩、猟小屋でケンサイというものを作って供える。これはバンダイ餅で、こわく炊いたご飯を餅につき三角型につまんだものである。下山して村で神主を呼び、湯の花だてをした。湯の花だてとは山ザサに湯をつけて狩人たちにしめしかけるものであり、湯は山の神のご馳走だと考えられているという（金子 1989, *org*.1937：371-372, 390）。

　樺太アイヌにおいても、肉が小屋に運び込まれる際、どの部分は戸口から、またどの部分は奥の壁の穴から運び込まれ、それらがどこへ持って行かれるのかという厳密な決まりが定められていた（Pilsudski 1909, cf. 和田 1998：33）。さらに、ニヴフにおいては、もっと手の込んだ客人を迎える作法がクレイノヴィチ（1993：169-171）により記録されている。すなわち、祭場で解体されたクマの部位はなるべく自然な位置に保たれるよう、橇に皮のついた頭部から順に並べられ、地下式住居に運ばれ、その煙孔から室内に入れられる。この時、室内から「誰がおまえに食物をこしらえたのか」と３度尋ねられ、さらに、３代前に死んだ爺さんではないのかと尋ねられるのに答えて、クマは承知しているという素振りで唸り、モミの木を伝って地下式住居の中へ降りるという演出がなされる。そして、クマの毛皮は板床に、頭部は矢筒の上に置かれ、鼻面は人々の方へ向けられる。さらに、煙孔からモミを伝って、小さな男の子が降り、彼に対してもクマに問うた質問がくり返される。その後、煙孔から、前後の足、別々の容器に入れられた心臓、胸骨、肺、乳頭の周囲を切り取った肉、後部位が降ろされることになる。すなわち、アイヌにおいてもニヴフにおいても、ク

マの解体と肉の搬入の作法はクマを客人として迎え、土産物である肉と毛皮を受け取る儀式であることが明らかとなる。

(10) クマの偶像

　樺太アイヌ（石田 1909：134, 136）において、特異的なことは、野生のクマの熊祭りにおいて、解体後のクマの頭骨が室内においてトドマツの葉の上に安置され、その下顎の下には長さ5寸あまりの木彫の熊が削り花に巻かれて横たえられ、同様な小熊の像が頭骨の上に1個、右側に2個、真向きに置かれることである。また頭骨を窓から外に出した後、木彫の小熊は頭骨に代わりその場に置かれ、さらにこれは、その後、頭部の肉を切り取る時に用いた小刀とともに棚の上にある箱の中に大切に納められる。また、先の頭骨は家から離れた一定の地に運ばれて、木の枝に高く掛けられるという。また、ピウスツキ（Pilsudski 1909, cf. 和田 1998：33）は、屠殺されたクマは幣所に運ばれ、その上に刀、弓矢、食料入りの携帯袋、削り花でくるんだ護符等が乗せられると述べている。もっとも、この護符が何であるかについては記していない。しかし、熊の偶像が熊祭りにおいて用いられるということは、北海道アイヌにおいては報告されていない。

　もっともニヴフにおいては、熊祭りの前日に乾燥したプッチカの茎とユリ根で「クマの像」と呼ばれる小さな束（チフィフ　チヌァイ）が切り込みをつけたモミの若木につけられ、燃やして火の神に捧げられる（クレイノヴィチ 1993：144）。また、女たちが打ち、歌を歌うためのモミの樹幹で作られた打楽器（テヤテャンチハル）にはクマの図案化された頭部が彫られ、イナウが掛けられている（クレイノヴィチ 1993：146）。また、熊祭りで屠殺されたクマの心臓を入れるための椀の把手にはクマが彫られている（クレイノヴィチ 1993：166）。さらに、悪霊の奸計から子供を庇護するためにシャーマンの指示で作られた護符の中には小さな熊の彫像（クレイノヴィチ 1993：281）が見られる。しかし、これらが樺太アイヌの熊祭りの時のように用いられたという記録はないので、樺太アイヌの熊の偶像と関連があるかどうかは不明である。

　なお、後述するように、オホーツク文化からクマの偶像が出ており、晴着と考えられる帯が刻印されていることから、飼育型の熊祭りがあったこと、さらに北海道東部、樺太アイヌの熊祭りに見られる晴着・帯と関係があることが

指摘されている。

(11) **歌・踊り**

　熊祭りにおける歌と踊りは北海道、樺太のアイヌにおいて広く見られる。日高（沙流）における熊祭りについても、儀式次第の時系列（表3）に沿って、準備の段階から最後の小饗宴に至るまで、歌と踊りが見られる。準備が行なわれている前日祭でも、手の空いている女たちは子グマの檻の周囲に集まり、最後の別れを惜しんで行器の蓋をたたいて歌（ウポポ）を歌い、輪舞（ホリッパ、リムセ）を踊る。本祭第1日では、子グマに綱をかける前から、女たちは檻のまわりで歌を歌い、輪舞をして賑やかにしている。綱かけの時には周りの男も女も熱狂して歌を続ける。そして、子グマが檻から出され祭場へと誘導される際にも、女たちは子グマの後に従って来て、並んで歌う。子グマが祭場を巡りはじめ、古老たち、そして若者たちが花矢を射はじめると、女たちは踵を浮かせ、手を叩いて「アウチョウ、アウチョウ」と叫びつづける。これはへペレアエタプカラ（heper a e tapkar）と呼ばれる。そして、子グマが繋ぎ木に繋がれ、本矢が射られると祭場は興奮に包まれ、人々は飾玉を鳴らし、手を打ち、体をゆすりながら、歌と踊りは最高潮に達する。また、遊戯、クルミ撒きの後、クマの解体の間も、焚火（イリアペ、解体の火）に照らされ、女たちの歌、男たちのはげしい踊りが続けられる。解体後の神祈りの間も、女たちは円陣を作り、手を叩きながら輪舞を行なう。

　大饗宴（シイク）において、クマの霊は屋内に安置された頭部の両耳の間に宿って、火の神と歓談し、人々の祈りと供物を受け、歌や踊りを楽しむといわれている。着席後の神祈りが終わると、上座のサケイユシクルを妻以外の近所の女（イエタプカラ、ie tapkar）が支え、2人ずつ組になって力踏み踊り（タプカラ）が始まる。これは、両手を広げ「エプーエウ」と太い唸りに似た声をあげ、足を踏みしめて歩く踊りであり、北進してソパウンカムイの前で神祈りし、向きを変え西進して火の神に祈り、さらに南進してから自分の席に戻る。なお、力踏み踊りは伝承の中で、人間の姿になって地上で暮らした神が天に帰るときは、これを舞っているうちに鳥の姿になって空高く昇って行った（田村 1996：699）といわれるものである。

　また、炉の南座では女たちによってウポポが始められる。行器の蓋をとり

巻いて円陣が作られ、左手でこの蓋を叩いて拍子をとり、「エイヤ　アー、エイヤ　ホー、　ヘイユラエー」と声高らかに繰り返される。やがて、席の交替が行なわれ、大饗宴の給食が人々に供されると、食事の間だけは歌も踊りも中止される。再度、席の交替が行なわれ、古老たちが元の席に座ると、炉の南座では女たちや若い男たちが立ち上がり、円陣を作り、輪舞を踊りながら右まわりに回る。人々がこれに加わり、炉を中心に大きく活気に満ちた大輪舞（ソーカリリムセ、so kari rimuse）となる。この時には、老若男女とも加わり、男たちは刀を右手に持ち腕を屈伸し「フォーホイ、フォーホイ」と叫びながら両足ではね、舞い踊る。時々、この踊りの輪がくずれて女たちによる羽ばたきの踊りが行なわれる。これは女たちが鳥が羽ばたくように両袖を振わせ、鳥の鳴き声をまねて歌い、飛び跳ねながら踊るものである。その後、またもとの輪舞の輪が回り出し、これが何回もくり返される。歌や踊りは神へ真心を捧げ、神を喜ばせようという気持から心ゆくまで歌い踊るとされる（伊福部 1969：40, 56-59, 64, 69, 75, 80-85）と述べられる。

　本祭第2日（ポロオメカップ）において、クマ肉の饗応が行なわれると、賑やかな雰囲気のうちに炉の南座では若者や女たちにより、歌、輪舞、羽ばたきの踊りが行なわれ、また古老たちにより力踏み踊りが行なわれる。その後、頭の飾りつけウンメムケと子グマの荷物こしらえヘペレシケカラが行なわれるが、この間も他の古老たちは杯を傾け、男も女も行器の蓋を叩いて歌い、踊る。飾りつけられた頭骨が神窓から外へ出され、神送りのため叉木に掲揚され、水平に縛りつけられたオックメエニに刺繍をほどこした衣装がかけられると、数人の若者がこれを上下に振り動かす。この「クマの踊り」に和して、人々はかけ声も高く輪舞を行なう。神送りがすむと、屋内では老若男女は歌い、踊り、力踏み踊りを行なって夜が更ける。さらに、本祭第3日の小饗宴（ポンオメカップ）においても、人々に土産物が配られると、炉の南座では歌と輪舞が行なわれる（伊福部 1969：91, 95, 100, 102, 106）。さらに、名取（1941：110）によれば、歌が変わるに従って、多くの輪舞が繰返され、ネズミ踊り、鯨踊り、羽ばたきの踊り、戦場で隊の頭が味方を鼓舞する踊り（ヒエラントー）が興味深いものであるという。

　釧路（虹別、春採）地域においても、歌と踊りは熊祭りの間中続けられてい

る（佐藤 1961：115-116, 132, 135, 138, 144-153, 163, 169-170, 173-174）。準備の酒造りの儀式（トノトカラ）において、酒造りの歌（サケカラ　ウポポ）が歌われ、酒桶から杓子で汲み出したもろみが筅に受けとられ、踊る動作とともに濾される。また、子グマに持たせるための土産の団子（シト）を作るのに、杵搗き歌（イユウタ　ウポポ）に合わせ、踊るように搗く。なお、この歌には元来決まった歌詞はなく、即興的に「それ入れよ、それ入れた、それ入れよ、それ入れた」とか、「ほうら搗き方、ほうら、ほうら、臼婆、ほうら、ほうら、杵の木、ほうら」などと歌われる。

　熊祭りの前日には、女たちは子グマの檻を囲んで歌いながら輪を作って舞う。犬飼、名取（1940：113）は釧路（虹別）において、歌や輪舞を行ない、明日は送られて行く子グマをできるだけ喜ばせて名残りを惜み、数人の女たちは涙さえ流していたと記している。なお、頭骨を叉木に掲揚し、神送りが終わるまでは、家の中で歌は歌わないという。

　神送りの日は檻を囲んで大きな輪が作られ、歌が歌われる。この時の歌詞として以下のような例（佐藤 1961：138）があげられている。すなわち、「遠来の客が来た。つつしみ敬い、歌いましょう」、「霧はゆれて、神の乗り給える雲は、音響を残して、海上遥かに飛び去る」、「西風が激しく表を打ち、立ち込めた霧も払われ、空高く四方に散った」、「青葉若葉の茂みの中で、姿は見えぬが、子グマの鳴き声」、「神の世界から、神様は港の上に降り給う、絵のような美しさ」である。全体の文脈は不明であるが、客を迎えること、神が去ること、霧が晴れること、子グマが鳴いていること、そして、神が降臨することなどが歌われていることが窺われる。なお、「神の乗り給える雲」がアイヌ語で「シンタア」と表記されていることは、沙流で頭骨を掲揚した叉木を「カムイシンタ」（神の揺籃）と呼ぶこと、そして前述した樺太アイヌにおいて、子グマが「シンタ」に乗って雲まで引き上げられ、山の斜面に着陸し、我が家にたどり着く、と手向けの言葉の中で述べられることを連想させる。

　さらに、縄かけ後のエカシの１人が檻の上に登り、縄を両手で押しいただくような格好をして、腰を曲げたり伸ばしたりして、歌と踊りに調子を合わせて四方に向いて踊り、時々オホホホと呼ぶと、下の女や男たちの踊りもますます熱をおびる。また、１人の古老（エカシ）が檻に登り、前の古老から１本の縄

を受け取って踊る。ここでは前述の酒造りや杵搗きと同様に、作業そのものが歌と踊りと一体となった儀式として演出されていることになる。

　子グマの絞殺の間も女たちの歌は続けられ、解体前のクマに祈詞が捧げられ、老婦人（フチ）たちが鮭の筋子やヒシの実を混ぜた油飯（レダシケップ）を子グマに供える間も歌が続けられる。その1つは「子グマは帰る、踊れや踊れ」と歌われる。解体の間も、歌と踊りは焚火を囲み、幣所をまわり、女たちに男も加わり盛んに行なわれる。

　神送りが終わり、家の中で宴が始まると、女たちは歌を歌い、古老は力踏み踊りを舞う。これは、釧路では神を讃えるもので、その夜は必ず行なわれるものとされている。2,3人で行なうこともあれば、1人ですることもあり、祈りの唱え言葉（シノッチカ）といって、一定の詞はなくその時その時に応じて文句を作って、腹の底から絞り出すような声で歌われる。歌と輪舞の他、壮年の男が武装して向き合い、坐った女の囃しに合わせて白刃を切り結ぶ恰好をする剣の舞（エムシリムセ）も行なわれる。これは屋内では狭いので2人で行なわれるが、昔は屋外で男6人と女6人で1組となり、2組が相対し、男は1人ずつ相向かって渡り合い、女は各々後に控えて声援するという勇壮なものであったという。

　踊りが終わると、古老により炉端で詞曲（サコロベ、ユーカラ）が語られる。長い物語を棒で炉端をたたきながら節をつけて語り、最高潮になると聴手の女たちが「ヘイ」と気合をかける。また、女たちは口琴（ムックリ）を演奏するなど夜を徹して楽しむ。

　神送りの翌日は、神祈りと肉の分配後、あらゆる隠し芸を出し、2日間でも3日間でも飲みもの食いものの尽きるまで楽しみ抜くという。踊りも個人で行なう座興的なものが多い。たとえば、狐が狩られる様子を真似た狐踊（チロンヌップリムセ）、飼い馴らした鳥を肩や手にとまらせて舞い遊ぶ鳥踊（チカップリムセ）、2人の女が鶴の恋愛の所作を真似て踊る鶴の舞（サルルンチリリムセ）、さらには1人の男を2人の女が奪いあう「色男」と呼ばれる滑稽な踊り、棒踊り、バッタ踊りなどが行なわれる。

　なお、網走（美幌）においては、子グマの屠殺の前日に古老の神謡（カムイユーカラ）、あるいはサクロペ（サコロベ）と称される軍談（英雄叙事詩）が炉端で

始められ、女たちはそのまわりを取り巻き、木片を手にして杯などを打ち鳴らし、「ホゥホゥ」と声を立てながら調子をとり、話が高潮すれば勇士が戦場で活躍する有様を彷彿し、立ち上がってその表現を現わす状態は1つの舞踊である（米村 1952：42）と述べられている。

　樺太アイヌにおいても、熊祭りの前日から男女の輪踊りが始められ、さらにクマの檻の前でも行なわれた後、家屋で夜通し続けられる。時には、男が女の輪に入り、大袈裟に女の仕草を真似て、巧笑の渦を巻き起こすという。さらに、客たちは長老たちの前で体を曲げ伸ばしながら以下のような歌を歌う。すなわち、「私は年を取り、若者たちが酒の支度をしてくれた。ナウレ　ナオ　エエエエ。酒への感謝を込めて歌を1つ歌う。ナウレ　ナオ　エエエエ。役立たずの老人の私は、この歌で感謝の気持を表わそう。ナウレ　ナオ　エエエエ」あるいは、「私は自分でこの歌を作りました。こうやって私は消え去った青春時代への憧れを断ち切るのです。もう幾度となく、神々が私の言葉に耳を傾け、私のことを忘れないようあえてお願いしてきました。おかげで、私は生きながらえました。今は年老いていますが、まだ同じ歌を歌い続けています。これからも、神々が私に耳を傾けてくれるよう、いつも心がけることでしょう」（Pilsudski 1909, cf. 和田 1998：23-24, 27）というものである。この客人の歌は、沙流で酒を飲んだ喜びの表現とされる力踏み踊り（タプカラ）を連想させる。なお、祭りの当日、子グマの檻のところでは人々は激しく泣いており、歌や踊りは行なわれていないようである。そして、子グマの屠殺後、肉が小屋に運び入れられると、再び踊りが始まる。しかし、翌日クマの頭骨が森の幣所に運ばれると、騒ぎは固く戒められる（Pilsudski 1909, cf. 和田 1998：36）という。

　ニヴフにおける歌と踊りの特徴は、テヤテャン　チハル（打つ木）と呼ばれる打楽器が用いられることである。これは皮を剥いだ乾いたモミの樹幹に図案化されたクマの頭部が彫られたものであり、吊り下げたものを4人の女たちが2本ずつの短い棒でたたき、独特のリズムを出し、歌を演奏するものである。熊祭りが始まると、クマが屠殺されるまでの日（2月6日－2月8日）は屋外で演奏され、クマが屠殺、解体され地下式住居に運び込まれ（2月9日）、調理される（2月10日－2月11日）までは屋内の入口の左隅に吊り下げて、その後、クマの頭部を外で焼くため屋外に運び出され（2月11日）、屋外のもとの

場所の雪の上に突き刺したモミの木に吊り下げられ演奏される（クレイノヴィチ 1993：146-147, 151-153, 156, 169-177）のである。この時、さまざまな歌の中で、女たちはムィクルフィンの歌の筋を叩き出す。これは、森の中でクマの女と結婚し、子供を妊娠させたムィクルフィンという名のニヴフが村に戻って来るが、やがて妻である雌グマを狩猟し、自分も死ぬことによってクマのもとに連れて行かれるという人間とクマとの婚姻物語である。また、少年の格闘の演技の時には、「山の小さな子らが遊んでいる」と歌の拍子を叩き出し、クマの頭の解体をする時には、老人たちに、「山の人（クマのこと）を楽しませるため、もっと精出して丸太を叩き、歌を歌え」と指図され、「私のクマの頭は右に左に向きを変えながらまわりを見てる、胴体を横に向けて見てる、自分の頭で遊びながら見てる」と歌う。さらに、すでに人間クマのところで述べたように、女はクマの動作を真似て踊る。

　熊祭りにおいて、英雄叙事詩（ユーカラ）（釧路地域ではサコロペと呼ばれる）が語られることについては、すでに記したようにアイヌに広く見られる。特に、クマの頭部を屋内に入れるところでは、頭を飾った近くで必ずこの詞を行なう（更科 1955：56）とされる。もっとも、釧路地域においても、頭部は屋内に運び入れられないが、クマの肉を屋内に入れ神壇に安置し歌や踊りが行なわれた後、古老によって炉端でサコロペが語られ（佐藤 1961：170）、後祭（本祭2日目）にも屋内での歌、踊り、力踏み踊りとともに、昔物語や狩猟語りが行なわれ（犬飼、名取 1940：135）、網走（美幌）でも熊祭り前日にサクロペ（サコロペ）が語られることはすでに記した通りである。さらに、樺太東海岸トンナイチヤにおける熊祭り前夜、方々のアイヌが集まり徹夜でユーカラや舞踏（ヘチリ）が行なわれたとの記事（小田原 1908：146）が見られる。また、ニヴフにおいても、前述したように、ユーカラという語りではないが、女たちが打楽器を叩き、ムィクルフィンの物語を歌うのである。

　なお、ユーカラとは沙流地域ではポイヤウンペ（poyyaunpe、小さい陸の人）と呼ばれる孤児の少年が自叙する形の叙事詩を指し、通常使われない独特の語句や、古風な美文調の言い回しや複雑に入り組んだ文法を含み、通常木の棒（たきぎの1本）で炉端を叩いて拍子をとりながら歌い、聞き手は時々「ホッ」という合の手を入れる（田村 1996：873）ものである。ニヴフにおけるムィク

ルフィンの物語は一見、英雄叙事詩とは無関係のように思えるが、樺太アイヌにおける半神半人の孤児である主人公ヤイレスポが雌グマとの間に息子を儲け、雌グマは山を下りてヤイレスポの住いに近づき、我が子を見て自分の所に受け入れるよう仕向けたという物語（Pilsudski 1909, cf. 和田 1998：40）（これが熊祭りの起源の物語になっている）との関連性は指摘できる。もっとも、英雄叙事詩は、主人公がさらわれた妹をとり返すための魔神たちとの戦いの物語になっており、ニヴフにおけるムィクルフィンの物語は英雄叙事詩そのものではないが、それを構成する物語の一部あるいはその変異であると考えることができるかも知れない。とりわけ、ニヴフにおいて女たちが打楽器を叩き物語を歌うことは、アイヌにおいて木の棒で炉端が叩かれ、拍子がとられ、英雄叙事詩が語られることと形式的にも類似しているのである。

⑿　占い・運試し

　占い、あるいは運試しについてはすでに記したように、沙流地域においてはクマ肉の饗応の際に短く切った小腸の長さを当てさせ、当てた者は幸運であるとされる。これと同様の事例は、釧路地域においても見られる（佐藤 1961：175-176）。すなわち、追祭（1週間後）における酒宴の際、ニオウといって、小腸を10センチと6センチメートルくらいの長さに切り、この長さを小刀で切ったヤナギの皮を差し出し、当てることが行なわれる。長い方に一致すると古老は「ピリカケレ（うまく当たった）」といい、大グマが授かるという意味で大喜びする。次に短い方に一致すると小グマも授かるといって拍手する。いつも当たらぬ者は「今年は甘くない年だ」と頭をかかえる。また、別の占い・運試しとして、3センチくらいのヤナギの木を削って作ったヒンネシュトイナウ（雄の棒状の幣）とマツネシュトイナウ（雌の棒状の幣）を各2本ずつ用意し、クマの頭部から取った肉の中に差し込んで、他の肉とともに煮込み、それを皆の椀に盛り、主人は「この肉の中にはニオウの幣が入ったものがあるから誰かに当たるはずだ。ヒンネイナウの当たった者はこの次に必ずカムイニシパ（雄グマ）が授かり、マツネイナウの当たった者はカムイカッケマッ（雌グマ）が授かる」と言って渡す。

　さらに、運試しはクマ肉の饗応の時以外にも見られる。綱引きにおいて上川地域では勝組が男組だと雄グマが、女組だと雌グマが授かるといわれ猟の占い

になっている（伊福部 1969：61-62；相賀 1985：65）こと、また、射術競技においても願いごとの成就やクマが授かるかどうかを占うこと（犬飼、名取 1940：127；佐藤 1961：164）についてはすでに述べたとおりである。樺太アイヌにおいては、解体時に真ん中に残した筋を指でうまく引きちぎることができれば猟運に恵まれる（Pilsudski 1909, cf. 和田 1998：33）とされることが報告されている。なお、ニヴフに関しては明確な占い・運試しの記載は見られない。しかし、クマ祭りの格闘競技の時、1番弱い者が勝者になると、山の人（クマの氏族）に助けてもらっているとか、色々な山の幸福（運）で強いと言われること（クレイノヴィチ 1993：175）は、沙流地域において綱引きの勝ち組がクマに加勢してもらったと言われるのと共通した考え方に基づいているものである。

⒀ 席 次

　席次については、沙流地域で見られるように、饗宴の席で主賓（サケイユシクル）と主人（サケコロクル）をはじめとする古老たちが指名を受けて、屋内の東側に行器と高膳をはさんで向かい合って座り、炉と神窓との間には男の若者たち、炉の東縁から西側のところには女たちが座席を占める。さらに、古老たちと若者たちの席の交替（オッカイポウエソプキ）、主賓と主人との座席の交換（ウコソホシピ）を行ない、同様に炉の南側では主賓側と主人側の妻女たちによる杯の献酬と席の交換とが行なわれる。

　胆振（白老）においても、饗宴の時、奥座には行器とクマをはさんで古老（エカシ）たちが向かい合って並び、その中央の神窓の前の座はこの家の主人と沙流からの客人という古老にあてられ、炉の上座には他の男たちが並び、老婦人たちは上座の壁側に、若い婦人たちは炉の両側と下座に並んで座ること（河野 1950：70-71）が報告されている。また、釧路（虹別）においても、屋内の饗宴で、格式、家柄によって決められた席に座る（佐藤 1961：170）と述べられる。さらに、犬飼、名取（1940：107）によると、屋内の神祈りにおいて、古老たちは格式に従って着座するが、炉の北東端（釧路地域虹別においては神窓は北東方向にあるので実際の方向は炉の北端となる）に行器が置かれ、ここに賓客が座し、シソ（入口から神窓の方向を見て炉の左側、沙流地域では神窓が東方向にあるので炉の北縁になるが、釧路地域では北西になる）に神祈りをする祭主が座す。賓客をはじめとして、古老たちはロレガンラエ（炉の神窓側）からアレキソ（入口

から見て炉の右側）へと格式順に居並ぶ。老婦人（フチ）で格式のある人はシソの裾、男の若者でも格式の高い家の者はアレキソの裾に座り、他の若者、女子、子供はシソの裾からアベオンド（炉の入口側）、およびアレキソに座る。網走（美幌）においても、屋内の神祈りから屠殺、神送り後の饗宴において炉を囲み男は前方、女は後方に座す（米村 1952：41, 44）と述べられるように、一般的に席次は客人と主人、男女、古老と若者、子供、家の格式などにより、家の炉の奥側の東北端、および神窓との間を上座とし、炉の戸口側を下座として、厳格に決められているということができる。

　樺太アイヌにおいてもピウスツキ（Pilsudski 1909, cf. 和田 1998：24-25, 26）は、熊祭り前日の神祈りと饗宴において、主人は客に指定した席を割り当て、中央には遠くからやってくる主賓たち、次に主人の身内の長老たち、その他の客人は踊り手の左隣の土間に、若者と女と子供たちは勝手な所に座ると記している。さらに、長老（客人）の祝辞の後、顔役の偉い客たちが感情を害しないように彼らを順次上座の方へつかせようと、客の移動が行なわれたとの記述がなされている。

　ニヴフにおいては、地下式住居には昔ながらの炉があり、両横と奥の板床には主人の血族の者、客人たちが座り、入口の左隅には打楽器が吊り下げられて女たちにより演奏され、煙孔から入れられたクマの毛皮は奥の板床に、頭は矢筒の上に客人を迎えるようにして置かれる。また、ヌァルクフゥプド（客人たちの着座）と呼ばれる客人へのクマ肉の饗応の日には、客人には左側の板床があてがわれ、年長者は栄えある板床近くの上位に着座し、年少者は戸口近くに座る（クレイノヴィチ 1993：147, 169-170, 178）と記されている。したがって、ここでも賓客と主人、年長者と年少者とで席次が決まっていることがわかる。しかし、ニヴフにおいては、アイヌ、とりわけ沙流地域に見られるような座席の交替や交換など、複雑な儀式は報告されてはいない。

⑭　**肉の分配**

　クマ肉の分配は沙流地域では、本祭第2日目（ポロオメカップ）のクマ肉の饗応（カムイハルアサプテ）、および第3日目（ポンオメカップ）の土産物の贈呈に見られる（伊福部 1969：90, 106-107）。クマ肉の饗応においては、大鍋で塩煮したクマ肉と小腸を切ったものに削り花のついた小串を挿し全員に配る。ただ

し、格式の高いものほど良い種類の肉があたるようにする。また、コタンの長はこの肉がクマが神の国から持ってきた尊い土産物であり、皆で分かち合って有難く頂戴するという祈り詞を火の神に捧げた後、自らこの1片を食し、ついで炉の周囲の古老たち、上座の行器の席にある人たち、そして順次全員にもれなく配る。第3日目には、2,3個の生のままの粢餅と、粢餅にクマの生肉を薄く切って貼りつけたものを席にいる人々に土産物として分配する。また、シトアサプテといわれる粢餅の分配がサケコロクルたちにより行なわれる。さらに、クマの飼主はクマの後肢1本を膳の上に乗せて祭司であり主賓であるヘペレサケイユシクルに、熊祭りに際しての労苦に感謝するとのお礼の言葉とともに贈る。なお、ヘペレサケイユシクルはそれを自分の村に持ち帰った後、近所の人たちを招いて皆で分かち合って戴くという2次分配が行なわれる。

　釧路（虹別）においては、本祭の翌日、もしくは引き続いて後祭が行なわれる場合には本祭の夜、シチヤカラ（肉の区分）が行なわれる。分配の際の着席の順序は炉のシソ（入口から向かって左側）と神窓側のロレガンラエの奥の上座のイコロサン（宝物置場）の前にコタンの長が座り、次席はその左脇に、その次は右脇に、その次は右に、その次は左にというように順次、炉のシソとロレガンラエに並ぶ。これら古老の前には特に高膳（オチケ）が据えられる。比較的格式のある家の男の若者はアレキソ（入口から向かって炉の右側）の前に、女たちの中でコタンの長の妻などの老婦人（フチ）はシソと下座のアベオンド（炉の入口側）の前、女の中で比較的格式のある家の子女はアレキソの下座に、その他の女、子供たちはアレキソとアベオンドの隅の最も下座に座る（犬飼、名取 1940：133-134；佐藤 1961：172）。

　着座の後、イメクグル（食物を分配する人）がオンカム（後肢の股の肉）を長さ25-26センチ、巾7-8センチの薄い短冊形に切ったものを古老の高膳に乗せ、次々と配る。特に上等のブスキリボ（首筋から肩にかけての脂肪肉）は古老にかぎり配られる。大きく切り取ることのできない部分は小さく短冊形に切り塩煮し、雑肉は肉串に刺して配る。腎臓、肺蔵、肝臓などは老人たちに分けられ、生食される。骨付き肉や分けにくい内臓などは大鍋で塩煮して分配される。骨つき肉は主として女たちに分けられる。生で分けられたものは土産とし、煮られたものはその場で食べられる。骨は集めてカムイヌサのもとに納める。小

骨も縄にはさんで散らないようにし、どこにでも捨てるようなことはしない（佐藤 1961：172-173）という。

犬飼、名取（1940：134）は分配方法について、格式の順序に各種の肉を1枚ずつ配り、足らない所はその次の種類の肉からはじめて順次等分に、ただし格式の高い者ほど良い種類の肉の分配される機会が多いように分けると述べている。その結果、個人単位に平等ではあるが格式上の違いがあるように分配されるという。

クマ肉の分配は樺太アイヌにおいても報告されている（Pilsudski 1909, 和田 1998：35）。本祭2日目に、骨付き肉1本、あばら、小さな肉片数個、脂肪が板の上に乗せられ、刀や槍の形をした木串に刺され客に分けられる。骨つき肉には序列があり、主人はどの骨がどの客に相応しいかを大声で指示する。残りは女や子供たちに分けられる。人々は肉を食し、少しでも残れば草わらで編んだ入れ物に入れて自分の家へ持ち帰る。尻尾はクマを育てた老婦人にこれ見よがしに渡されるという。なお、食べ残された骨はすべて莫蓙の上に集められ、削り花で覆われる。これは後に頭骨と共にクマの骨の保管場所である森の中の幣所に持って行かれることになるのである。

ニヴフにおけるクマ肉の分配は、彼らの氏族制度と深く結びついている。クマは、ニヴフの特定の氏族と血縁関係にある「山の人」と考えられているため、熊祭りにおける主人であるクマを飼育していた人はクマを屠殺できないのみならず、その氏族のだれもがクマ肉を食べることはできないのである。客は主人の娘の婚出先の氏族であり、娘の婿であるが、彼もまた主人の飼グマに対する気持ちをよく知っているためクマを殺すことはできず、全く別の氏族の第3者にその役を頼むことになる。クマ肉はさらに、禁忌のかかった部位（頭、3本の上肋骨、胸骨、心臓、肺、肝臓、足の筋肉など、男だけが食べることが許される部位）と禁忌のかからない部位（3本の長い肋骨、3本の短い肋骨、腰部の肉、尻尾の周りの肉と尻尾、腸、腎臓など、女、男が食べることが許される部位）に分けられる。さらに、頭の肉、舌、心臓などは男性の古老だけが食べることを許されている。なお、解体時、禁忌のかかった部位は禁忌のかかったナイフで切られ、調理の際も住居から再び出して屠殺場にある禁忌のかかった焚火でしか焼くことができない。この焚火の火はクマの倉庫から取り出した火打ち石（昔は

木製の発火具）で起こされたものである（クレイノヴィチ 1993：141, 168, 173）。

　クマ肉が客に分配されるのは「ヌァルクたちの着座」の日であり、主人が客人の口に脂肪の大きい塊を入れ、押し込んで食べさせる「ヌォフトゥクンクゥンド（脂肪の噛み切り）」が行なわれる。さらに、調理したクマ肉が客人に手渡され、土産とされるのである。なお、客たちは骨から丁寧に肉を取り、何本かは革紐で縛って主人に返す。客は1本の骨も手元に残しておくことはできない。これらの骨はクマ檻に似た大きい木造の檻の中に、木の箱に入れた眼、同じような箱に入れた胆のうと並べられ保存される（クレイノヴィチ 1993：179-181）。なお、後述するように、クマの頭骨はこれとは別の倉庫に保存される。

　以上、ニヴフでもクマ肉の分配が行なわれ、また重要な儀式となっていることがわかる。しかし、分配の原理はアイヌのそれとは異なり、氏族制度が中心となっており、さらにそれに性、年令による厳格な禁忌が設けられるということになっているのである。

　なお、日本本州北部のマタギにおける獲物の分配は、秋田のマタギではクマの発見者に売価の1割、他は平等に分けられ、また津軽地方のマタギでは発見者もシカリ（リーダー）、コマタギも平等に分配される。なお、以前はクマを仕止めた者はクマの顔面の皮を名誉の印として取り、煙管筒にしたという。村での祝の酒宴においては、酒1升提げて行きさえすれば村人は誰でも参加することができ、クマ肉は余るほどあるため、シカリもコマタギも女も子供も皆、クマ肉の饗宴に列した喜びを満喫する。歌が歌われ、猟の自慢話、危険な目に遭った話、失敗談、笑い話も出る（後藤 1971：416-417）という。

(15) 頭の飾りつけ

　クマの頭の飾りつけ（ウンメムケ）は、神送りのための重要な儀式である。ウンメムケ（我々・顔を剃る）は釧路地方ではカムイカトカラ（神の形を造る）とも呼ばれ、頭部から皮、肉、眼球、脳を取り、削り花で飾り、クマが神の国へ帰る姿を造る儀式である。沙流地域においてすでに記載したものと同様の方式が、胆振（白老）、上川（旭川）、十勝（伏古）、釧路（虹別、春採）などで見られる（伊福部 1969：92-94；河野 1950：72-73；相賀 1985：86；犬飼、名取 1940：89-93；佐藤 1961：161-163）。なお、釧路地域では、クマの屠殺後、頭部を屋内に入れないので、頭の飾りつけは屋外のカムイヌサの前の焚火の明りの中で行

なわれる。その他の地域では、家の中に神窓から運び入れられた毛皮つき頭部は、家の中から神窓に向かって窓と炉の間の左側の壁際の座である上座に安置されているので、頭の飾りつけはこの前でなされる。舌の軟骨、眼球の液は、飾りつけをする人が食べる。舌の軟骨を食べると雄弁になるといわれている。後に、舌の肉は煮て、脳は生で食べられる。また、脳を取り出すには刀の鍔などで、雄グマなら左側を、雌グマなら右側を叩いて破れ目を作り、その孔を広げて削り花のついた神箸と捧酒箸とで掻き出す。なお、神箸には飼育した家の祖印（イトクパ）が刻まれている（伊福部 1969：93）。また、釧路では両方の鼻孔に1本ずつ祖先からの血統を表わす印（エカシイトクパ、沙流のイトクパに相当）の刻まれたサニンコロシュトイナウ（血統を示す棒状の幣）を押し込む。さらに、エカシイトクパの彫られたケウセイイナウ（頭骨の背負う幣）をクマの額に乗せその上を削り花で結ぶ（佐藤 1961：162-163）。なお、いずれの地域においても、毛皮の売価を落さぬため、昔は残していた眼から先の口までの皮と両耳を毛皮の方につけ、その代用としてその部分に削り花をつけるようになったという。

　樺太アイヌにおいても、頭蓋骨が小さな熊祭り専用の斧で砕かれ脳髄が出され、生のまま塩味をつけ客人に振る舞われる（Pilsudski 1909, cf. 和田 1998：34）。また、樺太東海岸トンナイチャにおいても、クマの頭が盛んに飾られ（小田原 1908：147）、小田寒においても、頭骨と頬骨の間に短い棒が挿まれ、脳腔には樺皮に包まれた脳が入れられ、鼻腔には眼球のつけられたイナヲ（イナウ）が挿入され、屋外に出されること（石田 1909：136）が報告されている。

　ニヴフにおいても頭の飾りつけが記録されている。ここでは、頭の皮が剥がされ、切り取られた眼はサルヤナギの樹皮で作ったケースに入れられ、小枝のついた禁忌のかかったモミの幹に掛けられる（これは後にクマの骨の保管場所である木造の檻の中に保存される）。さらに、舌が切り取られ、下顎が切り離される。頭蓋骨、下顎骨、胸骨、第1頸椎骨2本がサルヤナギの皮で巻かれ、禁忌のかかった焚火で焼かれる。クマの頭が焼き上がると、特製の帯状の削り花で頭蓋骨の孔から脳髄が取り出され焼かれる。そして、再び煙孔を通して地下式住居の中へ運び込まれる。翌日の「ヌァルクたちの着座」の日に客人は頭から脂肪を取り、下顎からは小さな肉片を取って食べる。頭蓋骨は鉄鏃のついた矢

とプッチカの茎を結びつけられ、栄えある板床の上に安置される。客の帰った後、主人は下顎を頭蓋骨につけ、鼻面に煮凝りを塗り、ユリ根数本と乾燥したプッチカの茎と共にサルヤナギで作ったイナウに鼻から突込み、削り花となっているイナウのばらけた端を頭蓋骨の後頭部で括る（クレイノヴィチ 1993：177-178, 182）のである（これは後にクマの頭が保存される特別の倉庫に保存される）。

したがって、ニヴフにおいてはアイヌとは異なり、頭部は皮を剥がされ焚火で焼かれ、脂肪が取られた後、供物と共に削り花に包まれ保存されるということになる。もっとも、頭骨を特別に飾りつけることについてはアイヌもニヴフも共通している。

⒃　頭骨の保管・掲揚

頭骨の保管・掲揚は北海道アイヌ、樺太アイヌに広く見られるものである。ユクサパオニの先端の二叉の枝が、頭を飾りつけたクマの頬骨にささるようにして差し込まれ、頭骨が掲揚される。両枝の先にはケウトムシイナウが結びつけられる。なお、十勝（伏古）ではユクサパオニはパッカイニと呼ばれ（釧路では後述する短い棒をパッカイニと呼ぶ）、これにつけるイナウはパッカイイナウ（犬飼、名取 1940：80）と称され、釧路（虹別）ではアシュルベイナウ（耳の幣）と称され、これには削り花で作った耳輪（キサラニンガリ）が垂らされる（佐藤 1961：165；犬飼、名取 1940：128）。また、このイナウを雄グマの時は左を高く、雌グマの時は右側を高くすることは北海道アイヌに共通している。

日高（沙流）、十勝（伏古）では頭骨の下にオックメウェニ（背負棒）が水平に結びつけられ（釧路ではパッカイニ、網走ではノッケウポコマップと称される）、一端にはクマの膀胱、直腸、生殖器が吊り下げられ、他の端にはササの葉に稗と麹を包んだものを各1個ずつと削り花のついた神箸（カムイパスイ）が吊り下げられる（十勝では神箸は右側のパッカイイナウに着けられる）（伊福部 1969：99；犬飼、名取 1940：95）。胆振（白老）ではオックメウェニに削り花に包まれた眼と生殖器が掛けられ、1膳の神箸が吊るされる（河野 1950：74, 76）。しかし、釧路（虹別、春採）においては、パッカイニは頭骨の下にユクサパオニに水平に結びつけられるが、ここに何かを吊り下げるという記載はない。脳を出すのに用いたノイペサンケペラ（脳を取り出すへら）は頭骨の額に乗せられているケウセイイナウ（頭骨の背負う幣）と並べて結びつけられ、また直腸、膀胱、

生殖器は解体時に削り花をつけられカムイヌサに下げられている。また眼球は沙流地域でも見られたように、液が飲まれた後、水晶体はササの葉にブスクスリ（米と麹を混ぜて酒の代用としたもの）と共に包まれ、削り花で巻かれ、もとの眼窩に詰められる（佐藤 1961：158, 162, 165）ことになる。

　また、網走（美幌）（米村 1952：44）においては、横に吊り下げられたノッケウポコマッブの下部に生殖器が吊り下げられると述べられている。そして、叉木（パッカイニ）の下方には削り花をつけた脊椎骨、その他の骨全部が結びつけられ、頭骨部には刀、首飾、宝物、餅が吊り下げられる。そして、古老により、「今ここにイナウ、イコロ、酒、餅等を捧げるから、イナウとパッカイニに乗って父母の許に快く行け。そして天にある父母を喜ばしてくれ。また天にある神の国に着いたならば神々を招き集めて、捧げるこの品々を分け与えてくれ。そして、再びこの世に来て我らに会い、今一度供物をしてお前を送ってやろう」と祈詞が述べられ、一同は声を限りにホウホウと叫んで幣所の前に行き、パッカイニに乗せた頭骨に近づき、神送りは終了する。

　沙流地域では、神送りの時、叉木（ユクサパオニ）に掲揚されたクマ頭骨は東に向けられるが、翌朝早く正面の家のある方向である西に向きかえし、耳飾り、宝物などを外して持ち帰る。これをケウォシピという（伊福部 1969：102）。同様に、釧路地域でも子グマの神送りが済むと、古老たちはクマの頭が後向きになっているのを正面に向け直し、倒れないようにしっかりと幣所に結びつける。若者は土産物を下げ、すべての供物や容器を家に運び込む（佐藤 1961：167；犬飼、名取 1940：130）。なお、頭骨を正面に向け直すのは、クマの神がコタンを見守ってくれることができるようにするためである（煎本 2005 フィールドデータ、静内）という。

　樺太アイヌにおいては、クマの頭骨は、削り花で包んだ目、耳、鼻、2個の上端の脊椎骨、爪のついた前足、莫蓙に包まれた残りの骨と共に、森の中のクマの骨の保管場所に運ばれる。ここで、頭骨は新しい二叉になったイナウに眼窩を通して（雄では左、雌では右）突き刺され、立てられる。同じ二叉になったイナウに目と爪のついた前足が括りつけられる。残りの骨は同じようなクマの残骸で白くなっている堆積に投げ捨てられる（Pilsudski 1909, cf. 和田 1998：35-36）。同様に石田（1909：136）も、樺太（小田寒）において、頭骨が家から

離れた一定の場所に運ばれ、木の枝に高く掛けられるということを記している。

　ニヴフにおいて、飾りつけられたクマの頭骨はチフィフロチョヌクルロフゥニョ（クマの頭が保存される倉庫）と呼ばれる特別の安置場に納められる。これは森の中の切り株の4本の柱の上にあり、内部の棚にはこの氏族の人々が殺したクマの頭骨が置かれている。また、壁には鼻先のついた口の辺り、足の周囲から切り取った皮の切れ端のついた爪が掛かっている。さらに、煮凝りを作るための槽、双子の霊魂とクマに噛み殺されたニヴフの霊に食べ物を捧げるための槽、クマの心臓を入れるための椀、鍋、クマ用の首輪のついた鎖、禁忌のかかった火を起すための氏族の火打ち石などの熊祭り用の道具がしまわれている。

　ここで主人は新たに持ってきた頭骨のみならず、倉庫の中にあったすべての頭骨に煮凝りを少し塗る。この食べ物を捧げる儀式はテョヌクルロアヴンドと呼ばれる。倉庫を出ると、主人はチヴュの木の方へ向かい、山の方に向き、「チュウフ」と言い、煮凝り、ユリ根、乾燥したプッチカの茎を1本、山の方に向かって投げ、「目も持たず、耳の孔も持たず、鼻の孔も持たず、そのようにしてわしの道の真ん中で、わしを待っていてくれ」と山の霊魂に食べ物を捧げるパルロフチャウンドと呼ばれる儀式を行なう（クレイノヴィチ 1993：182-183）。また、シュテルンベルク（Sternbeng 1905, cf. 和田 1966：29, 39）はクマの頭と骨は、器、矢、革紐などと共に、聖獣の置物の墓所として使われる伝統的な建物へ移され、クマの霊は捧げ物を身につけ、犬の死霊とイナウ（幣）の霊とに伴なわれ、彼らの主であり森の主でもあるパリス（pal'-ys'）（'は弱い発音を示す）の住まう高峰へ向かうという。なお、山と森の主とは最も高い山に住み、その周囲には彼の氏族員の居住地があり、彼にはちょうど犬のようにクマが仕えている。森の動物は皆、彼の配下であり、自分の裁量でニヴフに動物を授けるという。

　したがって、クマの頭骨が保管されることはアイヌ、ニヴフに広く見られることが明らかとなる。また、アイヌではそれが叉木の上に掲揚され幣所に立てられるのに対して、ニヴフでは特別の倉庫の中に保存され、熊祭りのたびにすべての頭骨に食べ物が捧げられる。すなわち、アイヌにおいてクマはあくまでもアイヌ（人間）に対するカムイ（神）であるのに対して、ニヴフではクマは自分たちの氏族に対応する山の人（クマの氏族）であり、祖先として、より

親密な親族関係で結ばれているということができるのである。

　なお、日本本州北部のマタギにおいては、クマの頭骨を伝統的に保管・掲揚したことがあるか否かについては不明である。もっとも、4個のクマの頭骨が紐につけられ、1個ずつ軒先にかけられている写真があり、同様に玄関入口の上に1個の頭骨がかけられている別の写真には「入口にクマの頭骨をかかげる風習は災難をよけるものとして伝えられている」とあり（太田 1979：28-29）、クマの頭骨に対する特別な力の崇拝はあったと考えても良い。

　以上述べた熊祭りにおける文化要素とその地域的差異（表7）の空間分布を図15に示す。なお、その分布が樺太（サハリン）、沿海地方のアムール河口のニヴフにまで至る時には地図上部に向かって点線で、日本本州のマタギにまで至る時には地図下部に向かって点線で分布が拡大していることが示されている。

　これに基づくと、第1に北海道、樺太のアイヌのみならず、ニヴフ、マタギにまで至る広い分布を示す文化要素、第2に北海道、樺太のアイヌおよびニヴフに見られる文化要素、第3に北海道、樺太のアイヌとマタギに見られる文化要素、第4に北海道アイヌとニヴフに見られる文化要素、第5に北海道と樺太のアイヌに見られる文化要素、第6に北海道アイヌにのみ特徴的に見られる文化要素、そして最後に、第7として樺太アイヌのみに見られる文化要素を抽出することができる。さらに、北海道アイヌに見られる文化要素も、北海道全域に見られるものと、ある特定の地域に偏るものが認められる。

　第1の広範囲の分布を持つものには、K.解体作法、M.歌・踊り、P.席次、Q.肉の分配、R.頭の飾りつけ、S.頭骨の保管・掲揚がある。解体作法、肉の分配、頭の飾りつけ、頭骨の保管・掲揚は、飼育された子グマの熊祭りに限らず、狩猟された野生のクマの熊祭りにおいても見られるものであり、クマに対する特別の信仰に基づく狩猟儀礼である。それらの内容にそれぞれ少しずつ差異が見られても、日本本州のマタギ、北海道と樺太のアイヌ、そしてニヴフにおいて、クマの狩猟に関する共通の観念があるものと認められる。また、歌・踊りや席次については、祭りに伴なうものであり、社会構造によりその内容は異なっていても、祭りが集団的であり、社会構造を反映するならば一般的に見い出し得る共通の文化要素となるものである。また、肉の分配についても広く認められるがアイヌとニヴフでは社会構造の違いを反映して、その内容は異なったもの

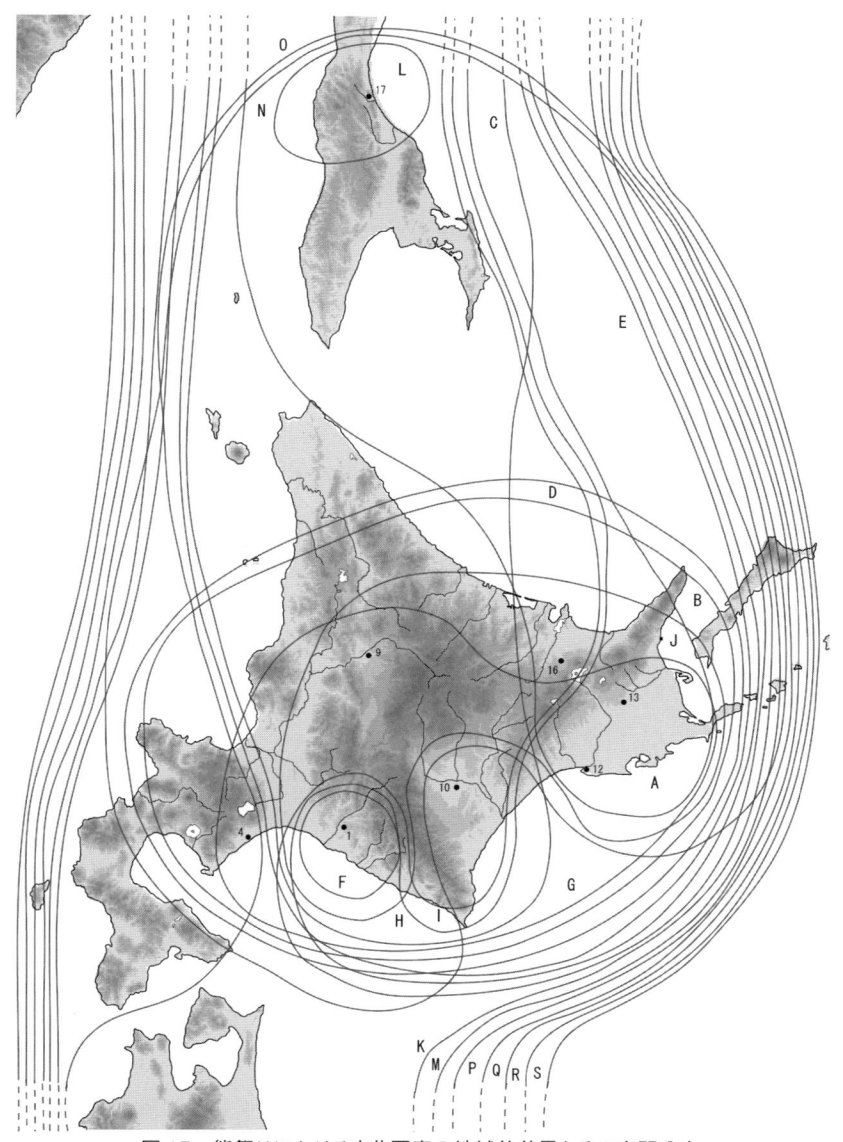

第 3 章　熊祭りの地域的差異　145

図 15　熊祭りにおける文化要素の地域的差異とその空間分布

となっている。

　第2の文化要素には、A.晴着・耳飾り、C.本矢、E.繋ぎ木が含まれる。この中で、晴着・耳飾りは、北海道でも釧路、網走地域にのみ見られるものであり、樺太アイヌ、およびニヴフとの共通の文化要素となっている。本矢については釧路、網走地域では現在は用いられているが本来は用いられないものであり、クマの屠殺には絞木が使用された。これ以外の北海道の各地域では（胆振を除いて）本矢で屠殺が行なわれ、絞木は儀礼的に用いられている。なお、樺太アイヌとニヴフにおいては本矢のみで屠殺が行なわれる。繋ぎ木についてはアイヌ、ニヴフに共通する文化要素であるが、樺太アイヌおよびニヴフにおいて2本の木が用いられるのに対して、北海道アイヌにおいては1本の木が用いられるという相違が認められる。屠殺方法の地域的差異を明確にするため、図16に、A.晴着・耳飾り、B.花矢、C.本矢、D.絞木の空間分布を重ねて示した。この図から北海道東部においては絞木のみで本矢が用いられていないこと、屠殺前に晴着・耳飾りをつけるのは北海道東部と樺太に限定されていることがわかる。

　第3の文化要素は、O.占い・運試しであり、ニヴフ以外で広く見られるものである。これは、解体、肉の分配、綱引きや射術競技などと結びついて、猟運などを占うものである。第4の北海道アイヌとニヴフに見られるものには、H.射術競技、I.相撲が含まれる。これらは樺太アイヌには見られないのみならず、北海道においても散発的にしか見い出し得ない。第5の文化要素は、N.ユーカラであり、北海道と樺太のアイヌに見られる。ニヴフにおいて物語りが打楽器の演奏で歌われることは認められるが、英雄叙事詩としてのユーカラが熊祭りに語られるという報告はない。もっとも拍子をつけて物語が語られるという形式と内容の部分的類似性に着目すれば、これは第2の北海道、樺太のアイヌおよびニヴフに見られる文化要素に含まれることになる。

　第6に北海道アイヌに特徴的に見られる文化要素は、B.花矢、D.絞木、F.人間クマ、G.綱引き、J.クルミ撒きである。花矢は木製の試し矢が射術競技としてニヴフにおいて見られるが、子グマを的として射る花矢は北海道アイヌにのみ見られるものである。さらに、ここでは花矢は子グマへの土産物として考えられ、そのため花矢を折るということが行なわれる。また、残った花矢で射術

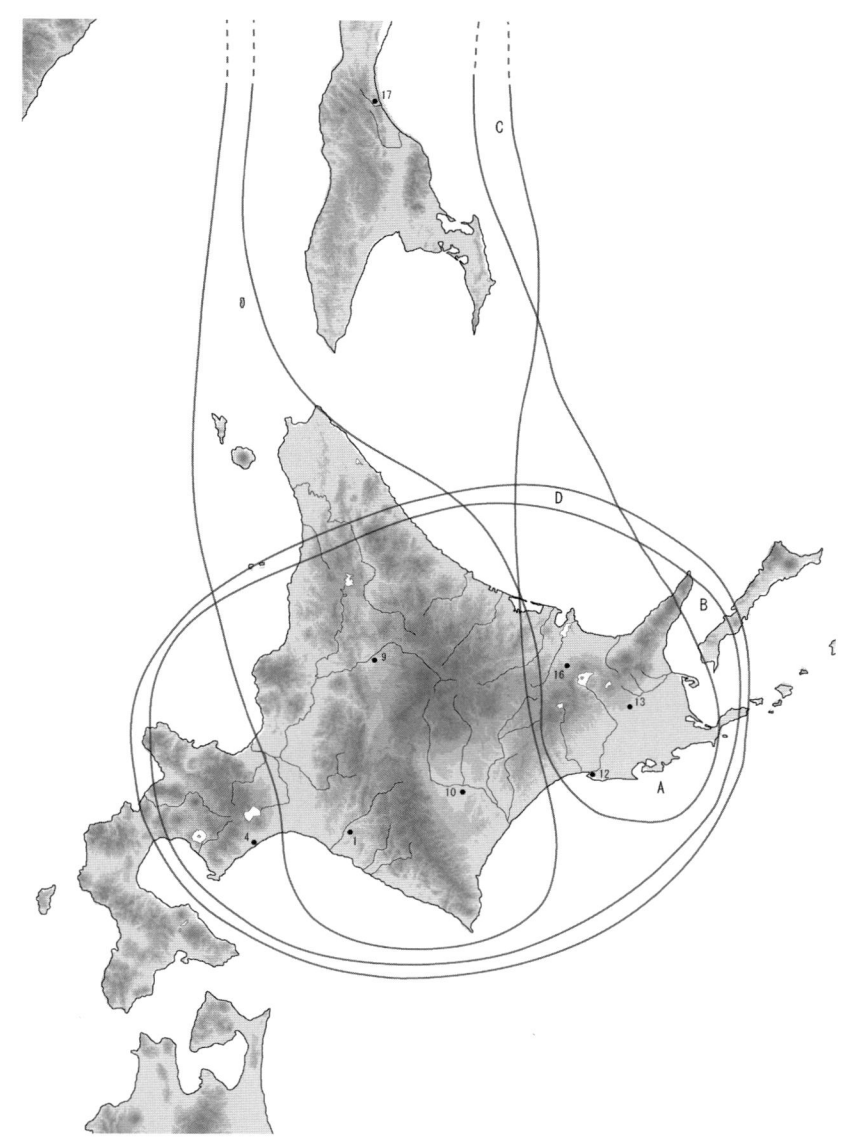

第 3 章　熊祭りの地域的差異　147

図 16　熊祭りにおける文化要素（A. 晴着・耳飾り、B. 花矢、C. 本矢、D. 絞木）の空間分布

競技が行なわれることも記録されている。絞木はすでに述べたように、釧路、網走地域では子グマの屠殺に用いられたものであるが、北海道の他の地域では本矢で射殺した後、絞木を用いて儀礼的屠殺が行なわれる。人間クマは北海道でも日高（沙流）に特徴的に見られる。綱引きも北海道アイヌに広く見られるが、その内容は、2人の男のみが行なうところから、男女2組、あるいは山の者と川沿いの者とに分かれて行なうなど相違が見られる。さらに、釧路、網走地域では綱引きの途中で古老が小刀で綱の真中を切ることが行なわれる。クルミ撒きも北海道アイヌに特徴的に見られる文化要素である。なお、上川、十勝、釧路では子グマの檻の上からクルミや細かく切った干し鮭が人々に撒かれるが、日高では栗、クルミ、団子が撒かれ、また胆振では屋根の上から餅が撒かれるというように、撒くものや場所に多少の相違は見られるものの、食物を人々に撒くという文化要素は共通している。なお、遊戯に含まれるF.人間クマ、G.綱引き、H.射術競技、I.相撲、J.クルミ撒きを取り出し、それらを重ねて空間分布として図17に示した。この図から、遊戯の分布は北海道に広く見られるもの、地域に局限されるもの、さらにはニヴフにも共通するものなど多様性が見られることが明らかとなる。

　第7の文化要素は樺太アイヌに特異的に見られるL.クマの偶像である。北海道アイヌにおいてこれに相当するものは見られない。また、ニヴフにおいてもクマの偶像や彫刻は見られるものの、熊祭りの時にクマの頭部に偶像を置いたり、その代りとするということは報告されていない。

　文化要素の地域的差異を全体として見ると、クマの狩猟儀礼としての共通的基盤が北海道アイヌ、樺太アイヌ、マタギ、ニヴフに見られること、飼育された子グマの屠殺に関する本矢、繋ぎ木の使用は北海道、樺太アイヌ、ニヴフに共通するが、花矢の儀式と絞木の使用は北海道アイヌに広く見られ、屠殺前の子グマに晴着や耳飾りをつけることは樺太アイヌと北海道東部のアイヌに見られ、さらに本矢の使用なしに絞木のみを使用することが北海道東部に特徴的に見られることが明らかとなる。さらに、競技、歌・踊り、席次、肉の分配などは一般的に祭りに伴なうものであり広く見られるが、その内容にはそれぞれの文化的伝統や社会構造を反映した相違が見られることを指摘することができるのである。

図17　熊祭りにおける文化要素（F. 人間クマ、G. 綱引き、H. 射術競技、I. 相撲、J. クルミ撒き）の空間分布

表5　熊祭りにおける幣所の構成と神々の地域的差異

（　）内の数字は各幣の幣所における左からの順番を示す。

基本型（沙流）	1. 日高（平取）	2. 石狩（千歳）	S型	3. 日高（幕内）	S型	4. 胆振（白老）	S型
幣所の神（ヌサコロカムイ）	幣所の神 (1)（ヌサコロカムイ）恵比 (2)（イキシュトノ）	幣所の神 (1)（ヌサコロカムイ）	ムㇱヌㇱ／パスイヌサ ラムサ	幣所の神 (1)（ヌサコロカムイ）蛇の神 (2)（キナシュトノ）	ヌサコロカムイヌサ（側ケマ送りの場のヌサ）	幣所の神 (1)（ヌサコロカムイ）	ポンヌサ
木の神（シランパカムイ）	木の神 (3)（シランパカムイ）ニヱトゥマの守護神 (4)（ハペレチクナペニカムイ）	大地の神 (1)（シリコロカムイ）	ラムヌサ	山道の神 (1)（シリコロカムイ）	（野生ケマ送りの時は独立のヌサ）	木の神 (1)（シランパカムイ）	ポロヌサ
狩猟の神（ハンナナウカムイ）	狩猟の神 (5)（ハンナナウカムイ）	狼の神 (2)（ハンナナウカムイ）		木の神 (6)（ハンナウサンカオインカムイ）		イナウサンケウル (2)（イナウンチョウカムイ）	
熊の大神（メトトゥコロカムイ）	ケマ頭骨（文木、ユクサハパウニ）オキクルミ神 (6)（オキクルミカムイ）	イナウンパ		ケマ頭骨（文木、ユクサハパウニ）		熊の神 (4)（トゥヌッフカムイ）	
	内別川にいるフクロウ神 (7)（コタンコロカムイ）	ソンカ					
		カムイヌサ		熊の神 (11)（サユンキウスコ）（パケアランヌカムイ）		狐の神（チロヌッフオキナ）	
	熊の大王 (8)（メドツコカムイ）内別川緯の山の神 (9)（ベコッカウシ）アペツ川の沢の神 (10)（チヨリナウシ）	内浦の孤神 (4)（チロヌッフカムイ）ソッキの狐神 (5)（チロヌッフカムイ）川の上の狐神 (7)（ケトランカムイ）千歳神社の狐神 (10)（サムイチセキラシチロヌッフカムイ）ムペツカムイ（ムペツカムイ）シコツ湖のアウメスコ神 (8)（トオルンカムイ）アチャチリの山奥の神 (9)（ヤコットカムイ）ポロリ岳の神 (11)（千歳川の湖の神 (12)（ナイタラウシカムイ）		トーブンロクロロ神 (7)（ヌブリコタンカムイ）イナウチクニコロ神 (8)（イナウチクニコロカムイ）シラロカタンコロロ神 (9)（シラロカタンコロカムイ）	リーヌサ	ピラヌエカラケントへヘカムイ（チウプリエカラケケントへヘカムイ）川上の山城の神 (12)（ヌブリヤノックンドヘカムイ）幕内町の婌の神 (13)		静内町の川の神 (14)（チナリコロカムイ）舟を流しだす時の神 (15)（ユリコロカムイ）沼の神 (16)（トマコロカムイ）	
	狐の神 (11)（シトッカムイ）					沖の神 (17)（レプンリカムイ）枝川の神 (5)（ワッンワンカムイ）病気から守ってくれる神 (18)（パセコカムイ）	

第3章 熊祭りの地域的差異　151

山岳の川の神 (ヌプリペットオルン) 井の出入りの所の神 (マナオルン)	川の神 (ペットオルン)				
祖先供養 (19) (イチャラパ)				水の神 (4) (ワッカウシカムイ)	ラムヌサ
				水の神 (ワッカウシカムイ)	ワッカウシカムイヌサ
					ペトルンヌサ
水の神 (ワッカウシカムイ)	水の神 (ワッカウシカムイ)				

5.渡島(長万部) S型	6.後志(余市) S型	7.空知(ソラプチ) Y型	8.石狩(浜益毛) S型	9.上川(旭川) Y型	Y型
幣所の神(1) (ヌサコロカムイ)	ムカクタヌサ ポロヌサ 幣所の神(1) (ヌサコロフチ)	幣所の神(5) (ヌサコロカムイ) 穀物を与えた神 紙(1) ウムヌサ	幣所の神(7) (ヌサコロカムイ)	幣所の神(8) (ヌサコロカムイ)	
地の神(2) (ウナシコロカムイ)	原野の神(5) (ウナシコロフチ) 木の神(6) (シランパカムイ)	木の神(9) (シリコロカムイ)		大地の神(2) (シランパカムイ)	
		狩猟の神(3) (ハシイナウカムイ) ミンサザイの神、狩の神(8) (チャッチャキャックカムイ)		狐の神(6) (インアニーカムイ) 幸運の神(9) (チャッチャキャックカムイ) 水狼の神(11) (カッツナカムイ)	
ケマ頭骨 (文木、ユクサパウニ)	ケマ頭骨 (文木、ユクサパウニ)	(ケマ頭骨)	ケマ頭骨 (文木、ユクサパウニ)	ケマ頭骨 (文木、ユクサパウニ)	
		フクロウの神(2) (コタンコロカムイ)	シマフクロウの神(2) (コタンコロカムイ) フクロウの神(3) (カムイチカプ)	国土の神(1) (コタンコロカムイ)	
	熊の大神(4) (カムイエカシ)	熊の大神(12) (ポンホロカトックェエテンカムイ)	熊の神(1) (ヌプリコロカムイ)	山の神(5) (ヌプリコロカムイ)	
狐の神(3) (シトンペカムイ)		狐の神(14) (シトンペカムイ)		運を授け名神(4) (シトンペカムイ) 厄除けの神(10) (ウパシチロンノプカムイ)	
			泡の神(6) (トマリコロカムイ)		
海の神(6) (アトイコロカムイ)	沖の神(7) (レプンカムイ)		沖の神(4) (レプンカムイ)		

第3章　熊祭りの地域的差異　153

			武勇の神 (3) (ホロアウカムイ)	水の神 (12) (ワッカウシカムイ)
			道路の神 (7) (ヲッカロカムイ)	
		岬の神 (5) (シリパコロカムイ)		
	セタウシの狼神 (4) (リヌナカムイ) 狼の神 (7) (ホロケウカムイ) 狐の神 (15) 空知滝の神 (10) (ソラプチップカムイ) キムンタプコプカムイ (11) 空知川口所口の神 (13) (ソラプチプトカムイ)			水の神 (6) (ワッカウシカムイ)
祖先の名 (2) (コタンパコロカムシ) 祖先の名 (3) (ムエカシエカシ) 余市岳の神 (8) (ペトエトック) 余市川口の神 (9) (ペトプトカムイ)				
舟つき場の神 (7) (マサリコロカムイ) 舟の出入りする所を守る神 (8) (ホイナイネチュップカムイ) 太陽神 (4) (カンドオアラタチュプカムイ)	(カンナカムイ)			水の神 (5) (ワッカウシカムイ)

10. 十勝 (伏古)	H型 11. 十勝 (足寄)	K型 12. 釧路 (春採)	H型 13. 釧路 (虹別)	H型
蛇の神②	山の女神 (オサケンケカムイ)			
シランパカムイ② (?)				
野獣の神 (ミツサゲ) ③ (チアンノチテアンプカムイ)				
クマ頭骨 (文木, パシカイイナウ) ーアシコロカムイ	クマ頭骨 (1)	(自然木に立てかける) カムイヌサ	クマ頭骨 (文木)	カムイヌサ
村を守護する神, シマフクロウ (2) (コタンコロカムイ)	村を守護する神 (4) (コタンコロカムイ)	サケヌサ 村の守神 (シマフクロウ, キンノコロカムイ) (1) エゾフクロウの神 (7) (クンネレックカムイ)	フクロウ神 (1) (モシリコロカムイ)	サケヌサ
	サケヌサ			
	山の神 (キムンカムイ)			
狐の神① (ケマンネカムイ)	狐の神 (3) (チロンヌップカムイ)	チロンヌップカムイ		
		沖の神 (シャチ) (8) (レプンカムイ)	屈斜路川の神 (8) (チデンコロカムイ)	

第3章　熊祭りの地域的差異　155

日輪の神 (3)
(チュープカムイ)

雷神 (2)
(カンドコロカムイ)

摩周湖の中島の神 (4)
(カムイシュトカムイ)
斜里川の奥の神 (6)
(サラナペッ)
シベツ川の奥の神 (7)
(シペツナペッ)

エカシ (祖先)
(家屋西北の便所の北側)

日の神 (2)
(チュープカムイ)

サケヌサ

雷神、竜神 (3)
(カンナカムイ)

雄阿寒岳 (4)
(ピンネシリ)
雌阿寒岳 (5)
(マチネシリ)
知人岬の神石 (6)
(カムイシュマ)

ワッカウシカムイイナウチパヌイ
(川の縁)

水の神 (9)
(ワッカウシカムイ)

狼の神
(ホロケウカムイ)

イソアニカムイ
(ニアシコロカムイ)
小鳥

タスキ (2)
エグシカ (7)
灰 (ウンアスエクシ)

モユックスケ
エックスケ
ケンアスエクシ
(灰を送るヌサ)

水の神
(ワッカウシカムイ)

狼の神 (5)
(ホロケウカムイ)

ポロヌプリ (1)
(=雷神、カンナカムイ)
山全体の神、監督者 (3)
(ニアシコロカムイ)
クマヅラの神 (4)
(チェノチャカンブカムイ)

水の神 (6)
(ワッカウシカムイ)

14. 釧路（春採）	Y型	15. 釧路（下雪裡）	K型	16. 網走（美幌）	K/H型	17. 樺太（小田寒）	K型
							森の幣所 (熊の骨の保管場所)
							家の裏の幣所
クマ頭骨 (文木、ユクサパウニ)	カムイヌサ	狐の神 (1) (インアニカムイ)	サケヌサ	クマ頭骨 (ケンネレッキカムイ)	キムンヌサ	クマ頭骨 (文木)	
フクロウの神 (4) (ケンネレッカムイ) シマフクロウの神 (6) (モシリコロカムイ)		クマ頭骨	カムイヌサ	村の守り神 (コタンコロカムイ)	サケヌサ	村の守護神 (コタンコロカムイ)	
		村の守り神 (コタンコロカムイ)		山の神 (キムンカムイ)		山の神 (イコンヌラカムイ、キムンカムイ)	
		狐の神 (チロンヌプ)	チロンヌプヌサ				
川の神 (2) (ワッカコロカムイ)		河口を司る神 (3) (チワシコロカムイ)		酒 (サケ)			
沖の神 (3) (レプンカムイ)				沖の神 (レプンカムイ)	レプンヌサ	海神 (レプンカムイ)	海辺に立つイナウ
						病魔から村を守る神 (ナンコロペ)	

第 3 章　熊祭りの地域的差異　157

トドマツの中央に枝を曲げて、丸い太陽神を形象リキナイナケを結ぶ

太陽神
(チュップカムイ)

月の神
(チュップカムイ)

エカシヌサ

祖先

日の神
(チュップカムイ)

雷神
(カンナカムイ)

エンシカ

エㇰクスサ

杯

イワクテヌサ
(杯などを送る)

レペタエカシノミミカムイ (2)
(祖先)

太陽の神 (5)
(エレカンオマンイナウ)

カンドオレンシオマン (5)
(太陽神もしくは雷神)
チプチキリカムイ (4)
(クマサラの神?)

モシリコトリ（島）(6)

歯阿寒岳の神 (1)
(ピンネシリ)

第4章　熊祭りの時代的変異

　アイヌの熊祭りに関する記載は、江戸時代中頃から明治時代後半に至る旧記、アイヌ風俗画などにも見ることができる（煎本 1987a；2007a；Irimoto 2004a）。これらは当時の北方探検の紀行文や見聞録の1部分を成すものであり、必ずしも近代の学術的研究のための体系的、分析的記述から成るものではないが、当時からの日本の伝統的自然主義を背景とした写実的で詳細な記録となっている。これらは断片的でまた限られた記録ではあるが、アイヌの熊祭りが文献資料からいつまで遡り得るのか、さらには、その内容が1920-50年代に学術的に記述された熊祭りとどの程度共通するのか相違するのかを検証することは可能であろう。

　そこで、ここでは北海道における政治的時代区分を参考にしながら、以下の4時期に区分し、それぞれの時期ごとに、旧記、アイヌ絵などにおける熊祭りの記載を検討する。時代区分1は松前藩治時代（第1次）の1599-1798年（熊祭りに関する文献資料は1710年から見られる）、時代区分2は幕府直轄時代（第1次）（1799-1821年）、時代区分3は松前藩治時代（第2次）（1822-1854年）および幕府直轄時代（第2次）（1855-1867年）を含む。時代区分4は明治時代（1868-1912年）とする。なお、時代区分1は煎本（1987a：3）における沙流川地域アイヌ時代区分Ⅰ、Ⅱ、Ⅲ-1を含み、時代区分2、3はそれぞれ Ⅲ-2、Ⅲ-3に相当する。

1　時代区分1：1599-1798年

　1710年に著された『蝦夷談筆記』（松宮観山 1710）（佐々木 1982：236）は実見記録ではないが、アイヌはクマを大きな檻に飼い、10月（旧暦）に殺して胆のうを取ると記される。さらに、最初は女が乳を呑ませて飼うが、成長すると魚を与え、夏の間はクマの胆（胆のう）の薬力が弱いので、10月（旧暦）になって、大きな木2本で首をはさみ、首にシトキをかけ、男女5, 6人で押殺し、胆を取り、肉を食い、皮は剥いで売ると述べられている。さらに、人々は集い、歎き、

弔い餅といって米を粢（神前に供える楕円形の餅）の様に作るという。なお、熊祭りは、胆のう、肉、毛皮をとるために飼育したクマを殺し、人々は弔いのために集って粢を供える、と解釈されている。ここでは、屠殺方法として絞木が用いられていることを確認することが可能である。

　また、1739年には、「飼置たる熊を殺し、又粟にて甘酒をこしらひ、酒もりをする也」（『北海随筆』坂倉源次郎 1739：73）との記事が見られ、飼育されたクマによる熊祭りが行なわれていたことを確認することができる。

　『蝦夷草紙』（最上徳内 1790：343-344）には、クナジリ（国後）島における野生グマの狩猟後、野営地に運搬してから行なわれた儀礼の記載を見ることができる。1786年（天明6）、3月中旬の記事である。土地のアイヌが山猟に行って熊を射た後、皮をはぎ肉を取り、胆を取り、骨を捨て悉く料理し、荷物に作りウタレ（従僕）に負わせ、同時に捕えた子グマ3匹を引き連れ、山を下る。海岸にある野宿小屋のはるか向こうから声を張り、ココキセといってホホホと呼びながら帰って来たという。この声を聞いて女達は迎えに出、獲物のクマを見て、野宿の仮小屋ににわかに窓を開き、首皮を尊信してこの窓より入れて上座に安置し、自分の耳の環を外してクマの耳にかけ、太刀を首皮の真向に飾り、恭敬してあがめたという。なお、国後島は北海道東部南千島列島の1つであるが、物質文化から見ると北海道東海岸のアイヌ文化と共通しており（煎本 1995a）、野生のクマの狩猟の後、仮小屋にクマの頭を窓から運び入れたことが確認できる。なお、熊祭りを行なう理由は、「熊は靈獣なれば、魂魄化して蝦夷土人となる故なりといへり」と記される。最上徳内（『蝦夷草紙』1790：344）は、後述する飼熊送り儀礼においても、子熊に向かって、乙名（松前藩に任命された村の政治的代表者でコタンの長、コタンコロクルに相当する。ただし、すべてのコタンコロクルが乙名となるわけではない。また地域の代表者を総乙名とした。著者注）が「必ず未來は人間に變生すべし」と因果、因縁をとき示すと記している。儀礼はこの後、鹿の肉、魚肉の類を供物として恭しく拝し、クマ肉を食する礼式へと続く。これが終わると、頭骨を神霊にまつるという。また、生捕りにした子グマは、「寵愛して飼置き、成長の後に、秋の末漁獵仕舞の頃、「イヨウマンデ」といふて飼置きたる熊を殺して神靈にそなふる也」（『蝦夷草紙』最上徳内 1790：344）と記される。

さらに、飼グマに関する儀礼が以下の様に見出される。すなわち、「蝦夷熊子を育ふに法あり。其子成長すれば、これを射て祭をなす」（『松前志』松前廣長 1781：195）と記され、さらに、「此月（十月）に至れば育置しところの熊を射殺し先祖を祭る大禮あり……其時は新に席を設け苫を鋪き、家寶重器を飾り、顎にはイナヲセヨウシと云ものを頂き、親族兄弟を曾し、酒宴酣に及べば、好てサルシの舞曲あり。或はオキクルミの昔物語をなすことあり」（『松前志』松前廣長 1781：116）とある。ここでは熊送り儀礼と先祖供養とが同時に行なわれていることが明らかとなる。なお、サルシの舞曲とは鶴の動作をまねた舞踊である。オキクルミの昔物語とは、沙流川流域アイヌにおける人文神オキクルミカムイの英雄叙事詩であると考えられる。

また、『蝦夷拾遺』（佐藤玄六郎 1786：280）の記載においては、冬至の時（年の大祭）、一邑の酋長が儀礼を行なうが、一の邑の衆夷及親戚は遠近をいわず呼び集めて客となすとある。さらに、クマを射るに際して、主人が弓矢を客毎にあたえて射ることを請うが、客はこれを辞退し、主人に譲ると云う。そこで主人は矢を天地四方に向かって射礼し、次に客がクマを射ると記される。『東遊記』（平秩東作 1784：336）の記載においては、「蝦惣人正月（原註、日本の十月也）は熊を殺して先祖を祭る事有。かねて熊の子を取り來り、妻の乳をあたへ、三歳に成たる時是を殺して喰ふ。祭は十月下旬此方のゑびす講の時分なり」と記される。

儀礼の次第に関しては、以下に詳細な記載を見ることができる。すなわち、
　　其村々の乙名家に飼おく赤熊成長し、大熊となりたるを撰み、其乙名その熊に向ひ、因果、因縁をとき示して曰く、……後縛縅して一室に引至り、前後左右つなぎて、大勢群衆し、枷紐をほどこし、堅固に圍ゐて、首に幣を立て、鉾、長刀、太刀、其外種々の兵器を飾り、其後に其村の乙名をはじめ、其親類及び近郷近村の長たる者集まりて、……著座して謝禮す。銘々に次第を揃へて矢を放つ。……その禮式終りて後大勢よつて棒ぜめにして殺すなり。殺し終て後其死骸に種々の供物等を備へ、……終りてその供物等をもつて近郷近村に配分する也（『蝦夷草紙』最上徳内 1790：344-345）。

これが終わると、熊の皮肉をわけて、首に皮をつけて霊前に置き、肉は料

理して、濁酒を以て酒宴が行なわれるという。

　さらに、記載には、「是大身なる豪富の乙名家の冥利に興行すると也。是年中海上にて無難に家業をするの禮義なりといへり。」と加えられる。また、乙名がクマに因果、因縁をとき示すのに、「大幸なるかな我熊よく聞け、此秋氏神の生贄に備はる也」（『蝦夷草紙』最上徳内 1790：344）と述べるとあり、熊祭りを氏神への供養と解釈している。

　熊祭りを祖先供養の一部と捉える解釈は「熊を殺して先祖を祭る」（『東遊記』平秩東作 1784：336)、「熊を射殺し先祖をまつる大禮」（『松前志』松前廣長 1781：195）との記載に見ることができるが、「一邑の酋師たるもの天地火風水の神を祭る是をヤウマンテと云」（『蝦夷拾遺』佐藤玄六郎 1786：279-280）と、祖先供養との関係を明記していない記述も見られる。また、前述の野生グマの送り儀礼に際しては、先祖を祭るという記載はされていない。したがって、熊祭りと祖先供養との関係は明確ではないが、少なくとも、飼グマの熊祭りにおいては祖先供養が同時に行なわれているという事実を指摘することが可能である。

　以上、当該時期における熊祭りに関する資料に基づけば、次のことが明らかとなる。すなわち、1. 飼グマは3歳の時、儀礼に供される。これは、越冬穴で生まれた時に数え年で1歳と勘定すれば、1年目が2歳、2年目が3歳となり、飼育期間は2年間であり、その年の冬に殺されるということになる。2. 儀礼は、正月、冬至、十月（旧暦）等と述べられており、新暦では12月頃になると考えられる。また、儀礼の社会的意義に関しては、3. 祭司は乙名、あるいは「酋長」と記され、彼らの役割が重要になる。4. 熊祭りと同時に祖先供養が行なわれる。5.「酋長」の親類が集まると云うことから、祖先供養は「酋長」の親族に係わるものである。6. 近郷近村の長たる者が集まるということから、儀礼は地域的な社会―政治的側面を持つ。

　この時期の竜円斉（1700年代半ば，cf. 高倉 1973：no.28, no.29）には檻から引き出された子グマが7人の男たちによって綱の両端を引かれている絵を描いている（口絵6）。さらに、それぞれ一方の端を地面に立てられた杭に結ばれた2本の丸太の間で首を絞められているクマが描かれる。地面には弓矢と矢筒が置かれ、クマの首には1本の矢（花矢か）が刺さっており、また口には細長い棒をくわえさせられている。上の丸太には8人の男たちが乗り、地面でその丸太

を押さえている男が 1 人、クマの口に棒をかませている男が 1 人、さらに水桶と椀を地面に置き、鼻と口を右手で押さえ驚いた表情の女が 1 人描かれている（口絵 7）。18 世紀半ばに描かれた熊祭りにおける屠殺の方法が、1920–50 年代の民族学的資料と基本的には異なっていないことが明らかとなる。

さらに、竜円斉（1700 年代半ば, cf. 高倉 1973：no.31）には、茣蓙の上で腹這いになったクマと、両側に置かれた刀、横にある柵にかけられた衣服が描かれている。また、クマの前には 2 本の幣が立てられ、一対の高杯、鉢に入れられた粢餅などと、酒を入れた片口が置かれ、女と子どもが座している（口絵 8）。

さらに屋外の小さな岩の窪みを利用し、この下で枯れ枝を燃やし、上に置いた鉄鍋の中で小さく切ったクマ肉片を料理している 2 人の男が見てとれる（竜円斉 1700 年代半ば, cf. 高倉 1973：no.32, no.33）。水桶が描かれていることからこの料理はおそらくクマ肉を煮ているのであろう。その横では、椀の 1 つを盆に乗せて、おそらく饗宴の席に運ぼうとしている女も描かれている。また、刀を斜めに背中に差し、美しい蝦夷錦を着て盛装した 2 人の威厳ある男が花茣蓙の上に置かれた酒を満たした行器、高杯、粢餅の入った鉢を真中にその両側に座している（口絵 9）。そして、1 人の女が行器の後ろで仕えるように座り、男の方を向いている。2 人の男は杯を片手で持ち、1 人は棒酒箸も持っているが、彼は別の古老から両手を擦り合わせ横に動かす挨拶を受けている。行器の側に座す描写は、賓客（サケイユシクル）に対して酒宴の主人（サケコロクル）が挨拶する様を表わしているものと考えられる。子グマの絞殺方法、さらには屋外での饗宴などから、この絵が北海道東部で描かれた可能性を指摘できる。

なお、樺太北知床岬西側のタライカ湾に面する散江（チリエ）付近において、1643 年、オランダ東インド会社所属のカストリカム艦隊司令官 M.G. フリースの航海記録（北構 1983：87）には、アイヌと考えられる人々の家の天井に鷲が飼われており、屋外の四角形の檻の中には大きな黒クマが飼われていたことが報告されている。

2　時代区分 2：1799–1821 年

当該時期における熊祭り儀礼に関しては、アツケシ（厚岸）の事例として、『北夷談（第一）』（松田傳十郎 1821：131-132）に、その記載を見ることができ

る。すなわち、「早春熊子を産むや其子熊を取來りて、夷婦乳を呑ませて養ひ育てゝ、五六月に至りぬれば、犬位ひに育ち、夫より差籠を拵へ入置て、干魚等の食物を興へ、育て置て十月十一月に至り」とあり、子熊の獲得、飼育が行なわれたことが明らかとなる。したがって、この記載は飼育された子グマの熊祭りに関するものである。さらに、その飼育期間は1年間であり、この点は時代区分1で見られた2年間の飼育期間とは異なる。また、餌として春から夏にかけては婦人の乳であり、それ以後は干魚等であることが明らかとなる。また、熊祭りの時期は冬期、旧暦の10-11月（新暦の12-1月）である。熊祭りに際しては、「飼主の親族は勿論、知音或は近村の乙名夷等集り」と、親族を中心とし、近くの村の乙名が参加することが記され、前時期と同様に熊祭りが地域的な社会的機能を持つことが明らかとなる。

　儀礼の進行は、「銘々弓矢を携へ立並び、夫より飼置し熊を差籠より出し、細引を以てくゝり、廣場に柱を建、右柱に結び附け置きて、飼主初矢を附、夫より親族して順々に矢を射、弱しを木を以て是をメめ殺し」とある通り、飼主の矢に始まる儀礼的射出と、木による圧殺が行なわれる。この後、「夷寶と稱する器物を餝り、イナヲを建、何か唱祭るなり」と、神祈り（カムイノミ）がなされる。さらに、「夫より料理して生肉を喰ひ、兼て當日の用意として、濁酒を造り置、銘々持寄て酒盛する也」と述べられる様に、殺害した熊の生肉と醸造酒による饗宴が続くことが明らかとなる。これらの点も、時代区分1と同様である。なお、熊肉を食する者には、「此メノコ（以前子熊の時乳を呑せ養ひ育てしメノコ）料理をし、肉を喰ふ」とあることに基づけば、クマの飼育をしていた婦人も含まれることを確認することが可能である。さらに、クマの送り儀礼と関連して、「夷人熊、狐の類其外諸鳥を飼置て是を殺す事有る時は、其靈を祭る事甚だ厚く」（『北夷談（第一）』松田傳十郎 1821：133-134）と記され、送り儀礼の対象とされる動物にはクマの他、狐、および複数の種類の鳥が含まれることが注目される。

　秦檍丸（村上島之允）の『蝦夷島奇観』（1799, cf. 秦檍麿 1982：no.89, no.90, no.91, no.92, no.93, 214-215）には5点の熊祭りに関する絵と説明文が見られる。第1番目の絵は子グマの檻の周囲で男女が踊り、その横には古老と男たちが茣蓙の上に座って幣を削っている図である（口絵1）。また、行器、片口、捧酒箸

をのせた高杯も置かれている。説明には、以下の様に記される。すなわち、イヨマンテはクマを殺し神に祭る事である。初春に犬でクマ穴を探し、子を捕獲して、家婦に授け、乳で育て、気性の荒いものは檻に入れ、魚肉で養う。冬10月頃になると、酒食を設け、親族、朋友を集める。これをマラプトカル（賓人造）という。その朝にクマに食事をさせ、神祈りをする。よく食事をするように言い、人々は檻のまわりで踊る（リムセする）。幣を作り、垣根のように並べ、花茣蓙（アヤキナ）を敷き、クマを檻より出すのは古来より家婦の仕事であると記される。

　2番目の絵は3本の綱を首につけられたクマを人々が矢で射るものである（口絵2）。説明は以下の通りである。1人がクマの両耳を取って背中に乗り、5人、3人が首に綱を3本結びつけ、あちらこちら遊ばせ、乙名の側に行き山の方に向かって矢を放つ。「カモイシノオマンテノウ」と唱える。これより男は赤ん坊に至るまで仮の弓矢を作って持たせ、乙名の息子、あるいはクマを飼育していた家の子供が最初に矢を射る。矢は当るだけで傷はつかないと記される。なお、『蝦夷島奇観』の前年に著された『蝦夷見聞記』（秦檍丸 1798, cf. 佐々木 1982：239）には、「両耳を取、穴ヲかけ、柳の木の削りかけを捻て耳金を模して入れ、アツシのかけに縫したるを着さしめ、是より熊の心儘に遊し、三筋の綱をあなたこなたへ引張れは、躍上りくるひあかり、首打ふりまわせハ（耳に穴をあけられ痛故に、ふりまわす）、カモイ今日ハ送られ給ふ、ニンカリ（耳金の事なり）を入、チメツウ（プ）（衣名）を着し、祝ひ行ひぬ、なと､いへり」とあり、仮の矢（花矢）で射て絞木で絞殺する前に、子グマに晴着・耳飾りをつけることが記されている。もっとも絵には晴着や耳飾りをつけた子グマは描かれてはいない。

　3番目の絵は、2本の絞木の上に男たちが乗り、子グマを絞殺している絵である（口絵3）。説明には、長さ8尺くらいの木を3本作り置き、矢を射ることが終わるとクマの首を木の上に引きすえ、上より木で押え、胴にも横に木をかけて押殺すとある。さらに、白銀作りの太刀を首に当てるのみで少しも刃物を用いないと記される。また、この時、地方によって、群がる人々に栗の実、粢を撒きかけることもあると述べられている。そして、子グマを育てた女は歎き、耐えられなくて伏して悲しむとある。したがって、ここでは子グマが晴着・耳飾りをつけられ、花矢を射られた後、絞め木によって絞殺されること、さらに

この時クルミ撒きが行なわれたことを確認することができる。

　4番目の絵は幣所の前にクマが幣と茣蓙で3方を囲まれ、地面に敷かれた茣蓙の上にこちらを向いて手足を伸ばして伏せられ、古老が捧酒箸で杯より酒を捧じているものである（口絵4）。人々は行器や太刀を持って来てクマの前に集まり、座っている。クマの前には餅、酒と捧酒箸の置かれた高杯、行器、木箱、盆、器などが置かれ、後方の幣所には4振りの太刀、2個の首飾りが掛けられている。説明は以下の通りである。すなわち、造飾したヌシヤサンカタ（幣代をかさりたる棚）に太刀、短刀、玉器、その他金銀鏤たる器を種々飾り、ありとあらゆる宝器を出して贖う。殺したクマを中央に置いて、アイヌの衣服を着させ、耳環、太刀を帯締め、酒食を供し、鄭重に拝礼し、乙名が詞を述べ、集った男女はおもいおもいに祝言し、神祈りをする。なお、乙名がクマに言いきかせる詞は『蝦夷見聞記』（秦檍丸 1798, cf. 佐々木 1982：239）に記されている方がややわかり易く、アイヌ語を「自取神　今迠　神にし有たわれと　今日　其元　送り遣ス　程に　また　神に成て、来年　我取てあわふ程に　只今　其元に、さらばのいとまこいするぞ」と訳している。すなわち、今日、神を送り帰すので、また来年私が獲って会えるように別れを告げる、と再会を期すための告別の辞が述べられているのである。ここにはクマが再び来るようにクマを送るという熊祭りの意義が認められる。

　最後の5番目の絵には屋外の茣蓙の上での宴席の様子が描かれている（口絵5）。5個の酒の満たされた行器をそれぞれはさみ、片側5名ずつ、合計10名の男たちが座っている。手をすり合わせて、あいさつしている男たち、杯に捧酒箸をつけている男たちがおり、おそらく上座の客席側には2名の和服と髷を結った和人の男が、1名は手に高杯を、他の1名は扇子をもって座っている。立った女が柄杓で高杯に酒を注ごうとしている。また、別の茣蓙の上には行器と捧酒箸をのせた高杯が置かれ、片口を持った女と子供を連れた女が立っている。説明には、支配人、番人を賓客として、子供や従僕（ウタレ）まで酒を飽きるまで飲ませ、3, 4日間、踊り、振舞うとある。また、翌日はクマの皮を剥ぎ、肉を食べる。頭は幣をつけてヌシヤ（幣所）に祀る。なお、『蝦夷見聞記』（秦檍丸 1798, cf. 佐々木 1982：239）には、賓客として「其郷の運上屋支配人、通詞、番人を招請す。其外、他席親類深友を招き」とあり、松前藩による場所請負制

度のもとでの運上屋の支配人や通訳、番人などが賓客として招待されていることがわかる。さらに、「上客より段々に進め大宴ニ及ふ。たけなわになるに随ひ、ヨウカリ、踊、さまざまに振舞ける」と述べられ、饗宴においてヨウカリ（ユーカラ）や踊りが行なわれることを確認することができる。

　また、『蝦夷島奇観』の説明文には、クマを殺した後すぐに皮を剥いで、頭をつけた3尺ばかりの高さの杭を立て、皮を着せ、全体の体を作って衣服を着せ、太刀を帯びさせ、酒食を供する所もある。また、家の内部に祀ることもある。遠い所や近い所で少しずつ異なると記されている。これに関して、『蝦夷見聞記』には、クマを「一家の中に祭るも（此時、熊の皮剥たるを窓より入るゝ事なり。常々出入口より入るゝ事をせす。其謂知かたし。又常々熊を獲に行時、メノコシ弓矢を窓より出しヲッカイに渡ス。其留守にメノコシ業をなさすと云ひ。）（有り）。其後、熊の頭にイナオを結付、ヌシカサンカタに祭り置…。」とあり、クマを家の中で祀る時は神窓から入れ、その後、幣を頭に結びつけて幣所に祀ることが記されている。前述の説明文と合わせて見ると、クマの屠殺後、翌日に解体し肉を食べ、頭に幣をつけて幣所に祀るが、地域によっては屠殺後すぐに解体し頭を幣所に祀る場合、あるいは、クマの頭部を神窓から家の内部に入れて祀り、その後、頭に幣をつけて屋外の幣所に祀る場合があったことを確認することができる。なお、『蝦夷島奇観』の写本には西夷地居家の図が載せられており、ササの葉でふかれた住居の横に檻が作られ、子グマが飼われている様子が描かれている（絵3）。

　樺太アイヌの熊祭りに関して、間宮林蔵は『北夷分界余話』（間宮 1988, orig.1811）の中で飼育されたクマが、2-3年になると檻を破ったり人を咬むことがあるので、手足を棒に縛りつけ、歯牙を鋸のようにした小刀で切断することを述べ、その様子を絵で示している（絵4）。さらに「祭時の殺法、蝦夷島木を以て圧殺し、此島は射殺を法とす」と記し、19世紀初めには、北海道では木による圧殺（絞殺方法）、樺太では弓矢による射殺方法が用いられていたことが明らかとなる。また、熊祭りはヲロッコ（ウィルタ）、スメレンクル（ニヴフ）、サンタン（オルチャ）、コルデッケ（ゴルジ）の人々も行なっていると記されており、樺太から大陸沿海地方の黒竜江下流域にかけての諸民族に広く熊祭りが行なわれていたことを確認することができる。

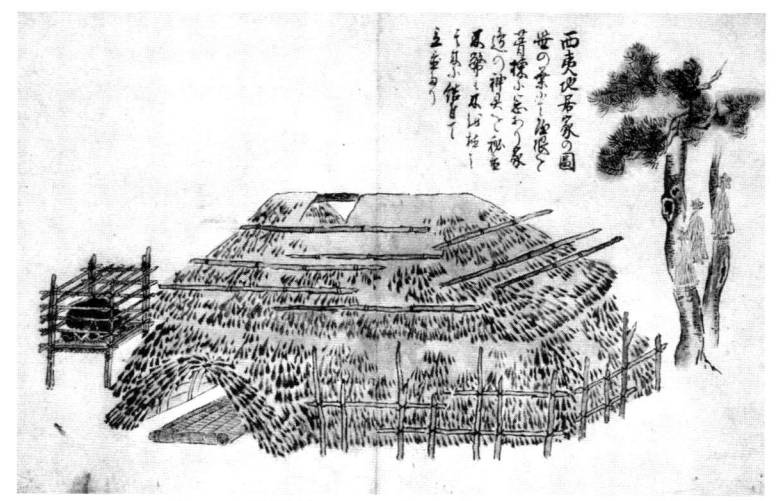

絵3　西蝦夷地アイヌの家と飼育されているクマ

（村上島之丞秦檍丸 1799年『蝦夷島奇観』）
（東京国立博物館所蔵　Image:TNM Image Archives Source:http://TnmArchives.jp）

絵4　樺太アイヌにおける飼グマの歯牙の切断
（間宮林蔵 1811年『北夷分界余話』）（独立行政法人国立公文書館蔵）

3　時代区分3：1822–1867年

　官命により安政年間東蝦夷地アツケシ（厚岸）に赴き、御雇ひ医師として3年間（1856–1858）同地で滞在した大内餘庵の直接観察による資料（『東蝦夷夜話（巻之下）』大内餘庵 1861：462-465）には、以下のように熊祭りの記載を見ることができる。

　熊送り儀礼は「夷人の飼おきたる熊を殺す……夷中の一大祭」であり、その時期は「冬月」である。子熊の飼育は、「穴熊」、「野熊」の子熊を生捕り、はじめはメノコが乳などのませて育て、成長すると「家のほとりに丸木をふたつ割にしたるもて組立、井筒のごとき牢」に入れ置くという。飼育期間は「二歳の冬を限りに殺す」と述べられる。

　儀礼準備は、ヲンコの木で弓矢を多く作り、濁酒を醸造することである。当日は、「一族の男女」が集合し、家の重器を取出し、キナ庭で囲いをめぐらし、カムイの座を設け、その左右に、太刀、刀の柄、鍔、鎧、小手、盃、髭揚箸等の宝物を飾りつけ、イナヲを削りたてる。また、その前七八間の所に高さ三尺の杭をたて、上に笹をつけ置く。大勢の男女はクマ檻のまわりを躍りめぐる。祭主は家に在って、「見舞悦び」として来る客人へ、礼をなし、酒を盛り、「髭揚箸」を添て差出し、客は式を正してこれを呑む。

　熊祭りは主客一同がクマの前に行き、躍りめぐることにより進行する。クマの飼主は檻の蓋をとり除き、自らクマの首に縄を付けて、祭場に引き出し、首縄を中央の杭へ繋ぐ。ここで再び踊りが行なわれる。次に縄の端をもってクマを引き出すのを合図に、仮の弓矢で四方八方からクマを射る。矢は先に笹を付けた長い木の棒で払い落される。クマの勢いがおとろえた頃、丸木5–6本を持出し、クマを押さえて首をはさみ、その上に大勢のアイヌが重なり、クマの屠殺が行なわれる。したがって、屠殺方法は丸木による絞殺である。

　クマの屠殺が終わると、いっせいに祝詞をあげ、クマを先に設置したカムイの座にうつぶせに据え、濁酒を盃に盛って供ずる。アイヌ達はカムイ（クマ）の前に座り、酒を飲む。『東蝦夷夜話』（大内餘庵 1861）では、これを「カムイ飲といふ」と記されるが、これはカムイノミ（捧酒を伴なう神祈りの儀式）であろう。カムイノミが終わると、その場でクマの解体が行なわれる。「皮を剥ぎ、

膽を収めて、持帰り、その肉を羹になしてまた酒をくむ」と記される。

以上の記載は前時代区分2における熊祭りの進行過程と一致する。特に仮の矢（花矢）の射出、クマの屠殺方法としての絞殺を確認することができる。また、花矢の射出に関しては、「弓矢は必童子の役なり。　乳をのむほどの小児には、親に抱かれながら弓に手をもち添へ射さす」とあり、子供もその役割を負うことが記される。

なお、クマの越冬穴での狩猟の様子（平福 1800 年代後半, cf. 泉 1968：no.11）（絵2）、さらには子グマが家の中で、母乳を与えられ、あるいは食器に入れた食物を与えられていること、檻の中で飼われることは当該時期のアイヌ風俗画に描かれている（平沢 1800 年代後半, cf. 高倉 1973：no.24；作者不詳 1860 年以後, cf. 泉 1968：no.27）。

4　時代区分4：1868－1912 年

この時期におけるアイヌ風俗画には芳園（1893）、西川北洋（1800 年代末）、北条玉洞（1900 年代前後）が見られる。また、クマの狩猟（西川 1800 年代, cf. 高倉 1973：no.164）、および家の中で飼われている様子（西川 1800 年代末, cf. 高倉 1973：no.159）も見られる（絵5）。また子グマを檻から出す場面として、芳園（1893, cf. 泉 1968：no.99）は老若男女が檻のまわりで踊る中、2 人の若者が檻の上に登り、綱を垂らしてクマの首にかけようとしている様子を描いている。檻の外にいる 1 人の男は鉤のついた棒を持っているが、これはクマに綱をかけた後これを下に落とし、引き寄せるためのトゥシイヨテプ（tush iyoktep）（伊福部 1969：56）と呼ばれる棒であると考えられる。

また、芳園（1893, cf. 泉 1968：no.100, no.101, no.105）の描いた絵から、クマに結ばれた綱を両側から数人の男たちが引っ張り、2 人の男が弓矢を持ってクマを射、さらに 1 人の男が手草でクマに刺さった花矢を払い落としていることが見てとれる（絵6）。また、結んだ 2 本の丸太の間にクマの首をはさみ、絞殺している人々が描かれており、ここには陣羽織を着て、相談し、人々の方に向かって指示、もしくはクマに神祈りをしているように見える 2 人の老人（祭司かコタンの長）、高杯（おそらく捧酒のための酒が入っている）を持ってくる女、さらには泣き悲しんでいる女と子供も描かれている。さらに、地面に落ち

第4章　熊祭りの時代的変異　171

絵5　家の中で飼われている子グマ
（西川北洋 1800 年代末『アイヌ風俗絵巻』）（函館市中央図書館蔵）

た花矢を老人の指示で弓矢で射て折る絵も描かれている。これは、雪の上に落ちた花矢を手草で打って鏃と矢柄を離し、花矢の霊が花矢から去ってクマと共に神の国へ行くと信じられている（伊福部 1969：58）という文献の記述と同じ考え方に基づくものであろう。なお、これらの絵（芳園 1893, cf. 泉 1968：no.99, no.100）において、布が綱で結ばれたクマの背中に描かれていることから、これが神の国への土産とされる彩布をとじ着けた晴着の可能性を指摘することができる。

　さらに、殺されたクマに主神祈りをしている絵が芳園（1893, cf. 泉 1968：no.103, no.104）に見られる。ここでは、3方に立てられた花茣蓙の中央にクマが両前肢を伸ばした形で前方に向かって腹這いに置かれ、長い羽織を着た3人の古老が高杯と捧酒箸を持ち、クマに向かって捧酒をしている（絵7）。古老の後には女や子供が座り、両側には男たちが座している。また、明治時代の1893年に描かれた絵としては不可解ではあるが、江戸時代の習俗である丁髷を結った和装の2人の男が招待客としてか男たちと共に座っている。花茣蓙のまわりには幣が立てられ、両側には葉のついた小枝が置かれ、花茣蓙の内側に

絵 6 子グマにつけられた晴着 （芳園 1893『熊祭り絵巻』）（天理大学附属天理図書館蔵）

絵 7 クマへの捧酒と神祈り（芳園 1893『熊祭り絵巻』）（天理大学附属天理図書館蔵）

は刀、弓矢、矢筒、首飾り、乾魚、和服がかけられ、クマのために敷かれた茣蓙の上に行器、重箱、食事の入った鉢と一膳の箸などが並べられ、クマの首の上には幣が置かれている。

　同様に、19世紀末に描かれた絵（北条 1900年前後, cf. 泉 1968：no.83）においても、腹這いになっているクマに古老が高杯と捧酒箸を持ち神祈りしている姿が描かれている（絵8）。クマはやはり3方を茣蓙で囲まれた中に人々の方を向いて安置され、両側には多くの行器が飾られ、前面には木鉢に入った食事、一対の捧酒箸を乗せた高杯などが置かれ、背後には刀、矢筒、着物、乾魚、茣蓙に包まれた土産などがかけられている。さらに、古老の後では14人の老若男女が輪踊りを行ない、側面には6人の男たちが座り、2人の女が片口から男の持つ高杯に酒を注いでいる。さらにその背後では女たちが行器に入っている酒を柄杓で掬い、片口に入れて、酒宴の裏方を務めている。子供たちはこのまわりで遊んだり、クマを囲った茣蓙のかげから大人たちが踊る様子を見ている。なお、平沢屏山（1900年前後, cf. 高倉 1973：no.144）の『熊祭図』には祭場の

第 4 章　熊祭りの時代的変異　173

絵 8　クマへの捧酒と饗宴
（北条玉洞 1900 年前後『熊祭の図』）（天理大学附属天理図書館蔵）

絵 9　綱引き（芳園 1893『熊祭り絵巻』）（天理大学附属天理図書館蔵）

絵 10　饗宴（芳園 1893『熊祭り絵巻』）（天理大学附属天理図書館蔵）

中央にササの葉を先端につけた高い柱が描かれており、その根元にはおそらくクマを絞殺した時に使われたと思われる2本の棒が置かれている。なお、これらのアイヌ絵から、解体前の殺されたクマへの神祈りと酒宴とが同時に屋外で行なわれていることがわかる。

　また、遊戯の綱引きに関して芳園（1893, cf. 泉 1968：no.102）は、男たちが綱引きを行っている最中に、真中で綱が切れ、男たちがひっくり返っている様子を描いている（絵9）。なお、クマの解体の様子が芳園（1893, cf. 泉 1968：no.105）により描かれており、ここでは古老の指示に従って5人の男たちが小刀を持ち、クマのまわりで皮を剥いでいることがわかる。

芳園（1893, cf. 泉 1968：no.107, no.108）は酒宴の様子も描いている。杯と捧酒箸を持つ古老を真中に4人の男が座り酒を飲み、8-9人の男たちが立ち上がり踊ろうとしており、1人の女は行器から酒を柄杓で汲み、その側で男が杯を差し出している。行器の横には片口が置かれている。また、もう1人の女は盆に載せた粢餅を運んで来ようとしている。すでにこの席に置かれた2枚の盆に入った並べられたたくさんの粢餅と、人々が酒を飲み立ち上がって踊ろうとしている描写から、これが酒宴の席であることがわかる。さらに、絵10では、白髪と白い鬚をたくわえた4人の古老と5-6人の男たち、頭に鉢巻をし、あるいは手の甲に文身を施した6-7人の女たち、さらに子供までもが、右まわりになって輪舞をしている様子が描かれている。

5　時代的変異の考察

　以上、文献資料に基づいてアイヌの熊祭りの時代的変異について検討した。その結果、第1にアイヌの飼育グマによる熊祭りが北海道においては18世紀初頭（1710年）、また樺太においては17世紀中頃（1643年）にまで遡り得ることが明らかとなった。もちろん、これらは記録に登場した熊祭りであり、それ以前に熊祭りがなかったということを意味するものではない。もっとも、同じ1643年、樺太からの帰路、フリースは北海道東部の厚岸のアイヌ居住地において交易品として生きた鷲と死んだ鶴を見ているが、子グマを飼っていたという記載は見られない。

　第2に、熊祭りの儀式次第の時系列に関連して、18世紀末（1799年）には、解体したクマの頭部を家の中に入れ饗宴を行なった後に神送りをするという型式と、屋外で解体、クマの頭部を家の中に入れることなく神送りをし、その後に家の中で饗宴を行なうという形式があったことが明らかとなった。旧記にこれらの見られる地域は示されていないが、これらは熊祭りの儀式次第の時系列の節で分析、抽出された時系列Ⅰ型（沙流型）と時系列Ⅱ型（釧路型）に対応するものと考えられる。儀式次第の時系列の地域的差異が、歴史的には18世紀末（1799年）にまで遡り得るということができるのである。

　さらに、この記録において、解体は翌日行なわれることが記されている。これは1920-50年代の民族学的資料には見られない点である。実際、18世紀中

頃（1700年代半ば）から19世紀末（1893年）に至るまでの熊祭りに関するアイヌ風俗画には、屋外の幣所で、そのままの姿で伏したクマを前に神祈りと饗宴が行なわれている様子が描かれている。ただし、19世紀中頃（1861年）の厚岸における記録には、屠殺されたクマへの神祈りが終わるとその場で解体されると述べられている。したがって、屠殺後のクマを前にして屋外で神祈りと饗宴が行なわれ、翌日に解体して神送りが行なわれるという時系列が、かつて18世紀にあったことを想定できるかも知れない。

　第3に、幣所の構成と神々については明確ではない。しかし、18世紀中頃以後1900年代前後に描かれたアイヌ風俗画の多くに、屠殺されたクマが林を背景とし、3方を茣蓙で飾られた幣所に安置させられている絵が見られる。さらに、19世紀中頃の厚岸の記録には、どの家にも窓の外、4−5歩離れた所にイナウを立ち並べて神を祀るための幣所があると記されることに基づけば、前記の幣所が、これらとは異なり、村から少し離れた場所にある村の共同の幣所であり、他にこれ以外の幣所が描かれていないことからも、これがクマのみを祀るためのカムイヌサである可能性を指摘することができるかも知れない。そうであれば、幣所の構成は釧路（春採）などに見られるH型、もしくは樺太などに見られるK型に相当するということになる。

　なお、18世紀中頃の文献である『蝦夷拾遺』（佐藤 1786：279-280）に、首長たるものが、天地火風水の神を祭り、これを「ヤウマンテ」というとの記述があり、熊祭りにおいて、その他の神々も礼拝の対象となっていたことがわかる。

　第4に文化要素の中で、晴着・耳飾りを子グマの耳に穴をあけてつけることが、18世紀末（1798年）の記録に見え、19世紀末（1893年）のアイヌ風俗画にも描かれていることから、この儀式の存在を確認することができる。さらに、屠殺の方法が仮の矢（花矢）を射た後、絞木を使って絞殺することが18世紀初頭（1710年）から18世紀中頃、18世紀末、そして19世紀末（1800年代後半）に至るまで記録に散見され、20世紀前半（1920−50年代）の民族学的記述が18世紀初頭にまで遡り得ることを確認することができる。

　他方、これらの歴史資料には、資料がおそらく北海道東部（釧路、網走地域）を主体としたものであるためか、本矢の記載が見られない。また、繋ぎ木については19世紀中頃（1861年）の北海道東部厚岸、および19世紀末の上川地域

における資料に記載されている。したがって、すでに述べたように、釧路、網走地域では本矢を用いないで絞殺するのが本来の形式で、本矢を用いるのは2歳くらいになったクマを絞殺するのが困難な場合との民族学的資料に準拠するならば、本来の屠殺方法は綱をかけて檻から出した子グマに晴着・耳飾りをつけ、繋ぎ木で休ませた後、綱で引き回しながら花矢を射、弱ったところで絞木を用いて絞殺するというものであったと想定することができよう。

　そして、これが十分可能なのは1歳の子グマであろう。すなわち、春に捕獲した子グマが、その年に冬ごもりの穴の中で産まれたものであれば、飼育期間1年後の熊祭りには満1歳となっている。また、母グマと共に2年目の冬ごもりをしている1歳の子グマの場合であれば、飼育期間1年後には満2歳となっているはずである。したがって、飼育期間が2年ということになると、熊祭りの時に子グマは2歳、もしくは3歳になっており、もはや絞木だけで絞殺することは困難となるはずである。すなわち、屠殺方法は子グマの年令と飼育期間に関連していることになる。このように、1歳の子グマを本来の熊祭りの対象として考えれば、1799年の『蝦夷島奇観』、1798年の『蝦夷見聞記』に、1920－50年代の民族学的資料には見られないにもかかわらず、子グマを檻から出すのは古来より家婦の仕事であるとの記述があることも矛盾はしないことになる。さらに、2-3年も飼育するという樺太において絞木が用いられないのはもとより、クマが檻を破ったり人に噛みつくことのないように歯牙を切り取るという慣習があることも理解できるのである。

　したがって、屠殺方法の時代的変異は子グマの飼育期間の変化に関係していると考えることができる。飼育期間の延長により屠殺方法が本矢に変化した後、北海道西部では絞木が儀礼的に用いられることとなり、同時に、本来生きた子グマにつけられていた晴着・耳飾りが屠殺後のクマに土産として供されるに至ったと解釈することが可能であろう。しかし、資料の制約から本矢の使用がどこまで遡り得るのかを地域ごとに確認することは困難である。もっとも、北海道東部の厚岸において時代区分3の1861年、さらには、おそらく北海道東部において時代区分4の1893年に至るまで本矢の記載は見られず、また上川（旭川）においては明確ではないが、時代区分4における1800年代末には本矢が用いられていてもそれほど矛盾しない様な絵が描かれている。民族学的

資料と合わせて推察すると、本矢の使用は時代区分4、あるいは時代区分3という歴史的にそれほど古い時期にまでは遡らないと考えて良いかも知れない。

第5に他の文化要素については各時代区分に散見されるところである。たとえば、遊戯について19世紀末（1893年）のアイヌ風俗画に綱引きが見られる。さらに、真中で綱が切られ、男たちが両側に引っ繰り返る様子が描かれており、1920-50年代の民族学的資料による途中で綱が切られる綱引きの存在をこの時期にまで遡って確認することができる。また、クルミ撒きについては、18世紀末（1799年）のアイヌ風俗画の説明文に、クマを屠殺した際、人々に栗の実や粢を撒きかける地方があると記されており、この時期にまで遡って確認することが可能である。

また、解体作法に関連して、時代区分1の1710年にはクマを殺して胆のう、毛皮、肉を取ることが述べられ、1790年には熊の皮肉をわけて、首に皮をつけて霊前に置き、肉は料理して、濁酒をもって酒宴が行なわれる「イヨウマンデ」という儀式が行なわれることが述べられ、時代区分2の1799年にはおそらく毛皮つきの頭部と考えられる「熊の皮剥がる」ものが屋内に入れることが記され、時代区分3の1861年には皮を剥ぎ、熊の胆を取り、肉を肴に酒を飲むことが述べられている。さらに、時代区分4の1893年には古老の指示のもと、男たちが小刀でクマの皮を剥いでいる様子および、毛皮を木枠に張り乾燥させている様子を描いたアイヌ風俗画が見られる。

饗宴における歌・踊り、ユーカラに関しては、時代区分1の1781年には熊祭りにおいてオキクルミカムイのユーカラ、サルシの舞曲が行なわれていたとの記録がある。オキクルミカムイは沙流地域における人文神の名称であり、またサルシの舞曲は釧路地域において見られる鶴の舞（サルルンリムセ）であろう。席次についても、来賓と酒宴の主人が行器をはさんで両側に座す形式が18世紀中頃（1700年代半ば）、18世紀末（1799年）から19世紀末（1893年）に至るまでアイヌ風俗画に描かれており、この形式が18世紀中頃というかなり古い時代にまで遡り得ることを確認することができる。なお、肉の分配についても、18世紀中頃のアイヌ風俗画に、クマ肉の料理の様子と、これを饗宴の席に運ぼうとしている女の様子が描かれている。

さらに、クマの頭の飾りつけ、および頭骨の保管・掲揚については、詳細な

叙述はないものの、18世紀末（1790年）には熊肉を食する礼式が終わると頭骨を神霊にまつることが記されている。さらに1799年にはクマの皮を剥いだ後、3尺ほどの高さの杭に頭をつけて立てること、また、家の内部に祀る場合には、その後、クマの頭にイナオ（イナウ）を結びつけ、ヌシャサンカタ（ヌササン、幣所）に祭り置くことが記されている。さらに、1800年代後半頃のアイヌ風俗画（著者不詳 1800年代後半頃, cf. 泉 1968：no.88）にはイナウを並べ置いた幣所に多くの叉木が立てられ、そこに多くのクマの頭骨が刺し置かれ、男が高杯を持ち、捧酒箸でイナウに酒を捧げ、また、踊る様子が描かれており、アイヌ風俗画からもクマの頭骨の保管・掲揚を確認することが可能である。

　以上、アイヌの熊祭りの時代的変異について検討した結果、飼育された子グマの熊祭りとこれに付随する多くの文化要素が、時代区分1（1599－1798年）の18世紀初頭から中頃にまで遡り得ること、また、熊祭りの儀式次第の時系列の地域的差異がすでに時代区分2（1799－1821年）の18世紀末に見られることが確認された。さらに、文化要素のうち、晴着・耳飾りをつけて絞木による絞殺を行なうことが本来的な屠殺方法であり、本矢の使用は時代区分3（1822－1867年）、あるいは時代区分4（1868－1912年）と歴史的には比較的新しいものであるとの可能性を指摘することができるのである。

第 5 章　熊祭りの意味

　アイヌの熊祭りは、山の神であるクマの霊の送り儀礼を中心に彼らの世界が統合された象徴的活動系である。ここでは、熊祭りの意味を、より広い人類学的視点から分析することにする。以下に、互恵性と狩猟の行動戦略、社会的序列と平等原理、交易と富の再分配、祭りと初原的同一性という各項目ごとに検討する。

1　互恵性と狩猟の行動戦略

　アイヌは狩猟を狩猟対象動物である神（カムイ）が神の国（カムイモシリ）から人間の国（アイヌモシリ）を訪問することであると認識している。狩猟とはこの訪問を可能とする人間による行動戦略の過程であると捉えることができる。人間の国を訪問する山の神は、土産物としての肉、毛皮、胆のうを人間に贈り、返礼としての饗宴と礼拝を受け、さらに神の国へ帰還した後、人間から酒、幣、粢餅が届けられ、神の国で神々とともに饗宴を催すと考えられている。すなわち、現実には、狩猟は動物を殺すこととその生産物の確保であるが、認識において人間はそれを人間と神（動物）との間の互恵性という論理で正当化する。

　さらに、子グマの捕獲、飼育、屠殺という一連の過程から構成されるアイヌの飼育グマの熊祭りは、人間と山の神（クマ）との間の互恵性を反復的なものにするための行動戦略の一環として捉えることができる（図18）。飼グマ送りの特徴は、子グマが長期間、居住地で飼育されるということであり、思考的には山の神の人間界における長期滞在を意味する。山の神と人間との間の互恵性という観点からみれば、この行動は子グマを人間の国におくことによる両者の関係の継続を意味するものである。さらに、子グマは熊祭りの後、神の国の両親、クマの大王の所に行くということから、子グマは人間の国から神の国への使者としての機能を有していると考えることができる。この場合、子グマを送るのは、子グマから得られる若干の肉や毛皮や胆のうだけが目的ではない。じつは子グマを送る時、長老（エカシ）は子グマに対し、おまえがカムイの国

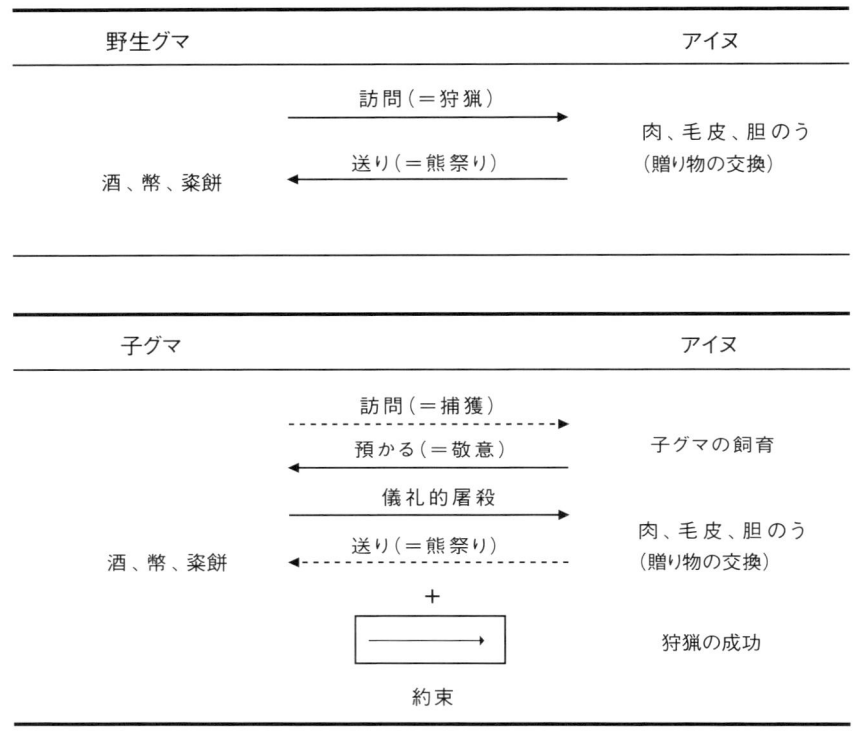

野生グマ		アイヌ
	訪問（＝狩猟）　→	肉、毛皮、胆のう
酒、幣、粢餅	←　送り（＝熊祭り）	（贈り物の交換）

子グマ		アイヌ
	訪問（＝捕獲）　⇢	
	←　預かる（＝敬意）	子グマの飼育
	儀礼的屠殺　→	
酒、幣、粢餅	⇠　送り（＝熊祭り）	肉、毛皮、胆のう（贈り物の交換）
	＋	
	─────→	狩猟の成功
	約束	

図18　野生グマと飼育された子グマの熊祭りにおける
クマ（神）とアイヌ（人間）との間の互恵性

に帰ったら、父クマ、母クマ、そしてヌプリコルカムイと呼ばれる山岳を領有するクマの首領の所にいき、今度人間の国を訪問するときには配下のクマをこのコタンに来させるようにというのですよ、と言葉を託す。したがって、この子グマはメッセンジャーとしての役割を持っている。父クマ、母クマ、そしてクマの首領に伝言を伝え、将来の狩猟の成功に対する約束をさせるということなのである。

　このことは、熊祭りが冬に行なわれ、この祭りが終わると山猟の準備をして出かけるということと矛盾はしない。すなわち、飼育されたクマの熊祭りは狩猟に先立つ先狩猟儀礼として位置づけることができるのである。したがって、飼育グマの熊祭りは、人間と山の神との間の互恵性を双方に再認識させ、次に

山の神による互恵性の実行、すなわちクマが人間界を訪問すること（＝狩猟の成功）を要望するという、人間の側からの積極的な戦略行動であると考えることができるのである（煎本 1988b；2007b；2007c；Irimoto 1994a；1994b；1996a）。このアイヌに見られる飼グマ送り儀礼である熊祭りが、子グマの飼育を可能にするアイヌの定住性と余剰食料の存在を条件とする（渡辺 1964b：213；大林 1964：233）ことは事実である。また熊祭りの発展がアイヌの社会的側面と関連すること（渡辺 1964b：212）も否定できない。しかし、熊祭りの起源とその存続の背景となる動機は、人間による神と人間との間の互恵性の反復への積極的な働きかけの意思であり、この意味で、熊祭りを狩猟の行動戦略の一環として位置づけることが可能なのである。

　ところで、ニヴフにおいても、「山の人」であるクマはニヴフにクマを送り、ニヴフはその返礼としてクマに各種の贈り物を送り、年3回欠かさず料理をご馳走し、犬を犠牲として捧げる（クレイノヴィチ 1993：137）。また、頭骨を氏族の聖所である倉庫に保管した後、山に向かって、自分の歩いて行く道の真ん中で自分を待っていてくれと言う（クレイノヴィチ 1993：183）。このことは、熊祭りが、将来の狩猟の成功を意図するクマの霊の送り儀礼であることを示すものである。しかし、ニヴフが子グマを飼育することについては、これとは異なる目的もあるものと考えられる。すなわち、ニヴフは、息子や娘が死ぬなどの悲しいことがあると、その子のことを思って心を痛め、子グマを捕まえて来て、餌をやり、客を呼び、追善供養のように祭りをする（クレイノヴィチ 1993：131-132）という。このことは、シュテルンベルク（Sternbeng 1905, cf. 和田 1966：33）が、熊祭りは死亡した氏族員を記念して企画され、また子グマは死者の近親者が金で買うか、自分で森の中で捕えると述べることとも一致している。また、クレイノヴィチ（1993：137-138）はクマが人間だとすると、子グマは人間の子となり、子グマを飼うのが、なぜ死んだ子を思うニヴフの憂いを癒せるのか、そのわけはおそらくこの点にあるのだろうと説明している。さらに、屠殺されたクマの頭部を地下式住居に入れる時、3代前に死んだ氏族の爺さんの名前を呼び、彼がクマに食べものをやったのだとクマに言い、その名前をクマにつける。そして、主人に息子が生まれると、その名前をつける。そうすれば、クマは自分の恩人を覚えていて、その子を守り、早死にさせず、さら

にクマの飼育と盛大な送別に参集したその子の親族までも守ってくれる（クレイノヴィチ 1993：171-172）というのである。

　クレイノヴィチのこの説明は感情的レベルにおいては誤りではない。しかし、思考レベルでは別の解釈が可能かも知れない。すなわち、最初に子供が死んだ時に、子グマを捕えて飼うのは、死んだ子供が「山の人」の世界へ行ったと考え、それと対称的に子グマを人間の世界へ捕えて来て飼うということであると解釈できる。さらに、熊祭りにおいて子グマを殺すのは「山の人」の世界にクマを送り返すことと対称的に、人間の子供がこの世界に来ることを期待しているのではないかと考えられる。3代前の死んだ氏族の爺さんの名前でクマを呼び、また生まれた子供に同じ名前をつけるのは、爺さんの魂を持った子グマが「山の人」の世界に送られ、その魂をもった人間の子供が人間の世界に送り帰されて来るという魂の循環という思考レベルでの行動戦略と解釈することもできるのである。もちろん、この背景にはクマも人間もその本質には変わりがないという初原的同一性の思考があり、その上で「山の人」であるクマと人間との間に互恵性を認めるという思考があることになる。したがって、ニヴフの熊祭りの意味には、その基盤に狩猟戦略としての送り儀礼が見られるものの、それ以上に、同じ思考に基づきながら、人間の子供と子グマとの交換という魂をめぐる行動戦略に重点が置かれていることを指摘することが可能である。

　なお、日本の東北地方のマタギは猟場で狩猟したクマの皮を剥ぎ、ケボカイという神事において「これより後に生まれて、よい音を聞け」と殺したクマの祟りを防ぎ、成仏させるための唱えごとをし、クマの頭の肉や心臓の肉をモチグシと呼ばれる木串に刺し、雪の上に立てて山の神に供える。その後、解体し村に下りると、山の神の社に詣で、夜は祝の酒宴を張る（後藤 1971：416, 420；太田 1979：72, 79；高橋 1989：302, orig.1937）。また、この酒宴とは別に、旧暦の2月に盛大な熊祭りが行なわれ、酒と川魚が山神に捧げられ、その後5月初旬に山にクマの狩猟に出かける（金子 1989：390, orig.1937）という。

　なお、ここでの山の神とはアイヌに見られるキムンカムイ（山の神）やヌプリコルカムイ（山岳を領有する神、熊の大神）ではない。マタギにおける山の神は、女の姿をしており、猟小屋の棚には山刀で荒彫した木像が置かれ、豊猟が祈願される。また、鳥たちは山の神から巣を作る木を借りる、あるいは12月12日

の山の神の年取りの日には餅を搗いて供え、さらには、狩猟の時に山神の「サカブ」という神秘的な呼び声を聞くことにより、獲物の場所を知る、そして、クマを仕止めた時には山の神への礼として「ショウブ」と3回叫ばなければならない（後藤 1971：415；太田 1979：175-176）とされている。したがって、ここでの山の神はアイヌにおける木の神（大地の神）、あるいは狩猟の神に相当するものであろう。修験道、仏教、神道の影響のもとに、クマ自身が神であるという考えから山の神によって授けられる獲物であるという考えに転換し、さらに熊祭りが山の神を祀りクマの霊を弔う儀式へと変化したものと考えられよう。

　しかし、西津軽のマタギに残るケボカイ作法の由来についての以下のような話（後藤 1971：421-422）がある。数百年の昔、岩木川上流の川厚平にジョウゾウというマタギの名人がいたが、暗門の滝にいる大熊が、時に人にいたずらをするので、捕えようと出かけるが獲れない。その夜、ジョウゾウの家を暗門の熊というものが訪れ「自分は今、暗門、岩木山、八甲田山等、津軽の7山に7匹ずつ子を産んで分家しようと考えている。後3年かかるが、どうかそれまでマタギをやめて呉ろ」と願った。ジョウゾウは熊の願いを聞き入れて、マタギをやめて3年たった。その夜、約束に違わず、熊がやって来て、「おかげで7つの山に分家することができて、もう思い残すことはない。明日は自分を獲りに来て呉ろ」と言い、「自分が死んだ後にはこういう作法でこの唱えごとでまじなって呉ろ」と頼んだという。ここではクマが人間の姿で現われ、人間との間で交渉し、人間がクマの願いを聞き入れたことによって、クマが人間に捕られることを承諾している。すなわち、マタギの狩猟においても、アイヌと同様、クマと人間との間に霊的交渉と互恵性の思考が認められるのである。

　以上、見てきたように、アイヌ、ニヴフ、マタギにおける熊祭りの意味はそれぞれに異なっている。アイヌが狩猟の成功のための積極的行動戦略を中心としているのに対し、ニヴフは子グマと人間の子供との交換という社会的戦略的意義に重点を置いている。また、マタギは飼育された子グマの送り儀礼は行なわないが、豊猟を祈るためにはクマを授けてくれると考えられている山の神の祭りを行ない、狩猟したクマに対しては供養を行なう。それにもかかわらず、これらのいずれにも、人間と動物の間の初原的同一性と互恵性という狩猟における基本的思考を認めることができるのである。

2　社会的序列と平等原理

　アイヌの熊祭りは共通の祖印（エカシイトクパ、ekashi itokpa）を持つ男の構成員からなる父系出自集団であるシネイトクパ（shine itokpa：１つの・刻み目）による集団的行動であり、社会的統合機能を果たした（渡辺 1964b：210, 212）。なお、祖印（エカシイトクパ）とは、幣の頭部、有翼酒箸（キケウシパスイ）、または、まれに捧酒箸（イクパスイ）の表につけられ、別名イナウシロシ（幣印）とも呼ばれるアイヌの祖先を表象する印で、父系的に男にのみ伝えられるものである。ただし、捧酒箸の裏や杯（トゥキ）など家具、宝物の底につける印は一般にシロシ（印）と呼ばれ、家族や個人の所有印であり祖印ではない（河野 1934：3-4）とされる。なお、祖印の類型を図 19 に示すが、これに基づけば、前掲の写真 3 の有翼酒箸（キケウシパスイ）の中央前方よりの個所に見られる 2 重線とこれにはさまれた×印はクマを表象する変異型祖印であることがわかる。

　十勝川上流においてこのシネイトクパ集団に属する複数の社会—政治的単位である地域単位（local unit）（小地縁集団、local group）（この中に 1 個から複数個の居住地であるコタンを含む）の内部、および地域単位間において、習慣的に熊祭り実施の順序がある。さらに、熊祭りの参加者は、シネイトクパ集団に属する人々のみならず、他のシネイトクパ集団に婚出した女たちとその夫たちを含むこともある。この順番制は、地域単位内ではコタンの長の家を最初とし、それ以下は年令順、あるいはコタンの長との父系関係の遠近による。また、地域単位間の順番はコタンの長たちの間の習慣的序列に従うが、その社会的原理は不明であるという（渡辺 1964b：210-212）。したがって、熊祭りが、幣に刻みクマに捧げる祖印を通して、アイヌのシネイトクパ集団とクマとを結びつけていることは明らかである。さらに、クマは山岳を領有する神であり、その神との関係によりアイヌはその空間における生計活動を行なうことから、アイヌの熊祭りはアイヌの社会のみならず生態とも不可分の関係にあるということができるのである。

　さらに、アイヌの熊祭りにおいて特徴的なことは、熊祭りの実践の場において、参加者の座席の位置とその交替や交換という儀式を通した社会的序列と

基本型		変異型の例			
神名	表象				
キムンカムイ（山の神、クマ）	✕	✕	✕	𝍬	
レプンカムイ（沖の神、シャチ）	◓	◒	ʃ	∥	
チカップカムイ（鳥の神）	⋖	⋎	⌄	⌄	
チュップカムイ（太陽神）	○	◠	☀	✺	

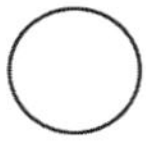

図19　祖印（エカシイトクパ）の類型
（河野（1934：4）、Maraini（1942：9-10）、青柳（1982：191，230-231）を参照して作成。）

平等原理が現われていることである。特に、沙流地域に見られるように、これは複雑な儀式となっている。すなわち、神窓のある屋内の東側の壁に沿って並べられた行器の両側にそれぞれ賓客と主人とが向かい合って座るが、賓客は上座である東側に、主人側は下座である西側に座り、さらに、中心を上座とし、その両側に席次が配置されることになる。熊祭りがシネイトクパ集団による儀礼であることから、理論的には賓客は主人と同じシネイトクパ集団に属し、異なる地域単位から招待されたコタンの長たちや男たち、あるいは女の婚出先の別のシネイトクパ集団に属する夫たちということになる。主人側から賓客側への杯に続き、杯の献酬（シントコケマウトムテ　ウコトゥキライェ）が6回くり返される。その後、古老たちと若者たちとの席の交替（オッカイポ　ウエソプキ）が行なわれ、同じことがくり返された後、再び古老たちが席に戻ると、イヨチキキと呼ばれる儀式が行なわれ、賓客に対してイナウが贈られる（ウコシントコライェ）。次に賓客と主人との座席の交換（ウコソホシピ）が行なわれ、下座についた賓客から上座の主人に対してお礼の言葉を述べる儀式（ウコヤイクレカラパ）が行なわれ、杯の献酬が続く。その後、神窓と炉の間では男の若者が杯の献酬を行ない、また炉の南座においては、行器をはさんで賓客側の妻女た

```
                           上座（東）           下座（西）
シントコケマウトムテ         i  ←――――――――  h        交替
ウコトゥキライェ              ↓  ――――――――→  ↓       （オッカイポ　ウエソプキ）
                           y  ←――――――――  y
                           ↓  ――――――――→
イヨチキキ、                 i  ←――――――――  h        交換
ウコシントコライェ                    ╲  ╱              （ウコソホシピ）
                                    ╳
                                    ╱  ╲
ウコヤイクレカラパ           h  ←――――――――  i
```

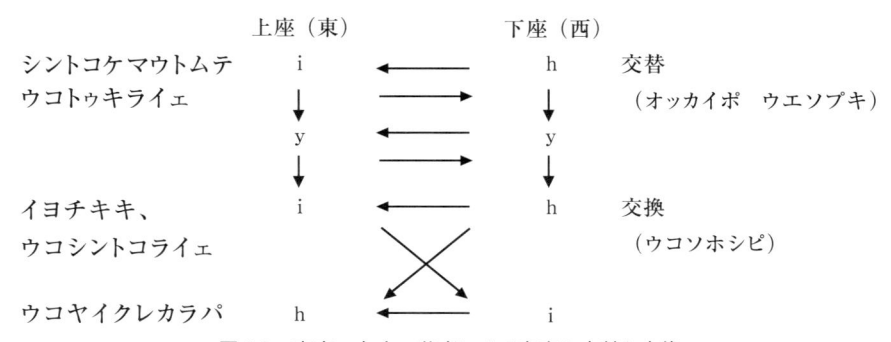

図20　賓客、主人、若者による座席の交替と交換
i.サケイユシクル（賓客）；h.サケコロクル（主人）；y.男の若者

ちと主人側の妻女たちが、古老たちと同様にイナウを贈るウコシントコライェの儀式を行ない、杯の献酬の後、座席の交換（ウコソホシピ）を行ない、杯の献酬が行なわれるのである（図20）。

　ここでは主人と賓客、コタンの長の間の序列、地域単位内における人々の序列、古老と若者、男と女という社会的差異に基づいて席次が決められ、杯の献酬が行なわれているのである。しかし、同時に、古老と若者の間、賓客と主人の間で席の交替と交換が行なわれ、また、女たちの間でも同様な儀式がくり返されることになる。すなわち、ここには、社会的序列という原理のみならず、それを逆転させるような平等原理が同時に働いていることが明らかになる。

　アイヌ社会においては、松前藩や幕府との政治－経済的関係の中で、乙名等の役アイヌが交易活動を経済的基盤に置き、アイヌ社会における特権を行使し、序列社会を維持してきた（煎本 1987a：141）。他方、アイヌ社会には、狩猟採集社会に見られる徹底した個人主義（individualism）と平等主義（egalitarianism）とを認めることもできる（煎本 2007d：327；Irimoto 2004b：408）。したがって、これら相互に矛盾する社会の構成原理が、熊祭りの席次とその交替、交換を通して併存し、1つの儀式を構成しているということができるのである。

　これと同様な状況はクマ肉の分配にも見られる。熊祭りにおいて、クマ肉の饗応が行なわれるが、この時のクマ肉の分配は個人単位で全員に、ただし序列の上位にある者ほど良い種類の肉があたるように分配される。なお、共同での

漁撈（イトウ漁）における漁獲物の分配は、魚を大きいものから小さいものへ順に並べておき、家の格式の順に大きいものから取って行くというように、家単位で公平に、ただし家の格式によって差があるように行なわれる（犬飼、名取 1940：135）という。これに基づけば、漁獲物の分配と熊祭りにおけるクマ肉の分配には、その分配対象の単位は異なっているものの、ともに平等原理と序列原理とが併存した方法が用いられていることを指摘することが可能である。

　なお、アイヌにおける熊祭りの社会的単位が祖印を共通とするシネイトクパ集団であったのに対し、ニヴフにおける社会的単位は氏族（clan）である。この氏族はクマを祖先とし、またクマに殺された者は山の人になり、それぞれの氏族がそれぞれの「山の人」（クマの氏族）との間で特定の結びつきを持っている。さらに熊祭りによりクマに捧げられた食物はこの熊祭りを主催する氏族に対応する「山の人」であるクマの氏族によっては食べられることができず、他の氏族に対応する「山の人」により食べられるのである。実際、熊祭りにおいても、クマ肉は主催者の氏族の成員は口にすることができず、客人たちが食べ、また土産として持ち帰ることになるのである。また、主催者はクマを屠殺することもできず、その役割は、客人側の氏族の成員に任されている。もっとも、彼らが主催者と近い親族関係にあり、主催者の気持ちを思ってクマを殺すことができない時には（実際、クマは彼らが死んだ自分の子供のかわりに人間の子供として育てているのである。著者注）、第3の氏族に属する彼らと近い関係にはない代理人が行なうことになるのである。しかし、原則として、客人側の氏族はクマを屠殺し、その肉を食べるということになろう。

　ここで、客人側の氏族というのは主催者の娘の婿、すなわち、娘の婚出先の氏族である。ニヴフの社会構造は氏族外婚制（clan exogamy）、夫方居住規則（patri-local residential rule）のもと、最小限3氏族間で1方向に女が結婚により移動するという、レヴィ・ストロース（Lévi-Strauss 1969, *orig*.1949）が指摘した一般交換（generalized exchange）の原理により成り立っている。したがって、熊祭りの招待客は女の移動とは反対方向に妻の父の氏族を訪れるということになる。熊祭りの招待客とはクマを送る儀礼の執行者であり、彼なしでは熊祭りができない、いわば儀礼の祭司としての役割を持つ者である。熊祭りの執行ということが、結婚による女の移動とは逆方向に、異なるレベルで一般交換

を通して氏族間を結びつけているということができるのである。

　ニヴフの熊祭りにおける社会的機能を背景にアイヌの熊祭りを見ると、アイヌの熊祭りが父系出自集団の統合機能を果たしている仕組みは、熊祭りの順番制により、主人が客人を招待し、さらに、次回の熊祭りには客人として招待されるという、限定交換（restricted exchange）を通して、同じ父系出自集団に属する異なる地域単位間の結びつきが計られているということになる。さらに、娘の婚出先の婿が熊祭りに参加することがあるということから、異なる父系出自集団との関係も形成されていることを示唆することが可能である。もっとも、アイヌの場合には外婚制を通して形成される確立された父系出自集団間の関係は報告されてはいない。また、熊祭りに賓客として招待された古老が祭司としての役割を持つことは報告されているが、クマの肉は主人側にも客人側にも分配され、ニヴフに見られるように客人側にだけ一方向に饗応されるということはない。したがって、アイヌにおいてはニヴフに見られるような集団間の一般交換の体系は見られない。アイヌの熊祭りでは、個人間においても、また集団間においても、2者間の限定交換の関係を主軸に、社会的序列と平等主義の原理が働いているのである。

3　交易と富の再分配

　アイヌが交易のために、本州の奥州津軽、出羽の国のアキタなどに来ていたことは延文年間（1356－1360年）に記された『諏訪大明神絵詞』や、松前に滞在したイエズス会神父ルイス・フロイス（Luis Frois）の書簡（1565年）、ガスパル・ヴィレラ（Garpar Vilela）の書簡（1571年）から知ることができる。もっとも、1599年以後の松前藩治時代、幕府直轄時代を通して、とりわけ1720年の交易知行制から場所請負制への変化により、交易は献上品を含む交易品生産活動へと質的に変化していったと考えられる（煎本1987a：3, 6）。

　交易品は1621年の記録ではアイヌが松前に持って来る品物として乾魚、鍊、白鳥および鶴—生きたもの、死んだもの、または乾したもの等、鷹または他の猛禽類、鯨、オットセイの皮、ラッコの皮、オットセイの油であり、これらは米、絹製、粗絹製、木綿製の衣服と交換された。1720年には沙流地域の産物に干鮭、鹿の皮、榀縄、秋味（サケの塩引）などが記され、サケ、シカ、シナ

ノキなどが交易品に入っていることがわかる。1781年の『松前志』には熊皮、熊胆が共に藩主より幕府への献品であり、熊胆が薬品となり、熊皮は蚤虱が生じないことが記されるが、「沙流(佐留)場所」の産物として熊胆、熊皮が登場するのは『東蝦夷地各場所大概書』(1809年)であり、1857年の『入北記』に至って、「御軽物買入値段調」の項目に、飼鷲尾、穴熊胆、野熊胆、穴熊皮、野熊皮など、クマの胆のうや毛皮が交易品として記され、また、アイヌへ売渡された品物として、玄米、酒、麹、濁酒、煙草が上げられている。なお、穴熊とは越冬穴にいたクマ、野グマとは野外にいたクマを意味し、共に狩猟による獲物であり、飼熊の胆や皮が産物として登場するのは沙流地域では明治以後となる。(煎本 1987a：10, 21, 48-49, 74, 97)。以上のことから、交易品における熊胆、熊皮の地位というのは、14−17世紀まではあまり重要ではなく、むしろ18−19世紀以後その重要性を増したと考えられよう。

　交易は、松前藩がアイヌのコタンの長に乙名(オトナ、本州の庄屋に相当し、松前より命を受けアイヌたちを従わせるという役目を持つ。著者注)、小使(オッカイ、運上屋の支配人、番人の命を受けてアイヌを呼び集め、仕事を配合する役目を持つ。著者注)等の役名を与え、経済活動そのものは松前藩に運上金を納めた商人との間で行なわれた。したがって、乙名は松前藩との政治的関係における各地域のアイヌ側の代表者であり、交易活動そのもののリーダーシップを持つものであった。沙流川地域において、1791年の『東蝦夷地道中記』には11居住地名の内6居住地に乙名、脇乙名、小使、長蝦夷等の役名と8名のアイヌ名が見られ(ヒラカ村には乙名、脇乙名、小使の3名が配置されている。著者注)、1858年の『戊午東西蝦夷山川地理取調日誌』には沙流川の下流から上流の10居住地に惣乙名、脇乙名、乙名(並乙名)、惣小使、土産取等の役名と15名のアイヌ名が記されている(ヒラカ村には惣乙名、惣小使、並乙名、土産取、シュウンコツ村、サラバ村には乙名と土産取、ホロサル村には脇乙名が配置されている。著者注)。さらに、沙流川下流のシュウンコツ村の乙名については、「此家場所内第三番の大家にして、凡九間四面も有。行器凡八十、太刀百振、槍五すじも飾りぬるなり」とあり、また、沙流川上流のホロサル村の脇乙名については、「此家場所第一の大家にて凡十間四方も有、家には行器を凡六七十、太刀の百振も懸たり。前に蔵有。年々雑穀凡三十余俵ヅゝとるといへり」と記

載され、乙名等の社会的、経済的優位性は明確である（煎本 1987a：29, 43, 45, 135）。

　この乙名であるコタンの長の間の序列が熊祭りの順番制とかかわっていること、さらに１つの地域単位内におけるコタンの長とそれ以外の者たちの間の社会的序列が熊祭りの席次に反映されることについてはすべに述べたとおりである。ここで、指摘したいのは、乙名たちが交易によって得た富が、熊祭りを通して人々に再分配されているということである。

　クマ肉の饗応についてはすでに分析したところであるが、クマ肉の分配に伴ない、粢餅、酒、乾鮭などが準備される。粢餅は米、粟、黍などを搗いて作られ、酒は交易で入手した米と麹を原料に醸造され、人々に振舞われることになる。酒を醸すための行器、飲むための高杯やそれを乗せる膳などもすべて交易によって得られた富である。なお、粢餅の数は日高では各家が作り、コタンの長の所に届けて 100 - 150 個、十勝では雄グマの時は 50 個、雌グマの時は 60 個、釧路では 20 - 30 個が用意される。また、酒は釧路ではノイキシントコという大酒桶に 3 - 4 本造るのが普通で、5 - 6 本に及ぶものもあった（伊福部 1969：33；犬飼、名取 1939：264；佐藤 1961：115, 117）という。さらに、十勝川上流における熊祭りが順番制で一巡して終わるのにかなりの日数がかかり、１ヶ月程も要した（渡辺 1964b：212）ということから、熊祭りの期間を通してかなりの量の富が、シネイトクパ集団内部のみならず、祭りに参加する人々に再分配されていたと考えることが可能であろう。また、熊祭りにやって来た人々は、クマ肉のほか、その土地で採れた昆布やカレイの干したもの、貝殻などを体の達者な若者たちが背負いどっさり貰って行く（佐藤 1961：174）と記されるように、熊祭りを通して食料品の贈答が個人や家族レベルでも行なわれていることを確認することができるのである。

　熊祭りにおける食料の分配は生態学的には富の偏在の平準化であり、この仕組みの中で、乙名たちはそれぞれの地域単位内における威信（prestige）を得、その規模により、さらに地域単位間における序列を競うことになるのである。したがって、ここでは威信と富とが交換されているとみることもできる。

　もちろん、熊祭りの主催者である乙名たちはこの交易による富が山の神であるクマなしには得られなかったことを承知しており、そのため、クマからの

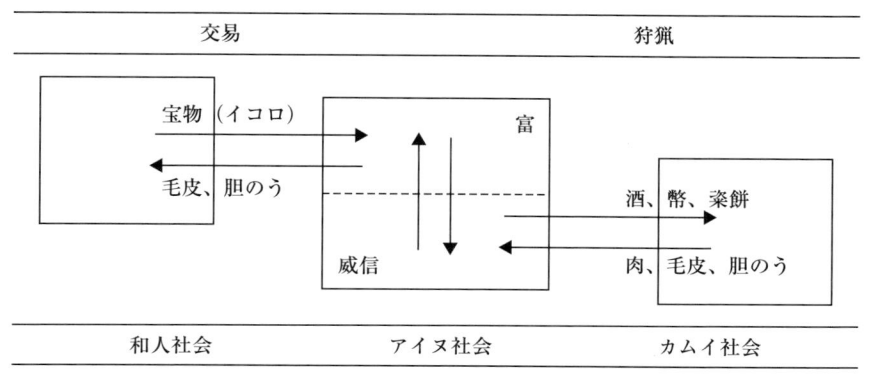

図 21　和人社会、アイヌ社会、カムイ社会の間の交易と狩猟を通した連続的交換体系
（アイヌ社会における破線は社会的序列化を示す）

贈り物であるクマの毛皮と胆のうによって交換された宝物（イコロ）と呼ばれる行器、宝刀、矢筒、あるいは衣服などの威信財に削り花をつけて飾り、社会的に誇示するのみならず、クマがそれらの魂を土産に持って帰るために供えるのである。そして、クマが再び訪れてくれること（狩猟の成功）を祈り、再びクマからの贈り物を交易することで、さらに富と宝物を得ることを可能とするのである。威信財としての宝物は外部社会からもたらされ、社会内部において力の象徴となっているのである。

したがって、熊祭りは、狩猟を通したアイヌと山の神（クマ）との間の交換と、交易を通したアイヌと外部社会との間の交換とが不可分に結びついた連続的交換体系の全体を、社会的序列と平等原理を背景に表出する場となっているのである（図 21）。

4　祭りと初原的同一性

初原的同一性とは現実世界の二元的対立項を本来的には同一であるとする論理である（Irimoto 1994b：426-427；煎本 1996b：4-5；2007b：9-11）。狩猟採集民は初原的同一性の論理により、動物や植物の本質である人格（person）との間で互恵的関係を結び、動物や植物を狩猟採集することを正当化する。アイヌの熊祭りは、人間と動物（神）との間の互恵的関係—クマからの贈物としての肉、毛皮、胆のうを人間が受け取り、人間からの返礼として酒、幣、粢餅をクマに

贈るという贈物の交換を通した関係——が結ばれ、その継続が約束される場である。したがって、熊祭りそのものが、人間と動物（神）との間の初原的同一性を演出する場となっているのである。

じっさい、飼育された子グマの熊祭りにおいて、子グマは広場を巡り、矢を射られ、絞殺されるという狩猟の場面が演じられ、その後、肉体から分離した神（カムイ）はクマの両耳の間に座っていると考えられ、賓客として祈りと供物を捧げられる。すなわち、ここではクマを殺すということと、賓客として迎えるという相互に矛盾する行為が、クマは動物であると同時に人格であるという初原的同一性の論理により正当化され、その過程がまるで演劇のように演じられ、人々はこの活動に自ら参加する。そして、人間と神とは共有される時間と空間においてこの祝宴を享受するのである。

さらに、熊祭りにおいて、ある若者はクマの真似をし、儀礼の過程を再び演じる。この「人間クマ」と呼ばれる遊戯の演者は社会的に認められたシャーマンではなく、むしろ変人や元気な若者が選ばれるという。しかし、クマと人間との変換という意味で、その本質はシャーマンと類似する（煎本 1995b；Irimoto 1997)。ここで重要なことは、人間がクマとなるという演出であり、子グマがカムイという人格に変換したのと逆方向の変換により、クマと人間との本質的同一性が表現されることである。子グマに晴着を着せ、耳飾りをつけ、さらには神送りのため叉木に飾りつけをした頭骨を掲揚し、着物を着せて踊らせることは、目に見えぬ神さえも人間の姿をしていることの演出である。動物である神は神の世界ではアイヌと同じように狩猟し、家事を行ない、子どもを育て、神祈りをし、生活していると考えられている。現実の世界における動物は彼らの衣装であり、仮の姿にすぎないのである。

さらに、クマ肉を食べ、血を飲むことは、現実の体感を通して人間がクマと同一化することでもある。血が神の薬であり、舌の軟骨が雄弁を可能にするとされているのは、クマとの同一化により人間がクマになり、その力を得ることができると考えられているからである。熊祭りは単にクマを送ることではなく、神と人間との同一化の表象の場となっているのである。

初原的同一性の演出は神と人間との関係のみならず、人間と人間との関係についても見られる。席次とその交替、交換の儀式は主人と客人、古老と若者

の立場を逆転させることにより、人間の本質的同一性を体感させることになる。若者が古老の席につくことは、儀式の経験を通して伝統社会の規範を若者が学び、同時に古老が若者を認め、社会の将来を彼らに託していることを若者に認識させ、古老も若者も同じ人間として社会を作っていくことを双方に確認させるものである。また、主人と客人との関係は固定したものではなく、次の熊祭りには逆転することになる。彼らの間の酒杯の献酬、席次の交換、贈答の儀式はこれらの象徴的活動を通して、彼らの間の社会的平等原理に基づく互恵的関係を双方に認識させることになるのである。

クマ肉の分配と共食は神の肉を人々が食べることにより、神と人間との同一化のみならず、同じ神の肉を分け合って食べることにより人間同士の結合をも体現させるものである。同じ火によって料理されたものを分け合って食べることにより同じ火の神を母に持つ乳兄弟となる（犬飼、名取 1940：106）と考えられていることから、祭りの参加者の同一性と結合の体感を可能としているのである。

競争的遊戯は、シベリアのトナカイ遊牧コリヤークの死者儀礼や祭礼（Irimoto 2004c；煎本 2007e）に見られるように、対立とその解消により、異なる世界の結界を解くという象徴的役割を持ち、初原的同一性の場を創出する装置である。アイヌの熊祭りにおける綱引きは、おそらく人文神アエオイナカムイに退治されて、人間のための守護神となった蛇の頭領であるミンタルコロカムイの神話の隠喩的演出であるばかりでなく、男と女、男たち、あるいは山の者と川沿いの者という対立的範疇とその境界を綱を切ることにより解消し、彼らが同じ人間であることを共感する初原的同一性の場を作り出す。そこには、送られるクマが雄グマならば男組が勝ち、雌グマならば女組が勝つというように、クマ（神）も参加し、人間（アイヌ）と神（カムイ）との境界も取り払われているのである。また、勝ったらクマが獲れるという猟運は、細く切って料理されたクマの腸の長さをあてる運試し、あるいは射術競技による運試しと同じく、幸運の獲得である。幸運とはシベリアをはじめ現代のシャマニズムに広く見られるように、それを所有していると信じられている神を喜ばせることにより得ることのできるもの（Hamayon 1994：121）なのである。ここで、これらの幸運が社会的序列にはよらず、偶然的要素を含む遊戯によってもたらされることは、

人間同士の同一性の確認の場も創出することになっているのである。

　さらに、子グマの屠殺において儀礼的であり遊戯的側面をも持つ、子グマを木で絞めその上に人々が我先にと乗り重なり合い、笑い興ずることは、ニヴフのクマ狩猟において狩人が殺したクマに対して性行動の様子を演じること、さらには樺太アイヌやニヴフによって語られるそもそもの熊祭りの起源となったクマと人間との婚姻譚、あるいは、バチェラーが記したアイヌに伝えられる山間部のアイヌがクマとの結婚による子孫であるという始祖伝説、などを思い起こさせる。ここでは、狩猟行動、あるいはクマを殺すことそのものが性行動のメタファー（隠喩）となっているのである。そこでの同一性の場は、モンゴルのシャマニズムの実践（煎本 2002b：434-437）、また、コリヤークの子トナカイの誕生儀礼であるキルウェイの儀礼（Irimoto 2004c：209-213；煎本 2007e：323-329）に見られるように、宇宙の原点であり世界の秩序と再生産のための出発点となっているのである。したがって、アイヌの熊祭りにおける性行動の演出は、クマと人間との同一性による人間の祖先の起源にまで遡り得る神話的場への回帰であり、そこからの出発点を意味するものなのである。さらに、このことは人間クマの遊戯において、子グマが人間に入れ替わり、子グマと人々が取っ組み合うことにより再度演じられ、人々はこれに笑い興ずるのである。

　熊祭りにおいて幣を捧げ祀られる神々は送られるクマのみではない。地域により幣所の構成と神々に差異はあったとしても、時間的、空間的に広がるアイヌの世界を構成する神々が祀られ、それらすべての神々は熊祭りに参加していることになるのである。歌と踊りは動物の神々の真似を通して、人間と神々との同一性を演出し、神々がこの場を共有していることを体現させ、男も女も輪になって歌い、踊ることで祭りの進行の原動力を生み出すのである。

　また、クマを繋ぎそこでクマが殺される繋ぎ木は、神の国では金になり、幣を作る木としては最も尊い木であると考えられているキハダ（シコロ）が用いられ、樺太アイヌにおいてポロイナウ（大きな幣）と呼ばれるように、幣（イナウ）そのものでもある。また、その頂部は緑のササやマツの葉で飾られ、逆さ削り幣につけられたクマの赤い血が死を象徴することとは対照的に、生命の象徴となっている。クマの血が雪を穢すことのないよう地面に触れさせず、逆さ削り幣につけられ繋ぎ木の上に掲げられることは、シベリヤのコリヤークが

死者の国の人々にトナカイを殺して送る時に、（大地の神への供犠ではないので）血を地面に触れさせないよう細心の注意を払うこと（煎本 2007e：75）を思い起こさせる。すなわち、死んだクマの霊は死と再生の儀式を経て、上界にある神の国へと送られるのである。

　もっとも、ここで用いる再生という言葉は、いったん死んでまた生まれかわるという意味ではない。ここでの再生とはむしろ霊の不死と連続性を意味するものである。すなわち、クマそのものがカムイ（神）という人格的存在であり、祈詞の中で「新しく体を造りかえる」、あるいは「姿を変える」と述べられるように、クマの死によりクマはその本質であるカムイとして現れるということなのである。したがって、ここでは、まさにクマと人間とが同じ人格として向き合い言葉を交わすという、動物（神）と人間との間の初原的同一性の思考が顕在化し、演じられているということになる。

　さらに、そこでの繋ぎ木はシベリアのシャマンがそれを伝ってこの地上界と上界とを行き来すると考えられている、宇宙の中心にあり垂直的に異なる世界を結ぶ世界樹を連想させる。もっとも、アイヌ文化においてこの世界樹という観念は明確ではない。しかし、少なくとも熊祭りの場において、繋ぎ木が人間の世界と神の世界とを垂直的に結びつける象徴的中心柱となっており、祭りの頂点において、そこで死と再生を通した人間と動物（神）との間の初原的同一性の儀式が演じられるということだけは確かであろう。

　さらに、沙流地域に見られる祖先供養は死者の世界と現世とを結びつけ、彼らが熊祭りの場に参加することを可能とする。そして、ユーカラを語ることにより、人々は人間と神々の起源にまで神話的時間を遡り、自己の帰属性を再確認するのである。したがって、熊祭りの場には神々とアイヌ、さらには交易を通して結ばれる外部社会に至るまで、アイヌの世界のすべてが集中しているのである。歌と踊りの間、目の不自由な青年を踊りの輪の中に入れ、その音頭で賑やかに歌ったり踊ったりし、また、何度も女たちがかわるがわる踊りの輪から抜けて、盲目で耳の具合も悪いため家の中の炉辺に座る老婦人に、今、熊祭りがどの辺まで進んでいるのかを告げているらしいこと（犬飼、名取 1940：124）は、人間が同一性の感覚の中で、弱い者にも同じ人間として手を差し伸べ、祭りに参加させようとしていることなのである。熊祭りはアイヌの

世界そのものの象徴的、かつ具体的表現の場なのである。

　熊祭りは自然と超自然との結界を解き、その間を人間と神々とが自由に往来するシャマニズム的世界観に支えられており、この意味でシャマンなきシャマニズムの実践（煎本 1995b；Irimoto 1997）である。このことにより、熊祭りがアイヌ世界の表現となり、世界の対立と同一化の演出を通して初原的同一性を体現する祭りの場となる。その結果、世界の根源的認識と自己の帰属性の再確認を通して、人々と世界を活性化することが可能となっているのである。

第6章　熊祭りの起源と動態

　アイヌの熊祭りはそれを中心とした文化要素の複合体である熊祭り文化複合体（渡辺 1972）として見ることができる。しかし、同時に、熊祭りそのものが現実のアイヌの世界を象徴する活動系であり、さらに、熊祭りは単なる静的な文化要素の集合体ではなく、その時々の現実の世界に対応し、さまざまな要因で生成、発展、変化する動的体系なのである。ここでは、熊祭りの変化の過程を分析することにより、その動態を明らかにする。したがって、この分析は熊祭りの起源とも密接に関係することになる。

　分析の枠組みとして人間活動系の自然誌パラダイム―自然と文化の人類学―（煎本 1996b：14）を用い、熊祭りを生態、生物、社会、宗教という局面を持つ活動系であると捉え、これを時間軸に沿って動かすことにより変化の過程を分析する。資料はすでに分析した熊祭りの地域的差異、時代的変異を手がかりにし、時間軸として先史文化から歴史時代への大きな流れを設定する。ただし、個々の遺跡の分析やさまざまな解釈の詳細についてはここでは用いない。また、絶対年代についても、遺物の年代測定によって可能となるので、今後の研究に委ね、ここでは指標としてのおおよその年代を示すこととする。したがって、ここに提示するアイヌの熊祭りの動態モデルは民族学的資料に基づく自然誌的視点からのモデルということになる。アイヌの熊祭りには時間軸に沿って以下の4位相が認められる。

1　位相1：野生グマの送り儀礼

　位相1は狩猟した野生グマの送り儀礼としての熊祭りである。この背景にはクマへの敬意と畏怖の感情が見られ、特別な解体作法と送り儀礼、頭骨の保管・掲揚など狩猟儀礼の特徴が見られ、これは北方ユーラシア、日本、北アメリカを含む北方周極地域に広く見られるクマ儀礼の一環として認められるものである。生態的基盤は狩猟活動であり、アイヌのみならず、ニヴフ、マタギに共通し、人間と狩猟動物との間の初原的同一性と互恵性の思考を認めることが

できる。したがって、クマ狩猟が同時に、動物の姿をとった神を招待し、贈り物の交換と饗宴を行ない、再び神を神の国に送り返すというアイヌの世界観に基づいた儀礼的行動そのものになっている。

もっとも、クマと人間との関係の認識は社会構造とも関連する。ニヴフにおいては氏族制度を反映し、「山の人」としてのクマの一族と人間の氏族との間の親族的対応関係が認められるが、アイヌにおいてはクマはあくまでも二項対立的にアイヌ（人間）に対置されるカムイ（神）であるとされる。もっとも、アイヌの説話に見られる、山の村に住む多くのアイヌがクマと女との結婚によるクマの子孫（キムンカムイサニキリ、kimun kamui sanikiri）であるという始祖伝説（バチェラー 1901：86-88）、また父系出自に基づく祖印を共有する男の構成員から成るシネイトクパ集団が熊祭りと結びついているという事実を考慮すると、アイヌの世界観がニヴフと全く異質であるとは言いきれない。

2　位相2：子グマ飼育の開始

位相2は子グマの飼育の開始である。子グマの飼育は、幣所の構成と神々の地域的差異のみならず、熊祭りの儀式次第における文化要素などに見られる樺太・北海道東部地域の特異性から、この地域におけるオホーツク文化により直接もたらされた飼育文化によるものであると考えることができよう。なお、オホーツク文化においては、ブタの飼育が行なわれていたこと、さらに晴着と考えられる帯が刻印された子グマの彫像が発見されていることから、おそらく子グマの飼育を伴なう熊祭りが行なわれていたことが推察されている。考古学文化としてのオホーツク文化の存続年代は3・4-14世紀であり、4世紀頃以後樺太から北海道に南下してオホーツク海沿岸に分布域を拡大し、その終末期の10-13世紀には、北海道に8-13世紀に存続した擦文文化との間に、トビニタイ文化と呼ばれる混成文化を形成するに至った（菊池 1995：456；宇田川 1988：274, 305；1989；2004）。

その飼育文化の源流はアムール河流域において本格的な家畜飼育を行なっていた農耕民と接触した北方森林狩猟漁撈民（大林 1973：77）にまで遡ることができるであろう。ここでの家畜飼育を行なう農耕民とは4-7世紀においてブタの飼育を行なっていた靺鞨（同仁）文化と関係があると考えられている。

また、オホーツク文化を担っていた人々は、「山丹人」と呼ばれていたウルチ（黒水靺鞨）、樺太の「流鬼」（後のニヴフ）、「骨嵬」（後の樺太アイヌ）、「粛慎」など諸説があるが、先史時代の考古学文化を現在の「民族」に比定すること自体には困難な側面もある（加藤 2007：305；宇田川 1988：297-299）。しかし、オホーツク文化と後の「民族」との系統的関係がどのようなものであったにせよ、北海道、樺太、沿海地方を含む極東のきわめて限られた地域に子グマ飼育型熊祭りが共通した文化として見られるということがいえるのである。

ところで、北海道の擦文文化においては、北海道南西部から北部の日本海沿岸にかけて、栽培植物の出土が見られ、農耕の可能性（林 1964：262；宇田川 1988：253-257）が指摘されている。この地域における後のアイヌ文化においても農作物の神であるとされる幣所の神（ヌサコロカムイ）が最重要視されていることから、農耕の重要性を確認することが可能である。また、さまざまな神々を家の東側に幣所を設けて祀ることや、酒、粢餅、祭祀道具を用いての祭祀方式なども、農耕と関連するものである。したがって、8-13世紀には幣所の構成のみならず、これらの祭祀体系が確立していたものと考えられる。

このような状況のもと、大きな流れとしては農耕・祭祀文化が北海道南西部から中央部、そして北西部と東部へと波及するのと対向して、北方のオホーツク文化からの影響を受けた子グマの飼育文化が北海道東部あるいは西部から中央部と南西部へと波及し、その結果生まれた混成文化におけるそれぞれの文化要素の比重の違いが、熊祭りの地域的差異を生じさせたということになる。

すなわち、幣所構成の地域的差異を見ると、K型（樺太型）および、H型（春採型）では送られるクマの幣所が独立している。特にK型の樺太においてはクマの頭骨は森の中の特別な場所にあり、沖の神の幣所は海岸にあるというように、それぞれの神々の活動する領域に近い場所に作られており、そこからやって来た動物（神々）を本来それらの属する領域に送り返すというように、神々と領域との結びつきが明確になっている。さらに、十勝（足寄）においても、幣所は家の東側にまとめて作られていはいるものの、クマの幣所、狐の幣所、タヌキの幣所、シカの幣所など、送られる動物ごとに独立した幣所が設けられている。すなわち、ここでは、送り場としての本来の幣所構成が見られるのである。さらに、幣所の前にシマフクロウの檻、タヌキの檻、子グマの檻、狐の

檻が設けられていることから、これらの動物が飼育され、そこで送られていたと考えることができるのである。

これとは対象的に幣所構成のＳ型（沙流型）とＹ型（余市型）では、幣所の神（ヌサコロカムイ）が重要視され、飼育された子グマの熊祭りにおいては、熊の大神（メトゥシカムイ）を祀るツバサンに頭骨が掲揚されることとなる。また、山で狩猟されたクマであったとしても、木の神（シランバカムイ）、狩猟の神（ハシナウカムイ）、水の神（ワッカウシカムイ）などの幣所が共に作られることになる。

したがって、樺太・北海道東部に見られる幣所構成においては、動物の送り場としての幣所構成がとられており、クマに関しても、そのうちの重要な１つとして位置づけられているのである。しかし、北海道南西部においてはすでに農耕の神である幣所の神が最重要なものとして位置づけられている幣所構成が確立していたところに、後で子グマの熊祭りにおける頭骨の掲揚が加わったものであるとの印象を受ける。また、北海道中央部においては、幣所の神はすでにあったものの、その重要性は確立しておらず、その結果、１つの幣所にすべての神々をまとめて、中央にクマの頭骨を掲揚するという幣所構成になったと考えられる。

もっとも、クマの飼育と直接関係するか否かは別として、オホーツク文化との接触が北海道のオホーツク海沿岸のみならず、日本海沿岸においても起こっていた可能性もある。アイヌの父系出自を示す祖印（エカシイトクパ）は幣の頭部、有翼酒箸（キケウシパスイ）につけられるものであるが、北海道ではクマとシャチ（又はイルカ）が多く見られる。鳥は樺太に見られるが北海道では稀である。このシャチの祖印、あるいはその変異は北海道東部の釧路地域のみならず、日本海側の石狩川沿いに中央部の旭川にも見られ、近文や泥川のアイヌが沖の神（レプンカムイ）の子孫であるという伝説を持つという（河野 1934：4-5；青柳 1982：231）。さらに、幣所の構成で述べたＹ型（余市型）に分類される石狩浜益毛では熊祭りの際、幣所の左右にハシイナウ（枝のある幣）を祭場までの道の両側に立てる（名取 1941：62）ことは、ニヴフにおける熊祭りの際、祭場までの道の両側に幣をつけた木々が立てられ、チヴェの木の両側には樹冠を残し、樹皮を剥ぎ、幣がかけられたモミの木が２本立てられる（ク

レイノヴィチ 1993：159, 185）という光景を思い起こさせるものである。

　アイヌ文化には熊祭り以外にもさまざまな地域的差異が見られる。たとえば、有翼酒箸の形式の分布は、北海道南西部の千歳、室蘭、白老、平取、静内、沙流川上流を含む沙流周辺地域を中心として、旭川から浜益、長万部を含む西部地域、旭川から網走、厚岸を含む東部地域に分派分類できる（名取 1984：165）。また、熊祭りに用いられる花矢の形式にも地域的差異が見られ、釧路、北見地域は粗野であるが強い宗教的意義を持ち、石狩地域は作りも立派で宗教的意義も明解であり、日高、胆振地域は宗教的意義は弱いが形式的に爛熟しており、十勝地域は釧路、北見地域と石狩、日高地域の中間と見られるが石狩川上流と密接な連関を持ち、内浦湾地域は衰退の感があるが釧路、北見地域と類似する点が多く、樺太アイヌにおいては普通の狩猟用の矢、あるいは矢羽の間に色布を飾ったものを用い、本格的な形式の花矢は作らない（名取 1937；1985：126）という。さらに、墓標の形式においては、樺太南部海岸の東エンヂウ型、同西海岸の西エンヂウ型、北海道石狩湾沿岸および内浦湾沿岸のシュムクル型、旭川など内陸部のペニウンクル型、北海道南西部沙流川流域のサルウンクル型、北海道東部のメナシクル型という地域的差異が見られる。この中で、西エンヂウ、メナシクル、シュムクルは同一系統から分かれた地方的分派であるらしいこと、サルウンクルは系統の異なる他の分派の間に楔状に割り込んだ島のようなものであるとされ、さらに、これらが言語的には北部方言地方と南部方言地方に対応する（金田一 1925；1923；河野 1931；1932：138）という。

　なお、アイヌ語方言については、統計学的分析に基づき、北海道方言と樺太方言との間には大きな断層があること、北海道方言のうち、名寄・旭川・平取・新冠・幌別の諸方言は樺太方言との間の共通残存語の割合の数字が多少大きい（近い関係にある）こと、八雲と長万部、貫気別と平取と新冠、帯広と釧路と美幌のように互いに比較的近い関係にあって、それぞれ1つの方言群をなすこと、様似方言と新冠・平取・貫気別の方言との間にはかなりの断層があり、日高の南部（西部）と日高の北部（東部）との間には文化的にも大きい違いがあるといわれるので、方言の差異もこれに対応していることなどが明らかにされいる（服部、知里 1960：337, 340；服部 1964）。クラスター分析によるアイヌ語諸方言の分類（Asai 1974：99-100）も、上記の結果と矛盾するものではない。

以上の文化的地域的差異から、アイヌ文化には樺太、北海道、千島という3大差異のもとに、北海道内においては、南西部、西部・中央部、東部の3地域的差異を認めることが可能である。幣所の構成も、それぞれにS型、Y型、K・H型がほぼ対応しており、矛盾はない。このことは、幣所の神々の地域的差異においてもおおよそ見ることができる。すなわち、幣所の神、木の神、狩猟の神の空間分布が幣所構成のS型とY型とに重なるのに対して、太陽神、雷神の空間分布が幣所構成のK型とH型とに重なっている。もっとも、太陽神、沖の神は樺太から北海道沿岸地域にも分布が認められる。

　この地域的差異がいつ頃まで遡り得るのかということについては、あくまで1つの推測の目安として服部、知里（1960：341）の方言の共通残存語のパーセントから分裂年代の古さを言語年代学で用いられる数式に基づいて算出すると、沙流地域の平取と樺太の白浦では1,020年前、平取と旭川では433年前、平取と貫気別では139年前の数値を得る。沙流川流域の平取と貫気別が明確に異なる居住地として記載されるのが1809年の『東蝦夷地各場所大概書』においてであり（煎本 1987a：58, 65）、それは1966年の157年前ということになり、言語年代学の数式で算出された139年前という数字とそれほど大きな違いはないことになる。もちろん、言語年代学は、言語が一定の速度で変化するという実際にはそうでない前提に立っており、一般的応用は困難であるが、アイヌ語の分裂時代に関してそれほど矛盾する結果が見られないことから、限定的に応用するとすれば、北海道方言と樺太方言との分裂時期は1,020年前の西暦946年、すなわち10世紀頃と推測することができるかも知れない。北海道内における方言間の共通残存語のパーセントはこれより高いため、北海道方言の地域的差異は少なくとも10世紀以後に形成されたということになる。また、これらの方言の地域的差異がそれぞれの集団の系譜や文化と関連しているのであれば、アイヌ文化の地域的差異もこれと同じ年代にまで遡り得るということになる。

　10世紀以後というのは、オホーツク文化の存続年代の3・4-14世紀に含まれることから、アイヌ文化の地域的差異の形成はオホーツク文化と関係があったのではないかと考えることが可能であろう。とりわけ、文化的地域的差異の指標として用いた祖印、墓標、有翼酒箸、花矢などは父系出自集団の帰属性や

熊祭りなどの祭祀儀礼と直接かかわるものであり、子グマの飼育と同様、アイヌ文化の形成と切り離すことのできない問題である。

以上のことに基づくと、理論的には北海道アイヌにおける子グマの飼育文化の開始は、オホーツク文化の南下が見られる3・4世紀以後であり、少なくとも擦文文化との混成文化であるトビニタイ文化の形成が見られる10－13世紀までは遡りえるということになる。なお、10世紀頃というのは、先に述べたアイヌ文化の地域的差異が形成される年代とも符合している。

もっとも、擦文文化とオホーツク文化との接触がそのまま子グマ飼育の開始と結びつくわけではない。あるいは、子グマを飼うことは知ってはいたが、実際には飼わなかった、あるいは飼ったとしても小規模であったということがあったかも知れない。じつは、子グマの飼育文化の受容の困難さは子グマ飼育の意味と関係している可能性があると考えられるのである。オホーツク文化における子グマの飼育がどのような意義を持っていたのかは確定できない。ブタの飼育を子グマにも適用した食料確保を目的としたものであったかも知れないし、大陸との交易のための毛皮や胆のうの獲得を目的としたものであったかも知れない。また、交易の要因以外の可能性があるとすれば、それはニヴフに見られるような子グマの死と人間の子供の誕生との魂をめぐる交換、さらには氏族間の交換体系の維持という社会的意義であったかも知れない。また、シュテルンベルクはニヴフの熊祭りが、死亡した氏族員を記念して行なわれると述べている。このことには死亡した人間の子供の誕生を意図した場合も含まれるだろうし、また死亡した人間が大人であれば、彼の死後の世界に子グマも送るという意味があったかも知れない。すなわち、死者の国でも現実の世界と同様、魂の交換のためには子グマが必要であると考えられていたからであろう。実際、樺太アイヌにおいて、ピウスツキは海で死んだ若者の飼っていたクマは冬を待たずに鮭漁のすぐ後で、できるだけ早く殺される（Pilsudski 1909, cf. 和田 1998：12）と述べている。死者を記念するために、家畜が死者の世界に送られることはトナカイ遊牧コリヤークにも見られ、ここでは夏の間に死んだ人々に対して、死後の世界でも彼らの生活に不自由がないように、彼らを追悼し秋にまとめてトナカイが屠殺される（Irimoto 2004c,；煎本 2007e：69-82）のである。

しかし、アイヌにおいては、人間の子供と子グマとの魂の交換という考え

方や、その前提となるクマの一族と人間の氏族との間の特定の結びつき、あるいはそれを可能にする氏族制度は見られない。もし、彼らの祖先もこれと同じ状況であったとすれば、彼らにとって子グマを飼育する意味はなかったかも知れない。アイヌが交易していたことは、すでに延文年間（1356-1360年）の『諏訪大明神絵詞』に「奥州津軽外の浜に住来交易す」と記され、さらに、1565年（永禄 8）のポルトガル人のイエズス会神父ルイス・フロイス（Luis Frois）書簡、1571 年（元亀 2）のイエズス会神父ガスパル・ヴィレラ（Gaspar Vilela）書簡にも記されている（煎本 1987a：6）ところである。しかし、松前藩との交易によって、クマの毛皮や胆のうが交易産物として記されるのは 18 世紀になってからであり、たとえそれ以前から交易産物になっていたとしても、オットセイやラッコの皮に比較すればその価値は低かったものと思われる。事実、1643 年の樺太において、フリースはその航海記録（北構 1983：87）に、アイヌと考えられる人々が彼に高級な毛皮（おそらくクロテンの毛皮であろう。著者注）を差し出すことはできないが、クマの毛皮なら交換しても良いと申し出たことを記しているからである。さらに、子グマの飼育が毛皮をとるため、もしくは胆のうをとるためという理由と共に明確に記されるのは、樺太においてはこの 1643 年のフリースの航海記録における屋外の檻の中にクマが飼われていたとの報告においてであり、また北海道においては 1710 年の『蝦夷談筆記』においてである。すなわち、オホーツク文化の接触とクマが幕府や松前藩との交易産物となることの間には少なくとも 13 世紀から 17 世紀に至る 400 年間の時間差があることになる。この間、大陸経由での交易、あるいは、続縄文期から擦文文化期に急増したとみられる文献には記録されないような本州との間での刀剣類など金属器類の交易にかかわる物資流通制がすでにあり（宇田川 1988：185，251；渡辺 1972：57-58）、このことと子グマ飼育による熊祭りという儀礼を通した野生グマ獲得のための狩猟の積極的行動戦略が関連していると考えることも可能である。

　もっとも、先に述べたようにオホーツク文化との接触時にアイヌもしくは彼らの祖先は子グマを積極的に飼育する意味はなかったかも知れない。オホーツク文化からは子グマを飼育するということだけが伝わり、そこには文化的越境を通して子グマ飼育の意味の転換があった可能性を指摘することができ

るのである。もちろん、飼育の最初の動機は、それが模倣によるものであれ、独自に発生したものであれ、野生動物の家畜化の過程を論じるのと同様（煎本2007e）、推測によらざるを得ない。母グマが狩猟された後に残された乳児である子グマを殺さずに生きたまま村に持ち帰ったのを、まさにアイヌが「神からの預りもの」というように、神（カムイ）でありながら人間界で責任を持って母乳で育てることにしたのかも知れない。そして、おそらく当初は、1年後の満1歳には父母のクマの国に送り返すということにしたのであろう。これが飼育グマによる熊祭りの誕生ということになる。

　なお、子グマの飼育に関しては、生まれて間もない子グマは小さく、それでは損だから1年間養い大きくなった皮と肉をいただくため（佐藤 1979：145）、あるいは飢饉の際の食料保証（Spevakovsky 1994：106）のためなど、唯物論的解釈もある。これらがまったくの誤りであるとはいえないが、生産費用と利益の収支を考えれば採算が合うとは思えず、少なくとも子グマ飼育の継続のための主要な目的とはならないであろう。しかし、毛皮や胆のうの交易的価値という視点から見れば、子グマは価値財となり、飼育開始の誘因となり得る。飼育された子グマの熊祭りは、これら現実的な価値を最小限確保すると同時に、狩猟の成功により野生のクマを獲得しようという積極的行動戦略であると解釈することができるのである。

　ここで、重要なのは子グマの飼育が家畜と同様ではなく、クマはあくまでカムイであり、狩猟の対象であったということにある。したがって、子グマの飼育においても狩猟の世界観がそのまま維持され、さらに飼育することにより子グマをカムイからの預りものとして認識し、アイヌとカムイとの間の互恵性を強化させ、熊祭りを積極的狩猟戦略へと理念的に展開させることができたのである。このことは子グマに伝達者（メッセンジャー）としての役割を与えることになる。これは、飼育されたコタンコロカムイであるシマフクロウの幼鳥が儀礼的に屠殺され神送りされるに際し、人間の国の危機を両親の神に伝え、これを救済するよう伝言を託されることと同じ役割でもある。

　もっとも、これらは、オホーツク文化と接触した擦文文化がその影響を受けながらも、そのままアイヌ文化を形成したという前提に立つ場合の解釈である。しかし、すでに述べたように、父系出自集団と不可分の関係にある共通の

祖印（エカシイトクパ）が、クマ、シャチ、トリが中心となっていることを考えると、オホーツク文化の影響はもっと大きなものであった可能性も指摘することができる。祖印は文化的帰属性の標章であり、オホーツク文化そのものに、さらにはその対抗として形成されたものに由来すると考えることが可能だからである。ニヴフにおいて、山と森の主（pal'-ys'）という主霊があることについてはすでに述べたところであるが、同時に、海の主（tol'-ys'）が存在し、この海の神はオホーツク海底に住み、ありとあらゆる（種類の）魚の腹子のつまった多くの箱を持ち、時々、それをつかんでは海中に投げ、人々の生活に欠かせないサケの大群を一定の時期に送り届け、また、シャチを遣わせて、海に秩序を与え、人々にありとあらゆる海の動物を追いたてる（Sternberg 1905, cf. 和田 1966：29）という。これは、アラスカの海岸エスキモーに見られる、海獣を司り海底に住む女神であるセドナの神話（宮岡 1987）とも共通するものであり、海猟、漁撈を行なっていたオホーツク文化にこれら主霊の観念があったとしても不思議ではない。

　また、アイヌの世界観、とりわけ動物の分類に見られるように、アイヌの山、海、空という空間分類は、それぞれの空間に住む動物の分類と重なり合い、さらにクマ、シャチ、シマフクロウがそれぞれの空間を領有する最も強い神（カムイ）としての象徴的存在になっている（山田 1986；1987；1994：179；Yamada 2001a：147）。アイヌの祖印（第5章、図19）が、それぞれの系統に、あるいは生態にもっとも強く結びつく象徴的動物（神）を、それぞれの集団の標章として用いたと考えることができるのである。さらに、重要な儀礼用具である冠（サパンペ）や報酒箸（イクパスイ）にも、祖印ではないがさまざまな動物が彫刻さらたものが見られる（写真25）。バチェラー（1901）は、山の村に住む多くの者がクマと女との結婚という始祖伝説に基づくクマの子孫であるといわれると記しているが、さらにトリ（鷲）と女との結婚という始祖伝説を背景に、子供たちの喧嘩において、相手にトリの子孫だと罵ることがあると述べている。すなわち、ここでは集団間における帰属性に基づく対抗関係が見られるのである。

　もちろん、東北地方北部から北海道南部にかけての地域で、縄文時代後期以後、続縄文文化期前半期に比定される遺跡群からクマの意匠がみられること

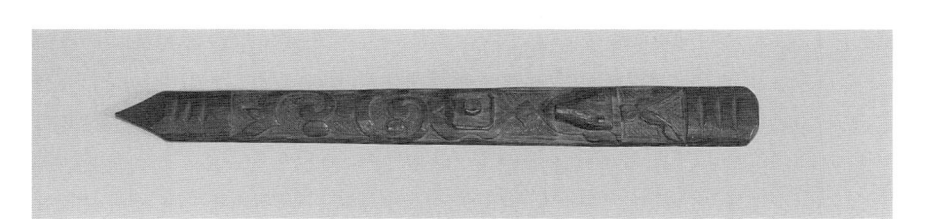

第 6 章　熊祭りの起源と動態　209

写真 25　捧酒箸（イクパスイ）に彫刻された動物
上段は捧酒箸全体、下段はそれぞれの拡大部分（クマ、およびシャチ）を示す。
（北海道大学北方生物圏フィールド科学センター植物園・博物館（旧農学部附属植物園・博物館）蔵）

［煎本撮影（2010）］

（宇田川 2004：106）から、アイヌ文化との総合的な比較検討が必要なことはいうまでもないが、子グマの飼育文化、動物を中心とするアイヌの世界観、共通の象徴的動物の祖印（エカシイトクパ）による父系出自集団という文化的特徴、さらにはその他、系統と結びつく文化的差異から見れば、オホーツク文化そのものがアイヌ文化に投影されているような印象を受ける。従来、オホーツク文化はどこからともなく来てどこかへ去って行った謎の文化、あるいは擦文文化の中に吸収され消滅したといわれているようであるが、文化的、民族学的観点から見れば、擦文文化と混成し、アイヌ文化の骨格部分を作ったと考えることも可能である。

したがって、この場合、飼育文化の受容と熊祭りは、すでにオホーツク文化の中で起こっていた過程であり、さらに擦文文化との文化的混成を経て、次に述べるように新たな熊祭りの確立へと展開したということができるのである。

3 位相3：熊祭りの確立

位相3は、17世紀から19世紀における幕藩体制のもとでの交易経済を背景にしたアイヌ社会における飼育子グマの熊祭りの展開と確立である。したがって、時代的変異の節で述べた時代区分1, 2, 3に相当することになる。子グマは単に狩猟したクマを送るという送り儀礼の対象としての意味を超えて、狩猟の積極的行動戦略におけるメッセンジャーとしての役割を持ち、熊祭りは狩猟期に先立つ前狩猟季節儀礼となる。また、父系出自集団の共同儀礼としての集団的統合という社会的意義を確立し、社会的序列と平等原理に基づく富の再分配と威信の交換という社会－経済的意義を持つに至る。すなわち、熊祭りそのものが、アイヌ世界の象徴的演出となり、初原的同一性と互恵性の体現を通して、アイヌ世界を再活性化するという祭りの場となったのである。

その結果、熊祭りは祭りとしての重要性を増し、その規模を増大させ、アイヌ文化における中心的位置を占めるに至る。すなわち、位相1から位相2への変化においては、子グマ飼育の開始が見られたのに対し、位相2から位相3への変化においては、狩猟の積極的行動戦略としての熊祭りに、新たに社会－経済的意味が加わり、それが中心となったということができるのである。

これに伴ない、熊祭りの文化要素自体にも変化が生じる。子グマの屠殺に本

矢が用いられることが、子グマの飼育期間の延長と関係している可能性があることについては、すでに述べたところである。本来、子グマは他の小動物や鳥などと共に飼育され、屠殺には飼育されたシマフクロウの送り儀礼に見られるように木で首を絞めて殺されたと考えられる。しかし、飼育期間の延長により2歳以上の子グマを絞木だけで絞殺するのは困難となる。その結果、本矢の使用が始まり、絞木は儀礼的に用いられることとなる。釧路、網走地域で絞殺が残っていることから、本矢の使用は北海道西部あるいは南西部に始まり、それが東部へと波及したものと思われる。

　子グマの飼育期間の延長は熊祭りの規模の増大、すなわち参加者の増加と分配するための肉の確保と関係すると思われる。分配されるクマ肉は象徴的なもので、分配そのものに社会的意味があるが、必要最低限の量は確保する必要がある。それが参加する人々の期待であり、また主催者の威信への評価となるものでもあろう。また、熊祭りが父系出自集団に属する各地域単位をめぐる順番制となり、その頻度も毎年行なわれるというように増加すると、コタンの長にとっては子グマの確保が必要となり、次年度の準備と調整の結果、子グマの飼育期間の延長が行なわれたという可能性もある。さらに、飼育期間の延長が可能であったのは、北海道南西部において年間を通した住居の安定性、すなわち定住性が高かったことによるものでもあろう。この地域的、生態的差異が子グマの飼育期間とその屠殺方法という文化的地域的差異を生じさせたということができるのである。

　熊祭りにおけるもう1つの大きな地域的差異は儀式次第の時系列にかかわるものである。とりわけ、釧路地域において見られる解体後のクマの頭部を室内に入れない時系列Ⅱ型（釧路型）と、北海道南西部と中央部に見られるようにクマの頭部を室内に入れる時系列Ⅰ型（沙流型）との間には不連続性が認められる。両地域とも山で狩猟した野生のクマの熊祭りにおいてはクマの頭部を神窓から室内に入れており、またユーカラにおいてもそのように語られることから、本来は頭部を室内に入れたものと思われる。

　したがって、この相違は、飼育されたクマの熊祭りが始まった時にまで遡る熊祭りの解釈の違いに由来しているのではないかと考えられる。理論的には、飼育されたクマの熊祭りにおいて、子グマは捕獲された時にすでに人間の世界

を訪問し歓迎を受け、家の中で育てられているのであるから、子グマの屠殺後、再度室内に頭部を入れるということは必要ないはずである。沙流地域の熊祭りにおける祈詞においても、子グマが檻の中にいる時から最後に叉木に掲揚されて神送りされる時に至るまで、歓迎の詞は一切見られない。そこでは一貫して、もとの神の姿になって神の国に帰るのですよという送りの詞がくり返し述べられるにとどまるのである。釧路地域における熊祭りはこの理論通りに、飼育された子グマを送っているということができるのである。

　そこで、沙流地域に見られる屠殺された子グマの頭部を室内に入れるという儀式次第の時系列は子グマの訪問と送還という理論には合わないことになる。おそらく、ここでは狩猟された野生のクマの熊祭りの形式がすでに確立されており、ここに子グマの飼育が加わったことにより、野生のクマと同様に室内に頭部を入れることになったのではないかと考えられるのである。あるいは、その背景には、沙流地域では山の猟場と居住地との距離が比較的近く、野生のクマであっても、山の猟小屋で送る以外に居住地にまで運搬して熊祭りを行なうという形式が一般的であったからかも知れない。逆に、釧路地域では本来、野生のクマは山の猟小屋で送り、その頭骨もニヴフや樺太アイヌに見られるように森の中の聖所に置かれたのかも知れない。したがって、山の猟小屋ではない居住地においてクマの頭部を屋内に入れるということがそもそも稀であったということも考えられよう。

　このようにさまざまな要因が考えられるが、いずれにせよ、時系列には理念上の不連続性が認められ、一方から他方へと容易に波及、変化することは困難であるように思える。このことから、子グマ飼育が釧路地域とそれ以外の地域では別々の系路によってもたらされ、それぞれ独自の展開をとげたのではないかと考えることができるのである。

　これを、先に述べた文化的、方言的地域的差異と重ね合わせ、さらに、オホーツク文化と擦文文化との混成文化とされるトビニタイ文化が10－13世紀頃、北海道東部の釧路、根室、網走地域に分布した状況（宇田川 1988：307）を考えると、釧路地域における子グマ飼育と熊祭りはトビニタイ文化と関係があり、その文化的混成の過程で幣所構成H型、K型と時系列Ⅱ型の熊祭りという文化的地域的差異を形成したと考えることができよう（図22）。他方、沙

流地域を中心とする北海道南西部においては、すでに確立していた農耕を最重視する幣所構成Ｓ型と時系列Ｉ型の熊祭りという文化的地域的差異を形成したと考えられるのである。さらに、北海道中央部においては、幣所の神を重視しながらも幣所構成Ｙ型と時系列Ｉ型の熊祭りという文化的地域的差異を形成するが、子グマ飼育文化の影響はオホーツク海沿岸からのみならず、日本海沿岸からの可能性も指摘することができるのである。

　この文化的地域的差異と関連して、ここで位相3におけるアイヌの社会構造について述べておく必要がある。19世紀末の十勝地域におけるアイヌの社会組織が父系出自であることについてはすでに渡辺（Watanabe 1964a）により明らかにされている。そこで、ここでは狩猟採集社会における生存のための単位である生計単位という視点（Irimoto 1981；1987a：121-130；2004c；煎本 1996b：118-125；2007e）から、アイヌの集団構造について明らかにする。ここでは家計単位、地域単位、地方単位という3つの生計単位を区別し、さらにその上に文化単位を設定する。アイヌの最小の基本的な生計単位は基本（核）家族から構成される家計単位（domestic unit）である（煎本 1987a）。この上のレベルの生計単位は地域単位（local unit）である。共通の祖印を有する男たちを通して父系的に結ばれ、婚姻後父方居住の規則により一定の居住地を形成し、漁撈、狩猟活動の生計単位となるものである。これはコタンの長（コタンコロクル）により統率される社会・政治的集団であり、渡辺の local group（小地縁集団）に対応するものである。なお、沙流川流域においては、この地域単位は複数の父系出自を含むことがあり、また地域単位ごとに占有的領域が認められるなど、集団の出自構成や領有性には地域的差異が見られる（Irimoto 1992b）。

　また、地域単位はカナダのトナカイ狩猟民である北方アサパスカンの狩猟単位、あるいはシベリアのトナカイ遊牧民のコリヤークに見られる遊牧単位に相当するものである。しかし、これらの生計単位が共系出自集団であるのに対して、アイヌの地域単位は父系出自に基づき、定住性がきわめて高い。この地縁原理の特徴に基づいて、ここでは狩猟や遊牧という生計活動の種類を冠するのではなく、地域単位と呼ぶことにする。なお、定住化の主要因は川を毎年定期的に溯上するサケの漁撈活動にあり、父系出自は各々の地域単位のコタンの長の管理のもとにある産卵床の相続によるものである。したがって、狩猟

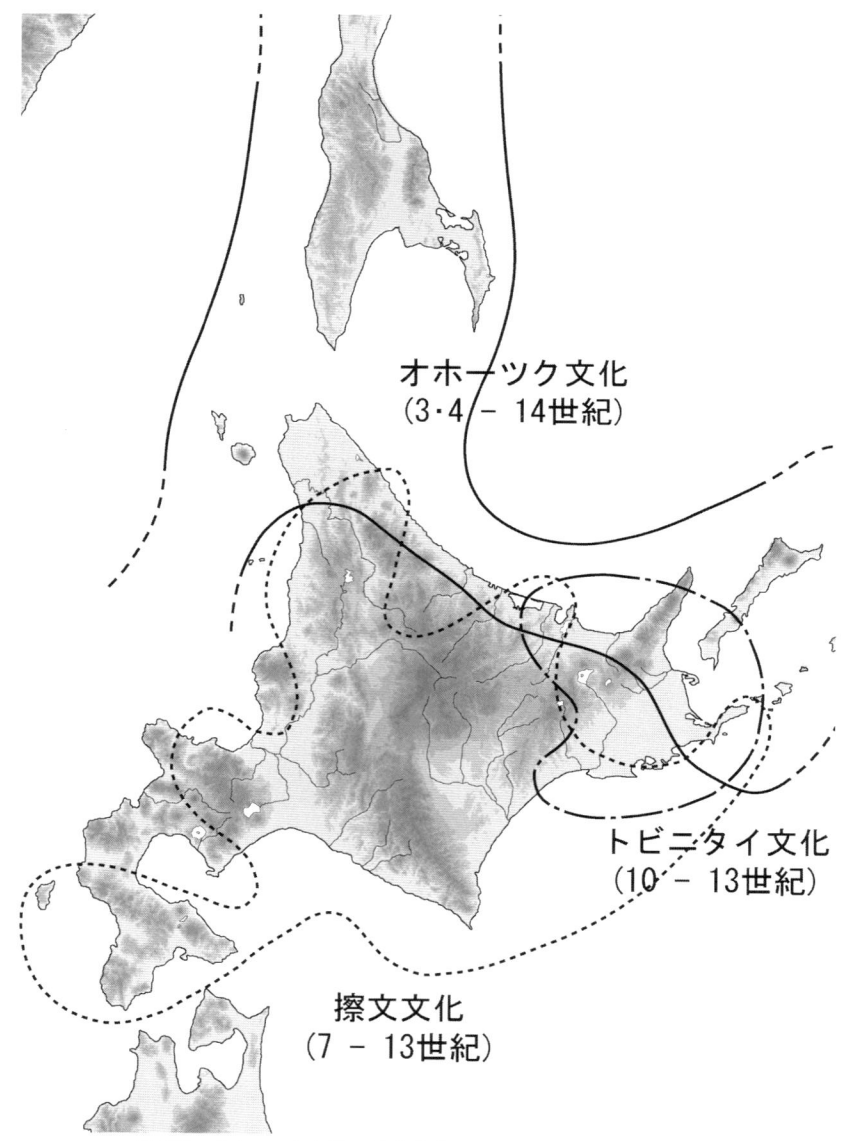

図22 オホーツク文化、擦文文化、トビニタイ文化の空間分布
(菊池(1995：383)；野村、宇田川(2004：4-5)；宇田川(1988：307) を改変して作成)

採集社会に見られる離合集散を伴う共系出自集団の実践であるキャンプ（煎本 1996b：123）が、地域集中型の安定的資源によって定住化し、その継承のために父系原理を採用し、地域単位を形成したと考えることが可能である。

　さらに、この上の単位として地方単位（regional unit）をあげることができる。これは複数の地域単位が川筋を中心にした共通の地方を占有する集合体である。すなわち、地域単位が川筋に沿って、新たな地域単位を作りながら拡大したものであり、父系出自により結ばれることになる。地域単位が限定的父系出自集団であるのに対し、地方単位は拡大的父系出自集団であるということができる。これは、渡辺の川筋集団に相当し、この中に1つあるいは複数のシネイトクパ集団（共通の祖印を有する男の構成員から成る集団）を含むことになる。このシネイトクパ集団が熊祭りを行なう社会集団となっているのである。シネイトクパ集団は儀礼を通した神々との関係を維持することがその役割であるが、地方単位は領有性を持ち、共同で他の地方集団と対抗し防衛にあたる。これに属する人々は、サルウンクル（沙流の人、sar un kur）のように、地方名を冠した集団としての帰属性を持つ。これは、集団構造という視点から見れば、北方の季節移動性の大型動物の狩猟民であるカナダのアサパスカン・インディアンに見られる秋のトナカイ狩猟のための500人規模の大キャンプに相当すると考えて良いかも知れない。この大キャンプは理論的には拡大共系出自集団の一時的集合ということになるが、定住性は持たない。これとは対照的に、アイヌにおける地方単位は定住性と父系出自の原理により、拡大した地域単位が河川を中心に定住化し、その領域を占有した結果、形成されたものと解釈することができるのである。

　なお、アイヌ社会には父系出自の原理とともに母系出自の原理がある。これは母系を通して女の成員だけに下帯（ウプショル、upshor）の形式によって伝えられるもので、祖印が父系を通して男の成員だけに継承されるのと対照的である（瀬川 1952/53；1953；1972；杉浦 1952/53；1955）。これには、婚姻規制が関係しており、母と同じウプショルを持つ女、すなわち母方の平行イトコとの結婚が禁じられている。結果的に、母系出自による外婚制が存在するということになる。もっとも、交叉イトコ婚の優先という制度は報告されておらず、出自集団を単位とした集団間の規則的婚姻関係は形成されていないことになる。

しかし、女を婚出させた地域単位に対してその子孫の女をかえしてもらうアイヌホシピレ（ainu hoshi pire）、または、アイヌウタサレ（ainu utasare）と呼ばれる習慣があり、これは女の系統が絶えないようにするためと説明されるという。

　もし、地域単位が1つの父系出自集団で構成されている場合を想定すると、母系出自に基づく外婚制によりながら、結果的には地域単位と結びついた限定的父系出自集団間において限定交換の関係が形成されているということになる。また、結婚を通した限定交換の関係は、同じ父系出自集団から成る地域単位のみならず、異なる父系出自集団によって構成される地方単位に属する地域単位との間にも広がることを可能とする。熊祭りに、シネイトクパ集団以外の婚出先の娘の婿が客としてやってくることがあるというのは、実際にこれが行なわれていることを示すものである。したがって、人の移動という観点からいえば、結婚後の父方居住規則により、男は地方単位内に留り、女はこれを越えて（おそらく次に述べる文化単位をその外延として）散拡することが可能であるということになる。

　最後に、生計活動とは直接結びつかないが、地方単位を越える文化単位が認められる。これは文化的差異や方言により相互に認識、区別され、おそらく婚姻の範囲の外延となるものであろう。たとえばサルウンクル（沙流の人）はその東南の方にある集団をメナシクル（menas un kur、東の人、静内・釧路地方の人）と呼び、また西の方にある集団をシュムクル（sum un kur、西の人、有珠・虻田地方の人）と呼んで区別する。これらの人々の集団の範囲は明確ではないが、それぞれ、釧路地域を中心とする文化的地域的差異を持つ集団と、内浦湾地域・石狩地域を中心とする文化的地域的差異を持つ集団を含んでいる。この文化単位は文化的帰属性の基盤となり、相互に対抗的関係にある。幕藩体制下において、地域単位としてのコタンの長を乙名、そのうちの序列の最も高いものを地方単位、あるいは複数の地方単位の最有力者とし惣乙名の役名を与えたが、抗争に際しては文化単位を背景に、その中で連合し、他の文化単位と敵対するという状況が見られるのである。もっとも、文化単位は政治的、経済的機能は持たない。

　以上述べたように、位相3においては、子グマの役割の変化が見られることになる。価値財としての子グマの毛皮、胆のうは交易経済の中で依然認められ

るが、その役割は相対的に減少し、むしろ熊祭りが威信や集団のリーダーシップの獲得という社会的役割を果たすことに伴ない、子グマは熊祭りの実行のために必要な道具立てとなり、子グマは熊祭りの場における社会的価値となったのである。もっとも、このような現実の社会的誘因があるにもかかわらず、熊祭りの儀式次第はアイヌとカムイとの間の初原的同一性と互恵性、すなわちクマである神の訪問、贈り物の交換、そして神送りという理念を中軸として構成されているのである。

4　位相4：文化復興

　位相4は熊祭りの従来の狩猟儀礼としての意味の変化と文化復興運動を通した熊祭りの復興である。1868年に明治新政府が樹立され、大正時代（1912 – 1926年）を経て1945年（昭和20）の太平洋戦争終結に至る78年間は、日本における近代国家創出の時代であった。その後、戦後世界の2極対立構造が崩壊し、20世紀が終わる2000年までの55年間の時代は日本にとっては新しい民主主義体制のもとでの社会と経済の復興の時代であった（煎本2007a：7-8）。

　北海道においては、明治政府による開拓使の設立が1869年になされ、北海道土地売貸規則・地所規則（1872年）および北海道地券発行条例（1877年）が制定された。アイヌは徳川幕府が蝦夷地（北海道）を直轄し、農耕を導入する1799年以前よりすでに粟、稗等の栽培作物による植物栽培を行なっていた。明治政府はさらに1885年から1890年にかけて、勧農策のもとにアイヌに対して大規模な農耕の奨励事業を行なった。この結果、アイヌは政府によって支給された農具と種子を用い、給与地において農耕に従事することになる。1894年には農地のみならず保留されていた土地が地券発行条例に基づいて認められた。1899年には北海道旧土人保護法が制定され、さらに、1997年にはこの廃止とこれに代わる「アイヌ文化の振興並びにアイヌの伝統等に関する知識の普及及び啓発に関する法律」という新しい法律の制定がなされることになる。

　実際のところ、生態的基盤は1868年以後、商業的狩猟、漁業、本州からの移民による農業、牧畜という新しい生計活動と新しい農作物、家畜動物により、急激に変化していた。主要な変化の方向は狩猟、採集、漁撈から農耕への変化であった。この間、アイヌの人口統計は明治以前の1808年から1873年にかけ

図 23　アイヌ人口の歴史的変化

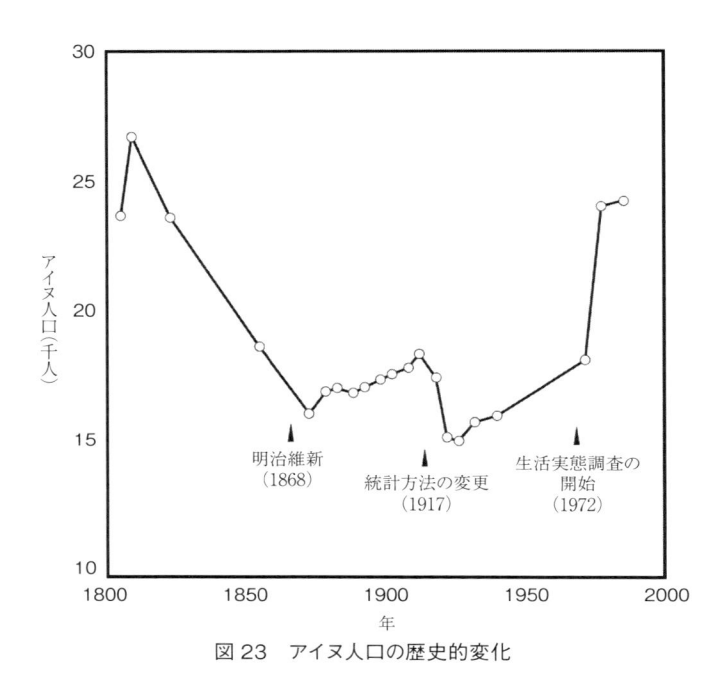

ての文化接触による初期減少を経て、1873 年から 1913 年までの間、わずかな増加傾向を示し、1913 年から 1926 年までの統計方法の変更による数値の減少を経て、1926 年から 1986 年まで急激な増加を示している（図 23）。最近の時期において、人口は 1926 年の 15,247 名から 1986 年の 24,381 名に増加している。特に 1972 年の 18,298 名から 1986 年の 24,381 名の間には急激な増加が見られる。これは 1972 年に始まったアイヌの生活実態調査とウタリ福祉政策が影響を及ぼしたものと考えられる。もっとも、この人口増加にもかかわらず、アイヌは現代日本における少数集団にとどまっている。1854 年において、アイヌは北海道人口の 17.9 パーセントを占めていたが、明治以後の本州からの移民の増加により、1986 年においてアイヌ人口は北海道全人口の 0.43 パーセントを占めるに至り、同時に日本の全人口の 0.02 パーセントを占めるのみとなっている（煎本 1999：192-194；Irimoto 1991）。

　このような 19 世紀後半から 20 世紀末に至る社会的、経済的変化の中で、熊祭りの意味は変化し、興行、観光、記録のための復元、そして、次節で詳細に

分析するように、文化復興運動（相賀 1985；佐藤 1979；財団法人アイヌ民族博物館 2003）を通した伝統文化の継続と民族的帰属性（エスニック・アイデンティティ）の表明として行なわれるということになる。ここでは、狩猟の行動戦略としての意味や、伝統的な社会的役割は終わり、伝統的アイヌ文化の象徴としての熊祭りの新たな意味が作り出されることになる。これは、新しい社会的状況に対応した熊祭りの意味の変化と捉えることができるかも知れない。

　以上、アイヌの熊祭りの動態について4つの位相を述べた。すなわち、狩猟された野生のクマの送り儀礼としての位相1から、子グマ飼育の開始と狩猟の積極的行動戦略としての熊祭りとなる位相2、社会的意義が増大し、熊祭りが展開、確立する位相3、そしてアイヌ社会の変化に伴なう熊祭りの意味の変化と文化復興という位相4が認められた。同じアイヌの熊祭りという体系でありながら、それぞれの位相はその意味も内容も異なり、時間的、空間的差異を作り出しながら、それぞれの時代における生態、社会に対応し、さらにはアイヌ文化そのものを形成し、アイヌ世界を祭りの中に演出、活性化しながら、生成、発展、変化してきたことが明らかとなった。この人間活動を通した体系の連続的変化の過程こそが、アイヌの熊祭りの動態である。したがって、この章のはじめに述べた人間活動系の自然誌パラダイムという視点から見れば、この動的体系の全体をアイヌの熊祭り動態系（Ainu bear festival dynamic system）として提示することができるのである。

第7章　熊祭りの復興

　2005年、北海道南西部のある小さな町で、アイヌの熊祭り——2種類ある熊祭りのうち、飼育された子グマの送り（イオマンテ）ではなく、狩猟によって仕留められた野生のクマの送り（カムイホプニレ）——が行なわれた。この熊祭りの復興計画は、当初、1997年に制定された「アイヌ文化の振興並びにアイヌの伝統に関する知識の普及及び啓発に関する法律」（以下「アイヌ新法」と称す）の実施のための指定法人である財団法人アイヌ文化振興・研究推進機構（以下「アイヌ文化機構」と称す）に、アイヌ文化の保存、記録を目的として助成金の申請を行なったが不採用となったものであった。その結果、熊祭りはクマを仕留めたアイヌの狩猟者の1人が後援者となり、町の役場の生活相談員が連絡、調整の役を務め、地域の民族文化保存会が主催して執り行なわれることになったのである。

　じつは、アイヌの伝統文化の復興はこれが初めてではない。1899年に始まるアイヌの政治運動は1960年には冷戦構造の中での革命運動と結びつき力を強めるが、1984年には民族的自立を求める方針を打ち出し、国際的な土地固有の人々の運動を背景に加速される。特に1960年以後の政治運動は文化復興運動と結びつき、1997年には「アイヌ新法」が制定され、アイヌ文化の振興、普及、啓発を目的とする予算が毎年計上され、執行されることが可能となった（Irimoto 2000：210；Yamada 2001b：243）。文化復興とは政治的であり、同時に人々の民族的帰属性（エスニック・アイデンティティ）と深く結びついているのである。さらに、伝統文化の復興を通して、新たな文化が創造されたり、民族間における共生関係が形成されることが明らかにされてきた（煎本 1995b；2001；2004d；2007d；2007f；Irimoto 2004b；Irimoto and Yamada 2004；煎本、山田 2007；Yamada 1999）。そこで、本章では熊祭りの復興を事例として、伝統文化の復興をめぐる人の心のはたらきに焦点を合わせ、現代社会において伝統文化がいかに継続し、民族的共生がどのように形成されるのかという過程を体系的に記載、分析することとする。

1　復興の背景

　熊祭りは明治（1868年）以後のアイヌ文化の急激な変化とともに変化することになる。狩猟採集から農耕へという生計活動の転換により、狩猟を通した神々としての動物と人間との間の互恵的関係は失われ、また、アイヌ社会の変化とともに、熊祭りの従来の社会的機能は失われた。もちろん、クマの狩猟そのものは毛皮、胆のうの獲得を目的に、あるいは近年では害獣駆除目的としてわずかに続けられており、弓矢が鉄砲に変わった後も、狩人個人とクマとの間の超自然的関係は維持されていた。したがって、現在でもこの地域ではクマの狩猟の後、殺したクマを腹ばいにさせ、顎の下に木の棒の枕を置き、左に3か所、右に2か所あるいは5か所の刻み目をつけた簡単な幣（イナウ）を口にくわえさせる。そして、解体の時に神に簡単な感謝の祈りをして、幣を東の空に向かって投げるという狩猟現場での簡単な送り儀礼が行なわれる。さらに、家に持ち帰った後、たたんだ毛皮の上にそれとつながったままのクマの頭部を乗せ、その前に人間からの返礼である幣、酒、団子、果物、菓子、汁などの食事を並べ、歓迎と送りの儀礼が行なわれる。しかし、この簡単な送り儀礼に参加するのは、狩人とその家族など、少人数に限られていた。

　また、飼育された子グマの送り儀礼はたとえそれが行なわれることがあったとしても、その本来の目的は失われ、観光、もしくは記録のために形式的に行なわれるというように変化することになったのである。じっさいに、明治以後、熊祭りが行なわれた事例を新聞記事（北海道ウタリ協会アイヌ史編集委員会 1989）から見ると、1881年から1985年までの104年間に計125件の熊祭り、イオマンテに関する記事があり、この中で、熊祭りが開催された記事は58件、重複記事を除いた熊祭りの件数は41件となる。開催場所は樺太が8件、北海道が30件、本州が1件、外国（米国を含む）が2件となっている。北海道においては、旭川5件、札幌3件、白老、小樽、平取各2件、その他各1件と不明7件を含む。時代的変化としては、戦前の1910年代から1930年代において樺太各地における熊祭りが見られ、祭典と熊祭り仮装の広告、入場券、視察団の無料優待などの記事から、伝統行事が興行化していく様子がうかがえる。同時期、北海道においても多くの記事が見られ、樺太を合わせた全体の件数は

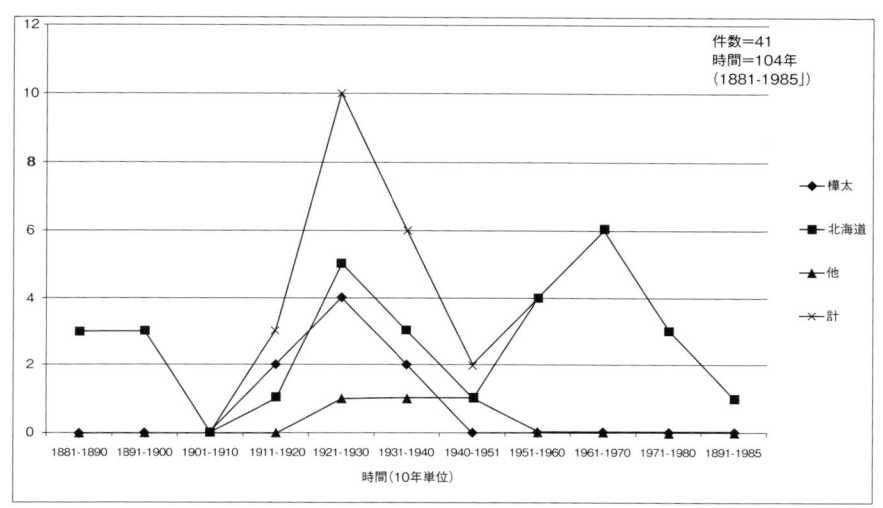

図 24　時代ごとの新聞記事による熊祭りの開催件数

1921-1930年の10年間で10件であり、時代の流れの中でもっとも高いピークに達している。また、1941-1950年は戦中、および終戦直後のため開催件数の減少が見られ、10年間で2件となっている。なお、このうち1件は戦後の本州への興行を含んでいる。後述するように、1955年の動物愛護協会の抗議を受けての知事名による熊祭り禁止の通達があるが、芸能としての観光行事、伝承保存、記録を目的として継続し、1961-1970年の10年間で6件と戦後の第2のピークを迎える。しかし、その後、減少するに至っている(図24)。また、その内容も、特に、1955年以後は観光行事として行なわれる際には子グマを殺すことなく、形式、歌、踊りのみからなる公演へと変化している。

このような状況のもと、1997年にアイヌ文化の振興と伝統的知識の普及、啓発を目的とする「アイヌ新法」が制定され、「アイヌ文化機構」が設立され実施のための指定法人となった。そこで、2005年に熊祭りの復興が、北海道南西部のある小さな町において計画されることになったのである。

2　復興の動機

文化復興の動機は民族的帰属性にある。この熊祭りを実質的に執り行なったP氏はこのクマを仕留めたハンターであると同時に、社団法人北海道ウタリ協

会の理事であり、熊祭りの復興が行なわれた前年にはこの地区の支部長にも就任している。さらに彼はアイヌ文化機構の理事であり、また、建設会社の社長でもある。私の、なぜこの儀式が行なわれたのか、という質問に対して、P氏はアイヌ文化機構への文化復興のための補助金の申請が却下されたという事実を述べたあと、本当のアイヌの伝統文化を継承するのであれば、実際に子供の頃から、物心のつく4,5歳の時から見て来たクマ送りの儀礼というものを積極的にやらしていただいて、これを後世に伝えていきたい、やっぱりアイヌが本当にやってきたことだから、と語る。これは、彼らが文化復興に関してしばしば一般的に述べるように、「自分たちの祖先の伝統を受け継ぎ、次の世代に伝えたい」という確固たる信念であり、民族的帰属性の表明でもある。

　伝統文化の復興における第2の動機は、集団による力の獲得である。ここでの集団とはかつてのアイヌ社会内部において、1つの河川を中心とした地方を領有して居住するという定住原理によって形成された地方単位さらには地方単位内における父系出自に基づくシネイトクパ集団を意味する。現在、かつての父系出自集団は強い力を持ってはいないが、家系の系譜はあり、地方単位とともにアイヌ社会内部の集団帰属性の基盤となっている。さらに、この地域は大きな文化的、方言的差異のみられる2系統、すなわち、東部のメナシクルと呼ばれる人々と西部のシュムクルと呼ばれる人々との境界地帯である。したがって、ここでの家系の違いというのはさらに大きなこれらの系統の違いをも反映していることになる。

　熊祭りはアイヌの儀礼の集大成であり、そこには伝統的な食事の準備や幣の制作に始まり、クマの屠殺と解体、拝礼、神への祈り言葉、捧酒を伴なう神送りの儀式、そして歌、踊り、ユーカラの語りなど、アイヌ文化のすべてが含まれている。したがって、現在、熊祭りを復興し、実行するということは、その集団に伝統文化を継承する力があるということの証となり、そのことは同時に、自己の集団の連帯を強化するのみではなく、他の集団に対する力の誇示ともなるのである。

　第3の動機として考えられるのはクマである山の神（キムンカムイ）への信仰である。P氏との対話を通して、狩人としてのP氏が山でクマを獲った後、簡単であってもホプニレ（野生のクマの送り儀礼）を行なってきたことが明ら

かになった。彼は「アイヌのハンターは必ず神様にお祈りをするホプニレを行ない、盛大な祭りはやらないが、山の神はきちっと形通りのことはしてもらっている」、と語る。そして、「この熊祭りの復興に関しても、今回はやっぱりきちっと、儀式にのっとって、ある程度はわかった人間がいるから、やろうということで行なったのだ」、と語る。したがって、熊祭りの復興の背景には、クマに対する信仰があり、そのために普段行なっていた簡単な儀式ではなく、今回は正式な熊祭りを行ないたいとの動機があったと考えられる。

　このことは、じつは、今回の熊祭りの復興に最終段階で参加し、自分の子供の頃の経験に基づいたさまざまな知識を提供した古老のＳ氏の語りからもうかがい知ることができる。Ｓ氏は、クマ送り儀礼について、やってみたいという思いはあったのか、との問いに、「思いがなかったというと嘘になります、山に入っている人間というものはハンターであれば、私も昔はハンターやってましたけれど、その思いはやっぱり離れなかった、だから、社長（Ｐ氏）と２人で山（を）歩いていても、この気持ちはやっぱり忘れないから、シカ獲って肉もらっても（「もらう」という表現は神（カムイ）から肉をもらうという意味。著者注）、うちに帰ってきたら、火の神さんに１切れでも肉をあげるのだ」、と答えている。

　もっとも、Ｐ氏やＳ氏のクマへの信仰が熊祭りの復興の直接の動機になったかというと、必ずしもそうとはいえないかも知れない。その理由は、いつも人間の身近にあり人間を見守ってくれるアペフチ（炉の媼）と呼ばれる火の神に対する信仰が親しみと信頼に基づいていることと比較して、クマである山の神への信仰はもっと厳格で、もし神に対する作法を間違うと、神は怒り、人間に対して厳しい仕打ちがなされるという畏れの気持があるからである。この熊祭りの復興を通しても、軽々しく熊祭りなどするべきではないという、彼らの山の神に対する畏怖の気持が見て取れたのである。したがって、山の神は現実のクマがそうであるように、彼らにとって畏敬の神なのである。

　じっさい、クマに対する信仰が動機なのではないか、との私の問いに、この熊祭りの復興活動を支えた町の役場の生活相談員で、北海道ウタリ協会地区支部事務局、地域の民族文化保存会事務局のＲ氏は、「精神としては受け継がれていたようではあるが、Ｐ氏と色々話をした中でも、そのような気持を正直

なところ汲み取ることはできなかった」、と述べる。そして、ちょっとがっかりすることかも知れないがと前置きして、そもそもこの熊祭りの復興は最初にクマありきだったのだという。つまり、猟友会に所属していたP氏が去年の有害駆除時期に目の前に出てきたクマを単独で獲った。通常ならば、一般の人もハンター仲間に加わっているということで猟友会の方式で簡単にクマを送ることになるのであるが、この機会に正式なクマ送りをしようということになったという。当初は、イオマンテ（飼育された子グマの熊祭り）を再現したいということで相談があった。しかし、R氏の考えるところ、狩猟で獲ったクマを飼グマ送りである熊祭りの再現に使うというのは、アイヌの精神として違うのではないかと判断し、山猟のクマ送りであるカムイホプニレで行なうことにしたという。すなわち、まずクマがあって、その後、これを伝承活動にしたいということだったというのである。

　もっとも、アイヌ文化機構への補助金の申請が却下された後も、計画を中止し冷凍保存されていたクマを廃棄することはなかったことも事実である。自分で費用を負担してまで熊祭りを行なった背景には、やはりクマに対する何らかの思い——それはP氏個人のクマに対する畏怖の感情、あるいは、クマ送り儀礼なしに廃棄することは許されないとする他のアイヌの人々のしきたりという伝統的社会規範——が働いたかも知れない。このことを別の角度から見れば、もしクマである山の神を粗末に扱えば、わざわいがあるという否定的な行動規範、すなわち禁忌に基づいた否定的な動機により、事ここに至っては今回の熊祭りの復興を行なわざるを得なかった、という解釈が成り立つかも知れない。

　以上見てきたように、熊祭りの復興の動機は民族的帰属性の確認と、集団における力の獲得さらには、神（カムイ）への信仰であり、具体的な目標である伝統文化の継承に向かって行動が方向づけされていることが明らかとなる。

3　復興における葛藤

　今回の熊祭りのような大きな行事を行なうためには、少なくとも1ヶ月以上前から段取りをしておく必要があった。申請がはねられたとしても、また保存会に名前を借りることにしたとしても、支部長であるP氏を中心に地区支部を主体としてやるということは決定していたので、7月3日には熊祭りを予

定通り行なうことにした、という。なお、この間、クマは市場の冷蔵庫でマイナス28度で冷凍保存され、熊祭りを行なう前に1週間かけてプラス6－7度で自然解凍された。

　熊祭りの復興のための補助金の申請が不採択となった理由の1つには、飼グマ送りの儀礼において子グマを矢で射殺し、あるいは2本の丸太の間に首を挟んで窒息死させることが残酷であるという印象を一般社会に与えるということがあったのではないかと考えられる。じっさい、1932年（昭和7）には英国国教会の宣教師でありアイヌの言語学者、民族学者であったジョン・バチュラーは子グマを絞め殺すのは残酷で、不快で、下品な儀式であり、これに関して良いことは何もないと述べている（Batchelor 1932：41）。また、1925年（大正14）には、彼は新聞紙上で熊祭りには反対であることを訴え、これをめぐって議論がかわされている。さらに、戦後の1951年（昭和26）には、動物愛護協会の外国人会長は熊祭りを止めるべきであることを北海道知事に陳情し、熊を殺すことの是非をめぐって、残すべき宗教儀式であるのか、観衆の面前で殺すことの残酷性ゆえに止めるべきであるのかについて、新聞紙上での議論が行なわれている。同時に、1951年には動物虐待禁止に関する法律が国会に提出されることが報じられ、1952年にはアイヌの歌や踊りを永久保存すること、また熊祭りを近代舞踏化することなどが新聞紙上で提案されるに至る。

　そして、1955年には熊祭りの禁止が北海道知事名で通達された。新聞記事によれば、アイヌ民族の宗教儀式として存在していた熊祭りが戦後次第に残酷性を売りものとする見世物化して、日本動物愛護協会の抗議をはじめ、一般の人々の間にもとかくの批判が高まったため、「1. 生きたクマを公衆の面前に引き出して殺すことは同情博愛の精神に反するヤバン行為であるから廃止しなければならない、2. クマが野性をあらわして飼育困難になったり、また食用に供するため殺さなければならない場合は一定の場所で行なわれるように措置し、3. 熊祭りの行事中に行なわれるクマのサラシ首についても、廃止しなければならない」との知事通達が各市町村長、支庁長あて出された。この後、1956年には、「木彫のクマで「イヨマンテ」、残酷な姿が消える、将来ははく製、生き返る無形文化財」との新聞記事が見られることになる。

　ここに、熊祭りにおける「残酷性」をめぐる問題については一応の決着を

見たことになるかも知れない。しかし、今日でも「残酷性」については、動物愛護団体からの強い抗議が続いている。今回の熊祭りの復興の申請に関しては、クマはすでに死んでおり、問題はないようにも思えるが、このような背景から、現代社会の中で再度、アイヌ文化が「残酷」であり「ヤバン」であるとのイメージを持たれることが危惧されたのではないかと考えられるのである。

　R氏は、昔からの殺し方が現代社会において残酷だという見方になるのは仕方がないが、その中で、どのようにして伝統文化を理解させるかという部分が大きなネックになる、とこの問題を位置づけている。動物愛護団体からの抗議が文化復興の障害となっているということは、じつはアイヌの伝統文化が現代社会に適合するかどうかという問題であり、それが適合しないならば、異文化理解が行なわれていない、あるいは理解はされるが許容されないということを意味することになるからである。

　さらに、今回はすでに死んだクマを使用するにもかかわらず、申請が不採択となったことを考えれば、これ以外の理由もあったかも知れない。この地域は山が近いため、山で獲ったクマを村まで下ろし、そこで、飼グマ送りと同様の熊祭りを伝統的に行なっていたのであるが、P氏によればアイヌ文化機構の関係者はホプニレは山でやるものだと、アイヌの儀式をよく理解していないとされる。さらに、熊祭りの復興は地方単位の力を計るための重要な指標となるため、地方単位間での対抗意識が働いたのかも知れない。

　また、じっさいの文化復興の実践に際しても、さまざまな葛藤が見られた。その背景には、アイヌ自身の熊祭りに対する抵抗感と、人々の非協力があった。熊祭りは神送りの中でも特殊であり、昔から、いい加減な形で送ると誰かが道連れにされるといわれている。また、人によっては熊祭りをすれば、必ず道連れが出るともいい、あるいは送った人々に対して直接返ってくるともいう。その結果、人々は、「神（カムイ）を送るのは生半可な気持ではできない」という言い方をして、儀式そのもののみならず、行事自体に積極的に参加してくれないという。

　さらに、熊祭りへの参加に対する人々の非協力は、怖れからだけではない。地方単位内の個人間の対抗関係がもう１つの原因となっていると考えられる。アイヌ社会は本質的に平等主義的傾向を持ち、政治的力の獲得は競争的である。

熊祭りの開催は、主催者がどれだけ人を集めることができ、どれだけの経済力があるかを誇示する場となるため、地方単位間においてと同様、地方単位内の地域単位間、あるいは異なる家系間において競争的にならざるを得ないのである。

　今回の熊祭りの復興においても、参加しなかった人々の中には、参加した人々よりも少なくとも熊祭りに関する知識と体験を持った人々がいたはずである。彼らが、「神を送るのは生半可な気持ではできない」と不参加の理由を述べる気持の中には、政治的意味が含まれていたかも知れない。誰が祭司となり、誰が主催者となるのかということは、政治的問題なのである。アイヌ社会においては、伝統的に、祈り言葉や儀式次第という儀礼に関する知識、すなわち、神々と人間との間のコミュニケーションの方法を有し、これを実践できる人が長老（エカシ）であり祭司となった。儀礼は単なる儀式ではなく、アイヌの日常生活を支える超自然的手段であった。

　したがって、儀礼に関する知識は政治的力の獲得のための要件となっていたと考えられる。熊祭りに参加しなかった人々の中には自分の祖先から継承した独自の知識を有している人もおり、それにより自分がしかるべき政治的地位を与えられると判断しないかぎり、個人差や程度の差はあったとしても、利他的に知識だけを提供することはないかも知れない。また、本来の熊祭りが共通の祖印（シネイトクパ）を有する父系出自集団によって行なわれたことを考えると、主催者側も異なる家系の人々の参加には消極的であったかも知れない。このことは、結果的に伝統文化の復興に際して情報の欠如として現われてくることになる。

4　葛藤の解決

　最初の葛藤は熊祭りの復興のための補助金の申請の採否をめぐるものであった。熊祭りの「残酷性」をめぐる議論は今回新たに始まったことではなく、すでに長い歴史を持っている。「本物」の伝統文化の継承という復興の方針と、それが現代社会に許容されるか否かということは、しばしば相容れない関係にある。復興の過程で文化適合が可能であれば復興可能な文化要素となるし、不可能であれば復興が困難な文化要素となる。今回の熊祭りの復興に関しては、

おそらくこの基準に合わず補助金は得られなかったものの、P氏が後援者となり熊祭りは可能となった。また、支部の予算もなかったため、主催は地区の民族文化保存会としたが、祭司、副祭司、手伝いの女の人たちへの謝礼も含めてかかった費用はすべてP氏個人が出したという。彼は、建設会社の仕事もやっているから何とかできるのだ、と語る。もっとも、クマを仕留めた当人であり、北海道ウタリ協会地区支部長という現代に引き継がれる地方単位のリーダーとしてのP氏が、自費をもって熊祭りを執り行なうことは、威信と富の交換という意味でむしろ本来のアイヌ社会の伝統ともいえよう。

　熊祭りの復興にとっての情報の欠如は、この地域において伝統文化の知識を持つ人が現在ほとんどいないことによるものであった。このため、R氏は情報を収集すべく白老のアイヌ民族博物館の学芸員、札幌の北海道立アイヌ文化研究センターの研究員たちの助言をもとに、名取武光著作集『アイヌと考古学』を最初に参照したという（1986年出版の本書には「イオマンテ（アイヌの熊祭り）の文化的意義と其の形式（一）、（二）」が収録されている。なお、本論文の初出は犬飼哲夫、名取武光（1939；1940）による同名の論文。著者注）。しかし、この論文にはイオマンテとカムイホプニレの中身の違いが出ていなかったため、アイヌ民族博物館に再度、助言を求めたところ、博物館で1989年（平成元）にイオマンテの復元をやっており、その資料とビデオテープを借りることができたという（白老アイヌ民族博物館で出版されたイオマンテの記録の文献は、財団法人アイヌ民族博物館、2003年『伝承事業報告書2　イオマンテ―日川善次郎翁の伝承による―』。著者注）。

　さらに、R氏は名取武光氏の著書において、カムイホプニレは簡略的なものであるということと、ウンメムケ（頭の飾りつけ）から先は決して省略しないという記述に着目し、白老のイオマンテの流れの中でカムイホプニレにも共通すると思われる部分をそのまま転用したという。祈り言葉も、白老のイオマンテで記録されているものを基礎に、イオマンテという部分をカムイホプニレと直し、神々の名称をこの地域独自の神々の名称に変更するなど部分的な手直しを行ない原稿を作ったという。もっとも、これは、白老でのイオマンテが日高、胆振地方の伝統に基づくものなので、この地域の伝統とは若干異なるものとなっていると考えられよう。しかし、当初、全く情報が手に入らなかったと

いう状況のもとで、R氏はP氏を支部長とするウタリ協会地区支部、Q氏を会長とする地区の民族文化保存会の3者で話し合い、全体を組み立てたという。このようにして、熊祭りの儀式次第の全体的な骨格ができたのである。

ところが、熊祭りの当日、S氏というこの地域の熊祭りをじっさいに経験したことのある数少ない古老の1人が新たに参加したのである。彼は準備の段階では参加しておらず、彼のことはR氏にも伝えられていなかった。そして、S氏が入って儀式をじっさいに進めてみると、やはりこの地域独自のやり方があり、それは白老とは違うという話になったという。たとえば、1番大きな違いは、ウンメムケという頭の解体と飾りつけを、家の中ではなく外でやることだったという。そこで、R氏は急きょこの部分を変更したという。さらに、当初R氏はカムイホプニレは1日で終わらせるものだと思っていたが、飾りつけられた頭骨を1晩家の中に置くということがわかり、2日間かかることになったという。したがって、この地域ではカムイホプニレは、むしろイオマンテ（飼育された子グマの熊祭り）に近い形でやっていたらしいことが明らかになったのである。

このように、熊祭りを過去に経験したことがあり、若干でも事情のわかる人が来ると、当初の計画とは異なる部分が出てくる。しかし、R氏は当初の手順とは、ずれる部分はあるが、地元の人がこうだというものがあるならばそれが間違いないので、方向修正をちょっとかけながら行なったという。このように、新たな協力者の出現により、本人の経験に基づいたこの地域独自の情報が儀式次第の全体の骨格の上に加えられ、より正確な熊祭りの復元が可能となったのである。

5　熊祭りの実践

ここでは、熊祭り復興の経緯をふまえて、熊祭りがどのように実践されたのかを、具体的なフィールドでの観察に基づき記載する。まず、熊祭りの儀式次第、活動者と役割について整理し、白老において復興された飼グマ送りと大きく異なる点を示し、この地域において今回復興された山で狩猟されたクマの送り儀礼のいくつかの特徴を明らかにする（表8）。さらに、R氏による熊祭りの復興の指導、新たに参加したS氏の指導という実践的側面に焦点を合わせ、

表 8 山で狩猟したクマの熊祭りにおける儀式次第

1 日目 (2005.07.03.)

時刻	儀式次第	活動者と役割	備考
910	儀式開始の神祈り (カムイノミ)	Q氏 (祭司), T氏 (副祭司), U氏 (副祭司), P氏 (祭主), S氏を含む男7名, 女4名	
924	火の神 (アペフチカムイ) への神祈り	Q氏 (ノート見ながら)	
	家の神 (チセコロカムイ) への棒酒	P氏	
	炉鉤, 炉棚への棒酒	女1名	
	祭壇 (幣檀, ヌサシン) の神々への棒酒	P氏, Q氏, 他の男	
933	クマの解体	Q氏, T氏, 他の男7名, 女4名	S氏によればここで火の神への神祈りは必要ないとのこと
	クマの前での解体の神祈り	T氏 (後, クマの解体前の神祈りに合流)	
	祭壇左前方での北に向いての火の神への棒酒	T氏, S氏が他の男に解体の方法を指導 男7名 T氏がS氏に質問, S氏は積極的に解体作業にかかわり, 他の男に指導	
	クマの解体	S氏, 他の男	解体現場 (東窓の下) から家屋の入口のある南側を通り, 西南の調理場に運ぶだが, S氏によると本来は家屋の裏側をまわって運ぶべきとのこと.
	肉を調理場に運ぶ	地区支部の女性会員が中心, R氏	
	肉の料理		
955	山の神 (クマ) を迎え入れる	S氏, 男1名	
	頭部を乗せて毛皮をたたみ, 神窓から家屋内に迎え入れる		
1001	山の神を迎え入れての神祈り	S氏が説明, 指示, Q氏 (ノート見ながら)	
	火の神への解体終了の報告の神祈り		
	山の神への棒酒の神祈り		
	山の神の守護を火の神へ願う神祈り		
1014	クマの頭部の飾りつけ (ウンメムケ)	S氏が飾りつけの方法を指導 男5名, T氏がS氏に質問	白老の胴クマ送りでは頭部の飾りつけは室内で行なうため, 頭部を屋外には出さないが, S氏によればこの地域では外で行なうとのことで当初の予定を変更して, 頭部を外に出した.
	頭部を神窓から屋へ出す	S氏	白老の胴クマ送りでは外で頭骨を掲揚するのは祭場に立てて送る直前だが, ここでは飾りつけと同時に叉木に固定した.
	皮, 筋肉を取り, 頭骨 (ペラット) のみにする. 木製皿で脳を取り出し, 頭蓋内, 眼窩に削り花 (イナウキケ) をつめる.		
	叉木 (バッカイニ) に頭骨を掲揚, 横木ともひで固定. 叉木の両角に木幣 (バッカイナウ) をつける.		
1045	飾りつけられたクマの頭骨を神窓から屋内に入れる	S氏, U氏, Q氏	白老の胴クマ送りでは飾りつけは室内で行なうが, ここでは東窓の外で行ない, 再度, 屋内に入れた

第7章　熊祭りの復興

時刻	内容	担当	備考
1050	山の神（頭骨）への供物	Q氏、T氏はノートを見ながら式次第の説明、指示。男12名、女1名	
1100	儀式終了の神折り	Q氏が他の人に、それぞれの人が担当するチセセコロカムイヤワッカウシカムイに、儀式が無事終了したことを告げてくださいと指示する	白老の胴グマ送りでは飾りつけられた頭骨を安置し、火の神への祈りがあるが、山の神の守護を願う神折り、火の神への祈りがあるが、ここでは、儀式終了と同時に各どの祈りがあるが、儀式終了と同時に各人が行なったようである。
	火の神、他の神々への感謝の神折り	Q氏、T氏（ノート見ながら）	
	家の神への捧酒	P氏	
	神折りの道具に拝札、片づけ	Q氏（ノート見ながら）	
	火の神に木幣を捧げる（燃やす）		
1126	終了		
	（インタビュー、昼食、休憩）		
1305	輪舞（リムセ）	S氏が指導と声のかけ方を指導。最初S氏、続いてP氏、Q氏が文木を持って男10名、女8名、子供3名	白老の胴グマ送りでは頭骨と文木を持って踊ることはない、おそらくこの地域独自の習慣。またこの後頭骨と文木は一晩屋内に着物を着せ、一晩屋内に置いた。
	飾りつけられた頭骨と木幣のついた文木を持って中心に右まわりで輪舞	P氏、Q氏、R氏	
1322	終了（神折りはなし）		
2日目（2005.07.04.）			
349	送りの準備	P氏	
	弓と花矢（ヘヘレアイ）の準備	S氏	
	炉に焚き木をくべる（神折りはなし）		
356	山の神（クマ）送り	S氏が指示、P氏が外から受け取り、祭壇に立てる	白老の胴グマ送りでは前日の夜に屋外の祭壇に立てて、屋内に一晩置かない。
	飾りつけられた頭骨と木幣（パッカイイナウ）のつけられた文木を東窓から出し、祭壇の中央に立てる。		
359	花矢を東方の空に向けて祭壇越しに射る	S氏が指示、P氏	
400	祭壇前での山の神への送別の辞	U氏、P氏（ノート見ながら）	
404	頭骨、文木の向きを反転	S氏が指示、男性2名	
407	儀式終了の神折り	U氏がQ氏のかわりに神折りを行なう（ノート見ながら）、S氏は指導	白老の胴グマ送りでは先祖供養（シンヌラッパ）の後、最後の神折りが行なわれる
	火の神への神折り		
410	終了		

写真 26　解体前のクマへの神祈り［煎本撮影 (2005)］

写真 27　屋内の炉と神窓との間の上座に毛皮つきのクマ頭を
迎え入れ、神祈りが行なわれる［煎本撮影 (2005)］

第 7 章　熊祭りの復興　235

写真 28　クマの頭の飾りつけ［煎本撮影（2005）］

伝統文化の継承がいかに行なわれたのかを分析する。

　熊祭りの儀式はクマを狩猟したP氏を祭主とし、この地域の民族文化保存会の会長であるQ氏を祭司に、T氏とU氏を副祭司に、保存会会員を中心とする男7名、女4名により行なわれた。さらに、熊祭りの当日、新たにS氏が参加、協力することとなった。また、北海道ウタリ協会地区支部の女性会員を中心として、屋外にて料理の準備が行なわれた。儀式次第は、火の神への神祈りにより儀式が開始され、屋外でのクマの解体が行なわれた（写真26）。その後、たたんだ毛皮つきの頭部が神窓から屋内に迎え入れられ、炉の上座に安置されたクマの頭部の前で山の神を迎え入れての神祈りが行なわれた（写真27）。その後、クマの頭部の解体と飾りつけ（ウンメムケ）のため、再度、クマの頭部が神窓から屋外に出され、飾りつけの後（写真28）、叉木（パッカイニ）に頭骨（マラプト）を掲揚し、幣（パッカイイナウ）をつけたものを再度屋内に迎え入れた。白老における飼グマ送りでは頭の飾りつけは屋内で行なわれていたが、参加したS氏の記憶により、この地域では屋外で行なうとの指摘があり、R氏たちが当初予定していた次第を急きょ変更したのである。クマの解体の頃から、S氏は積極的に作業にかかわり、T氏の質問に答えながら、儀式次第や方法について指導を行なうこととなった。なお、時系列としては野生のクマの熊祭りのため、子グマの儀礼的屠殺はなく時系列III型（狩猟型）となるが、解体後は頭部

写真29 飾りつけられたクマの頭骨が掲揚された叉木を持って、
全員でかけ声とともに踊りが行なわれる［煎本撮影（2005）］

を屋内に入れ、饗宴が行なわれ、頭飾りされた頭骨を叉木に掲揚し、神送りするという時系列Ⅰ型（沙流型）に近いものとなっている。

　飾りつけられ叉木に掲揚されたクマの頭骨が屋内に迎え入れられた後、もとの進行予定と異なってきたため、Q氏、T氏はノートを見ながら調整をはかり、S氏は山の神への供物等、細かい指示を出すに至った。この後、白老では飾りつけられた頭骨を叉木に掲揚せずに屋内の上座に安置し、火の神に山の神の守護を願う神祈り、山の神への加護を願う神祈りが行なわれていたが、S氏の指示により、火の神とその他の神々への儀式終了の神祈りがQ氏の主導で行なわれた。おそらくS氏の認識ではこれで儀式は一応終了し、あとは輪舞（リムセ）と、翌日、叉木と頭骨を屋外の幣所に立てる神送り儀礼を残すのみという理解だったのであろう。なお、幣所は以前に復元された伝統的なアイヌ家屋（チセ）の東側に開けられた神窓の外に設置されていた諸神を配置したものをそのまま使用し、カムイヌサを新たに作ることはなく、基本型であるS型（沙流型）であった。

　昼食には料理されたクマの肉が出され、その後、屋内で男10名、女8名に

写真30　飾りつけられた頭骨。叉木には飾りつけられたクマの頭骨が掲揚され、着物が着せられる［煎本撮影（2005）］

よる輪舞が行なわれた。S氏の指導により、飾りつけられた頭骨の掲揚されている叉木を最初はS氏、続いてP氏、さらにQ氏がそれぞれ持ち、全員で炉を中心に右まわりで、かけ声とともに踊りが行なわれた（写真29）。白老の飼グマ送り、さらにはほかの地域における熊送りにおいて頭骨と叉木を持って室内で踊るということは一般的には見られない。これはこの地域の特色であろう。

　1日目の夜に、飾りつけられた頭骨を掲揚した叉木が屋内の神窓の横に立てかけられ、着物が着せられて1晩安置された（写真30）。白老の熊祭りにおいては、1日目の夜に飾りつけられた頭骨を屋内で安置した後、叉木に掲揚し、そのまますぐに屋外の幣所に立てている。しかし、この地域においては、叉

写真 31　神送り。幣所にクマの頭骨が掲揚された叉木が立てられ、
送別の辞が述べられ、神送りが行なわれる［煎本撮影（2005）］

木に掲揚され飾りつけられた頭骨は2日目の朝、太陽が昇る前に屋外に出され、幣所の中央に立てられ、東方に向け送られた。この際、山の神に帰る道筋を示し魔を払うため3本の花矢（ヘペレアイ）が、東方の空の方角に、幣所を越えてP氏により射られた。そして頭骨の前で山の神への最後の送別の辞が述べられた（写真31）。その後、屋内で火の神への儀式終了の報告の神祈りが行なわれ、儀式は完了した。

　白老の飼グマ送りと比較して、儀式の簡略化された部分は、山猟でのクマ送り（カムイホプニレ）によるものだからであろう。それにもかかわらず、クマの解体以後は飼グマ送り（イオマンテ）とほとんど同じ儀式次第となっており、もちろん白老の報告書をもとにしたということもあるが、S氏の記憶ともまったく違和感があったわけではなく進められていったということを考えると、この地域での山猟のクマ送りにおいても、山奥における簡単な送り儀礼のみではなく、村におろしたクマを飼グマ送りと同様、盛大に送るという熊祭りが行なわれていたと考えることができるであろう。さらに、解体後の頭部と毛皮を屋内に迎え入れた後、頭部を屋外に出して飾りつけし、叉木に掲揚した頭骨を再度屋内に入れ、それを1晩屋内に安置する点、また、それを持って輪舞するな

どの点は、この地域独自のものと考えられ、S氏の記憶の想起によりこれらの儀式次第が熊祭りの実践の現場で追加、修正されることが可能となったのである。

　さらに、情報収集と儀式次第を策定するなど積極的に今回の熊祭りの復興を支えたR氏は記録ビデオのインタビューの現場において、アイヌの世界観における熊祭りの意味について指導を行なっていることが見られた。最初のリハーサルで、熊祭りの意味について聞かれたQ氏は、「カムイをカムイの国へ帰して、また、次の（クマを）迎え入れて、人間と仲よくアイヌと本当の意味での和解ができるような…」、と答えた。そこで、R氏が、「表現としては、要は神がクマの肉と毛皮をしょって人間界に運んできて、それに感謝する意味と、また人間の世界に毛皮を持って来てこちらの世界に置いていきなさいといった方がすっきりします」、と助言した。

　熊祭りの意味についての助言に関して、後にR氏は私に、じっさいに難しかったのは、人々がクマ送りの意味がなかなか理解できていないことで、収録時も供養のような言い方になり本来の意味を説明できていなかった、と説明する。しかし、伝統を受け継ぐには、見世物ではなく（アイヌの精神として）本物でなくてはならず、ここだけは譲れないと思って、（クマ送りの）基本理念だけはきちっと喋ってくれということで指導したのだ、と語った。すなわち、熊祭りの復興に関して、アイヌの伝統的な世界観に基づいたクマ送りの意味が薄れていくという現実の中で、客観的な説明であったとしても、本来の意味をあらためて教え、伝統文化の継承を行なうという積極的な活動が行なわれたと考えることができよう。

　さらに、熊祭りの当日になり参加したS氏は、実践の現場でさまざまな助言、指導を行なった。彼は13歳まで祖母に育てられていたため、アイヌ語は聞いてはいたが、憶えることはなく、カムイノミ（神祈り）をしろといわれてもできるわけもないという。しかし、熊祭りも2度3度ではなく自分で手をかけて見ているし、頭を持って踊ってもいるから、この地域のやり方は知っていた、という。実際、当日になり熊祭りに参加してみると、日常とはまったく異なる雰囲気の中で、過去の行動記憶が想起され、自分の見てきたことと違うと感じたところを積極的に指摘、助言し始めることになったのである。

後日、あらためて、私が民族文化保存会のＱ氏、Ｔ氏たちにＳ氏を加えてインタビューを行なった際、Ｓ氏は今回の熊祭りが、この地域の本来のしきたりの半分でしかなかったことに不満を述べ、いくつかの違った点について指摘した。たとえば、クマの解体時に幣所のところに２本の幣を立てて焚火を作り神祈りしていたことに関して、あれは白老のやり方で、この地域のやり方ではいらないと思うと述べる。この地域ではクマ送りの場合には幣は家の中に１本とカムイ（クマ）にかますもの、それに神窓とチセコロカムイ（家の神）だけでよいという。また、団子（餅、シト）も大きすぎて、首にかけて踊るには、途中でちぎれて落ちたからよかったものの、重すぎたという。そして飾りつけられた頭骨の掲揚された叉木を持って踊るのは、本当はクマを獲ったＰ氏が先にやり、そのあと自分の気に入った人に、お前もやれといって踊らせるのがこの地域のやり方だ、と指導する。また、参加当初、この地域のしきたりをそっちのけにして、他の地域のしきたりでやっていたから目をつぶって我慢していたが、自分のいうことを皆がやってくれて、またこうして民族保存会の人たちに違いを説明できたので今回は満足している、と語るに至った。

　Ｓ氏は熊祭りの実践に参加することにより、その現場でこの地域のやり方を指導し、また、後日、民族文化保存会の人々に地域的な相違を指摘することで、この地域独自の伝統文化に関する彼個人の経験に基づいた貴重な情報を提供したのである。

6　伝統文化の継続と民族的共生

　共生とは、互恵性が恒常性を持ち全体として１つの体系が形成された状態（煎本 2004d：57；2007f：33）であり、これを共生体系と呼ぶことにする。ここでは、熊祭りという文化復興を通して、競争的資金と伝統文化とが交換され、それにより現代社会における伝統文化の文化適合と民族的帰属性とが再生産されている。今回の熊祭りの復興の場合、競争的資金が得られなかったため、特にこれによる民族的共生も形成されていないように見えるかも知れない。しかし、行政による支援、ビデオ記録のための人材、保存会におけるアイヌの出身ではないアイヌ文化の理解者による協力など、現代社会における通常の広範な共生関係が機能していたことは事実である。また、競争的資金の採否にかかわらず、

第7章 熊祭りの復興　241

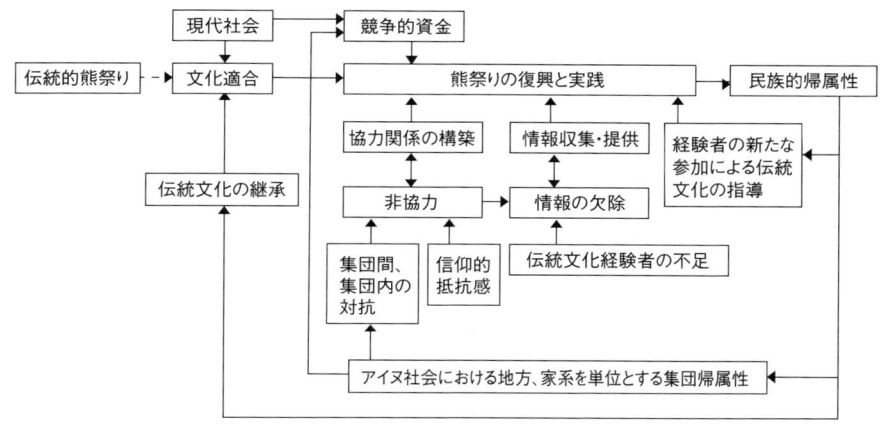

図25　熊祭り復興の共生体系

これが誘因の1つになるかぎり、共生関係の形成の方向を向いており、この意味で共生体系は作動していたことになる（Irimoto 2008a）。

　共生体系の形成の過程ではさまざまな葛藤が見られ、この解決のために行為主体の役割が重要であることを指摘することができる。アイヌの出身でありながら日本の現代文化の中で育ち、アイヌ文化の価値を客観的に理解し、その継承のために行政的立場から支援しえるR氏という行為主体なくしては、文化復興は不可能であったと考えられる。行為主体は協力関係の構築と情報収集・提供を行ない、アイヌ社会内部における集団間、集団内の対抗や信仰的抵抗感による人々の非協力、また、伝統文化経験者の不足による情報の欠如を補い、葛藤を解決へと導いていた。

　伝統文化の継承は、彼らの祖先からの伝承を子孫に伝えていきたいとの強い思いに現われているように、民族的帰属性の本体である。そのために伝統文化の復興が行なわれるのである。新たな経験者の参加により、復興の現場における記憶の想起と実践化、積極的な指導により、文化復興の実践が可能となったのである。

　以上述べたように、現代社会における伝統文化の継続と民族的共生のしくみは、伝統文化の適合と実践を通して、民族的帰属性を再生産させながら作動していることが明らかとなる（図25）。伝統文化の継続は葛藤を経ながら全体

的には共生体系の形成へと向かう傾向が認められる。この理由は、人の心という視点から見るならば、おそらく人々が明確に意識していないにもかかわらず、対立よりも互恵的な関係を選択しているからではないかと思われる。その結果、恒常的な互恵的関係、すなわち共生体系の形成が可能となるのである。熊祭りそのものが、人間と動物（神々）との間の初原的同一性と互恵性の認識の演出であり、この理念が伝統的な熊祭りに見られたように、人間相互においても機能しているのである。帰属性は人間集団を統合すると同時に、他の人間集団との間を分断する。しかし、この分断された集団間に新たに互恵的関係が形成されるという現象がみられるのである。

　アイヌが自然の中で「したたかに」、すなわち自然に一方的に依存するのではなく、自然の中で自然を利用しながら生きているという精神性は、「世界は異なるものから成り立っている。人間でさえ平等には作られていない。しかし、異なるものが互いに育てあうのがこの世界なのだ」と語られるように、人間と人間との関係にもおよぶ（煎本 2007d：326）。彼らの共生の理念は「アイヌの精神」として継承されており、おそらく人類進化の中で獲得されてきた人間集団の生存にとっての適応合理的な心のはたらきであるかも知れない。そして、その心が発現されるのは、「異なるものが互いに育てあう」というアイヌの精神が、互恵性に基づいた共生体系を形成するという方向を選択するための文化的コードとして機能しているからだと考えられるのである。

第8章　結論と展望

1　アイヌの熊祭り動態系

　アイヌの熊祭りは、狩猟した野生のクマを対象にしたものと、飼育された子グマを対象にしたものがあるが、両者ともクマの霊を送るという本質的意味は共通しており、初原的同一性と互恵性の思考に基づいた狩猟の行動戦略となっている。さらに、飼育された子グマの熊祭りは社会的、経済的に統合された祭りであり、アイヌ世界を演出する象徴的活動の場となる。本章ではこれまでに得られた結果を、結論として再度まとめながら、熊祭りの全体像を総括し、この知見に基づき、人類進化史的観点から人間の心と人類の未来について展望する。

　本書では、第1にアイヌのクマ狩猟とその象徴的意味について分析した。その結果、狩猟がアイヌの狩猟技術のみならず、アイヌ（人間）とカムイ（神）との間の関係を贈り物の交換を通した互恵性として認識するアイヌの世界観と深くかかわっていること、さらに、この世界観に基づいた狩猟の行動戦略が良い獲物であるクマ（山の神）の招待と送還という肯定的機序と、悪い神に対する防御と制裁という否定的機序から成ることが明らかにされた。したがって、アイヌの熊祭りはこの世界観を背景とした狩猟の行動戦略の一環として位置づけることができるのである。

　第2にアイヌの熊祭りの形式と内容を儀式次第における活動の時系列という視点から分析した。その結果、北海道南西部の沙流地域を標準にした場合の標準時系列が、1. 準備、2. 子グマの儀礼的屠殺、3. 大饗宴、4. 神送り、5. 小饗宴、6. 追加神祈りから構成されることが明らかにされた。さらに、準備は、子グマの捕獲と飼育、祭司の依頼、酒造りと料理の準備、祭壇と祭具の準備、神祈りから成り、子グマの儀礼的屠殺は、神祈り、子グマの屠殺、神祈りと饗応、遊戯、クルミ撒き、解体、神祈り、神祈り（祖先供養）から成り、また、大饗宴は、饗宴、クマ肉の饗応、運試しから成り、神送りは、頭の飾りつけ、神祈り、神

送りからなり、小饗宴があり、最後に追加神祈りが行なわれることが明らかにされた。

　第3に熊祭りの地域的差異を比較、分析した。まず、儀式次第の時系列の地域的差異を分析した結果、大きく3形式があることが判明した。第1の時系列Ⅰ型（沙流型）は上記の標準時系列であり、時系列Ⅱ型（釧路型）は、準備、子グマの儀礼的屠殺が行なわれた後、その場でⅠ型と同様、神祈り、饗応が行なわれるが、これに続いて神送りが先に行なわれ、その後、饗宴、クマ肉の饗応が行なわれる形式であり、結果的には解体されたクマの毛皮つき頭部が時系列Ⅰ型に見られるように屋内に入れられることがない。時系列Ⅲ型は狩猟された野生のクマの送り儀礼であり、アイヌのみならず、日本本州北部の伝統的狩猟者であるマタギにも共通する。なお、時系列ⅠとⅡは相互に波及、変化することが困難であり、不連続であるように思える。したがって、時系列Ⅲ型を基本として、そこからⅠ型、およびⅡ型が形成されたと考えられた。

　さらに、地域的差異として熊祭りにおける幣所の構成について分析し、その空間分布を明らかにした。その結果、幣所構成として4型を抽出した。第1はS型（沙流型）であり、左端の最重要位置に農耕の神である幣所の神、その右に木の神をそれぞれ独立した幣所として置き、さらにその右に狩猟の神と熊の大神をまとめて置き、ここに熊の頭骨を掲揚するものである。第2の形式はY型（余市型）であり、すべての諸神をまとめて1つの幣所とし、この中央にクマの頭骨を掲揚するものである。第3の形式はH型（春採型）であり、クマ頭骨はカムイヌサとして最も左に独立させて設けた幣所に掲揚し、他の諸神はサケヌサとしてその右にまとめて配置するものである。第4の形式はK型（樺太型）であり、神々の幣所がそれぞれ比較的独立しており、それぞれの動物の送り場としての幣所の性格が明確に認められるものである。

　幣所の構成の型式とは、元来、森や海やコタンなどそれぞれの領域を占有する神々をそれぞれの場所に結びつけて設けられていた幣所を、家の近くに1か所にまとめる過程での諸神の配置の仕方であると考えられる。したがって、幣所構成はクマをはじめさまざまな動物の飼育、あるいは粟や稗の植物栽培という生計活動、あるいはそれに伴なう定住性という生態学的問題として捉えることができる。さらには生計活動とは直接結びつかない一般の神々も幣所

に祀るという祭祀文化とも関連することになる。その結果、それぞれの地域における生態的、歴史的、文化的要因により、幣所構成の地域的差異が形成されたと考えることができるのである。

　さらに、幣所に祀られる神々の地域的差異について分析し、その空間分布を明らかにした。その結果、北海道と樺太における熊の大神と山での狩猟、樺太から北海道沿岸地域に共通する沖の神（シャチ）と海での海獣猟、漁撈、さらに、北海道南西部、中央部における幣所の神と農耕という生態的関連性をそれぞれ指摘することができた。また、生計活動とは直接関係しない普遍的な神々に関しても、樺太、北海道東部、南部の沿岸地域の一部に見られる太陽神、あるいは、北海道東部に見られる雷神など、アイヌの系統と係わるような文化的伝統に由来する地域的差異を指摘することが可能である。

　次に、熊祭りの内容に係わる特徴的文化要素を抽出し、地域的差異を分析した。文化要素としては、子グマの儀礼的屠殺における晴着と耳飾り、花矢、本矢、絞木、繋ぎ木の使用、遊戯における人間クマ、綱引き、射術競技、クルミ撒き、解体時における解体作法、クマの偶像、饗宴における歌・踊り、ユーカラ（英雄叙事詩）、占い・運試し、席次、肉の分配、そして、神送りにおける頭の飾りつけ、頭骨の保管・掲揚であり、これらそれぞれの項目に関する有無について、北海道、樺太アイヌのみならず、樺太、沿海地方アムール河口のニヴフ、日本本州北部のマタギを対象に比較、分析し、その空間分布を明らかにした。

　その結果、野生のクマの狩猟儀礼という共通基盤が北海道アイヌ、樺太アイヌ、マタギ、ニヴフに見られ、飼育された子グマの熊祭りはアイヌとニヴフに見られることが確認された。さらに、飼育された子グマの屠殺に関する本矢、繋ぎ木の使用は北海道、樺太アイヌ、ニヴフに共通するが、花矢の儀式と、絞木の使用は北海道アイヌに広く見られること、屠殺前の子グマに晴着や耳飾りをつけることは北海道東部と樺太アイヌに見られ、さらに本矢の使用なしに絞木のみを使用することは北海道東部に特徴的であることが明らかにされた。また、競技、歌・踊り、席次、肉の分配などは祭りに一般的に伴うものであり、広く見られるが、その内容にはそれぞれの文化的伝統や社会構造を反映した相違が見られることが指摘された。

第4にアイヌの熊祭りの時代的変異について、歴史的資料に基づき第1次松前藩治時代に相当する時代区分1（1599‐1798年）、第1次幕府直轄時代である時代区分2（1799‐1821年）、第2次松前藩治時代と第2次幕府直轄時代を含む時代区分3（1822‐1867年）、明治時代となる時代区分4（1868‐1912年）ごとに検討した。その結果、飼育された子グマの熊祭りとこれに付随する多くの文化要素が時代区分1の18世紀初頭から中頃にまで遡り得ること、また、熊祭りの時系列におけるⅠ型（沙流型）とⅡ型（釧路型）という地域的差異がすでに時代区分2の18世紀末に見られることが確認された。さらに、文化要素の中の晴着・耳飾りと絞木による絞殺が本来的な屠殺方法であり、本矢の使用は時代区分3、あるいは時代区分4と比較的新しいものであることが明らかとなり、屠殺方法の時代的変異が子グマの飼育期間と関連しており、その結果、地域的差異が生じた可能性があることが指摘された。
　第5に熊祭りの意味を人類学的視点から分析した。その結果、互恵性と狩猟の行動戦略、社会的序列と平等原理、交易と富の再分配、祭りと初原的同一性としての意味が以下のように明らかにされた。
　アイヌは狩猟を、狩猟対象動物である神（カムイ）が神の国（カムイモシリ）から人間の国（アイヌモシリ）を訪問することであると認識している。したがって、狩猟とはこの訪問を可能とする人間による行動戦略の過程であると捉えることができる。そして、クマの狩猟後、山の神（クマ）の来訪に対する歓迎と、神の国への送還儀礼（クマ送り）が行なわれるのである。人間の国を訪問する山の神は、土産物としての肉、毛皮、胆のうを人間に贈り、返礼としての饗宴と礼拝を受け、さらに神の国へ帰還した後、人間から酒、幣、粢餅が届けられ、神の国で神々とともに饗宴を催すと考えられている。すなわち、現実には、狩猟は動物を殺しその生産物を確保することであるが、人間はそれを人間と神（動物）との間の社会的交換として考えていることになる。
　したがって、子グマの捕獲、飼育、屠殺という一連の過程からなるアイヌの熊祭りは、人間と山の神との間の互恵性を反復的なものにするための行動戦略の一環として捉えることができる。飼育された子グマの送り儀礼は、人間と山の神との間の互恵性を双方に再認識させ、次に山の神による互恵性の実行、すなわちクマが人間界を訪問すること（＝狩猟の成功）を約束させるという、

人間の側からの積極的な戦略行動であると考えることができるのである。

　また、アイヌ社会には幕藩体制の中での交易活動を経済的基盤とする社会的序列と、他方、狩猟採集社会に見られる平等原理を認めることができる。熊祭りの饗宴の座席の位置とその交替や交換という複雑な儀式、さらにはクマ肉の分配方式は、これら相互に矛盾する社会の構成原理を併存させながら１つの儀式を構成しているのである。さらに、アイヌの熊祭りはその順番制により限定交換を通した同じ父系出自集団に属する異なる地域単位間の統合機能を果たしており、個人間においても、また集団間においても２者間の限定交換の関係を主軸に、社会的序列と平等主義の原理が働いているのである。

　また、熊祭りにおいては、交易によって得た富が人々に再分配されており、さらに食料品の贈答が個人や家族レベルでも行なわれている。このことは、生態学的には富の偏在の平準化であり、この仕組みの中で乙名たちは威信と富を交換し、地域単位内、さらには地域単位間における序列を競うことになるのである。したがって、熊祭りは、狩猟を通したアイヌと山の神（クマ）との間の交換、および交易を通したアイヌと外部社会との間の交換とが不可分に結びついた連続的交換体系の全体を、社会的序列と平等原理を背景に、表出する場となっているのである。

　さらに、熊祭りは子グマがカムイという人格に変換し、逆に「人間クマ」の遊戯により若者がクマに変換することにより、クマと人間との本質的同一性が表現され、またクマ肉を食べ、血を飲むことにより、現実の体感を通して人間がクマと同一化する場となっている。また、クマ肉の分配と共食は神の肉を人々が食べることにより、さらには同じ火によって料理されたものを分け合って食べることにより同じ火の神を母に持つ乳兄弟となるというように、神と人間との同一化のみならず、人間同士の結合を体現させるものである。競争的遊戯は対立とその解消により、異なる世界の結界を解くという象徴的役割を持ち、幸運の偶然的贈与である運試しと同様、神々との関係のみならず人間同士の同一性の確認の場を創出する。熊祭りには幣所に祀られる時間的、空間的に広がるアイヌの世界を構成する神々、祖先供養を通した死者の世界の人々、さらには交易を通して結ばれる外部社会に至るまでの人々のすべてが参加し、ユーカラを語り、クマとの性行動を演出することにより、人々は人間と神々の起源に

まで神話的時間を遡り、宇宙の原点であり世界の秩序と再生産のための出発点にまで至り、そこから自己の帰属性を再確認するのである。また、神々の真似を通した歌と踊りは人間と神々との同一性を演出し、神々がこの場を共有していることを体現させ、男も女も輪になって歌い、踊ることで祭りの進行の原動力を生み出すのである。すなわち、熊祭りは世界の初原的同一性の場を創出する装置となっているのである。

したがって、アイヌの熊祭りが狩猟の行動戦略としてのみならず、社会的、経済的意義を持ち、熊祭りがアイヌの世界の象徴的表現となり、世界の対立と同一化の演出を通して、初原的同一性と互恵性を体現する祭りの場となっていることが明らかにされる。その結果、アイヌの熊祭りはシャマニズムの実践がそうであるように、世界の根源的認識と自己の再確認を通して、人々と世界を活性化する場となることが指摘された。

第6に、以上分析した熊祭りの形式と内容、地域的差異、時代的変異、意味に基づき、熊祭りの起源と動態について分析、検討した。位相1は狩猟した野生グマの送り儀礼としての熊祭りであり、位相2は子グマ飼育の開始、位相3は飼育された子グマの熊祭りの確立、そして位相4は文化復興運動として捉えることができた。位相1はクマへの敬意と畏怖の感情が見られ、北方ユーラシア、日本、北アメリカを含む北方周極地域に広く見られる特別な解体作法と送り儀礼、頭骨の保管・掲揚など狩猟儀礼の一環としての特徴をもち、アイヌのみならずニヴフ、マタギに共通し、人間と狩猟動物との間の初原的同一性と互恵性の思考を基盤としている。

位相2は子グマ飼育の開始と狩猟の積極的行動戦略の展開である。理論的には北海道アイヌにおける子グマの飼育文化の開始は、オホーツク文化の南下が見られる3・4世紀以後であり、少なくとも北海道東部でアイヌ文化に先立つ擦文文化とオホーツク文化との混成文化であるトビニタイ文化が見られる10－13世紀まで遡りうると考えられる。熊祭りの地域的差異、時代的変異のみならず、アイヌ文化における祖印、墓標、有翼酒箸、花矢など父系出自と祭祀に直接かかわる文化要素の地域的差異、さらにはアイヌ語方言の地域的差異の検討の結果、おそらくは10世紀頃にまで遡ると推測される樺太アイヌ、北海道アイヌ、千島アイヌという大きな3文化的、地域的差異のもと、北海道に

おける南西部、西部・中央部、東部という3文化的、地域的差異が認められる。これらの地域的差異を背景に考えると、文化接触と変容、混成の過程は、農耕・祭祀文化が本州から北海道南西部・中央部、そして西部と東部へと波及するのと対向して、北からのオホーツク文化の影響を受けた子グマの飼育文化が北海道東部あるいは西部から、中央部と南西部へと波及し、その結果生まれた混成文化としてのアイヌ文化がそれぞれの生態的、歴史的、文化的背景に応じて、熊祭りの時代的、地域的差異を生じさせたということになる。

　さらに、儀式次第の時系列の地域的差異に見られる不連続性から、北海道東部の釧路地域においては、擦文文化とオホーツク文化との混成文化であるトビニタイ文化の直接の影響のもとに独自の熊祭りを展開させ、他の地域はこれとは異なる経路、たとえば樺太から日本海沿岸というルートによって波及した飼育文化の影響のもとに熊祭りが展開したという可能性が示された。したがって、釧路地域における子グマ飼育と熊祭りは、その文化的混成の過程で幣所構成H型、K型と時系列Ⅱ型の熊祭りという文化的、地域的差異を形成し、沙流地域を中心とする北海道南西部においては、すでに確立していた農耕を最重視する幣所構成S型と時系列Ⅰ型の熊祭りという文化的、地域的差異を形成し、北海道中央部においては、幣所の神を重視しながらも幣所構成Y型と時系列Ⅰ型の熊祭りという文化的、地域的差異を形成したと考えられるのである。

　さらに、飼育文化の受容には、文化的混成の過程での文化的越境を通した子グマ飼育の意味の転換があったと考えられた。その結果、元来のオホーツク文化における子グマ飼育の意味が何であれ、後のアイヌ文化においては、飼育子グマによる熊祭りは狩猟の行動戦略としての送り儀礼として解釈され、次にそれが強化されるように方向づけられ、子グマにメッセンジャーとしての役割を与えた積極的行動戦略として展開するということになったと考えられるのである。なお、子グマ飼育の意味の転換とはオホーツク文化と接触した擦文文化がその影響を受けながらも、そのままアイヌ文化を形成したという前提に立つ場合の解釈である。しかし、子グマの飼育文化、動物を中心とするアイヌの世界観、共通の象徴的動物の祖印（エカシイトクパ）による父系出自集団という文化的特徴をはじめとする系統と結びつく文化的差異から見れば、オホーツク文化そのものが擦文文化と混成し、アイヌ文化の骨格部分を作ったと考えるこ

とも可能である。この場合、飼育文化の受容と熊祭りは、すでにオホーツク文化の中で起こっており、さらに擦文文化との文化的混成を経て、新たな熊祭りの確立へと展開したということになる。

　熊祭りの展開と確立は位相3に見られるように17-19世紀における幕藩体制のもとでの交易経済を背景にしたものである。ここでは、熊祭りが狩猟の積極的行動戦略としての前狩猟季節儀礼となるばかりではなく、社会的、経済的意義が中心となり、アイヌ世界の象徴的演出として、動物（神々）と人間、人間と人間との間の初原的同一性と互恵性の体現の場としての祭りが確立した。ここでは、子グマ自体が社会的価値財となり、子グマを飼育して送るために熊祭りを行なうのではなく、熊祭りを行なうために子グマを飼育するという、子グマの飼育と熊祭りの目的の逆転が見られることになるのである。また、熊祭りが父系出自集団に属する地域単位間での順番制となり、熊祭りを行なうための子グマの確保と成長の必要性と関連して飼育期間が延長され、2歳以上の子グマの屠殺方法に本矢が使用され、本来の絞木は儀礼的に用いられるに至り、文化的、地域的差異を生じさせたと解釈された。さらに、定住原理に基づくアイヌの父系出自集団、生計単位としての家計単位、地域単位、地方単位という集団構造、さらに、それらを含む文化的帰属性の基盤としての文化単位が、熊祭りを背景としながら形成されていることが示された。位相4は現代における熊祭りの意味の変化と復興である。

　第7に、熊祭りがアイヌ社会の変化とともに狩猟儀礼としての生態的意味、さらには幕藩体制のもとでの交易経済を背景とした社会的意味を変化させ、興行、観光、あるいは記録としての復元を経て、現在の文化復興運動における伝統文化の継続と民族的帰属性の象徴として用いられることが明らかにされた。

　以上、同じアイヌの熊祭りという体系でありながら、それぞれの位相は意味も内容・形式も異なり、その時々の現実の世界に対応して、連続的に生成、発展、変化し、アイヌ世界を象徴的に演出する祭りの場となることが明らかにされた。飼育された子グマの熊祭りが毎年反復される前狩猟季節儀礼となったことにより、周期運動としての循環性と安定性を獲得し、それにより社会の変化に対応し、同時にそれを調節することが可能な動的な体系となっているのである。すなわち、生態的、社会的要因によりアイヌの熊祭りが形成されるが、

逆に、その熊祭りが社会を調整し、安定させる装置となっていたのである。
　したがって、物質文化という視点から見た熊祭り文化複合体は、それに時間軸を加え、人間活動系という全体的視点から見れば、動的体系としてのアイヌの熊祭り動態系として提示することができる。さらに、現代のアイヌの熊祭りの復興についても、熊祭りという伝統文化の継続と民族的共生の動的しくみが、伝統文化の現代社会への適合と実践を通して、民族的帰属性を再生産させながら作動しているのである。ここでは、共生体系の形成への傾向が、互恵性という適応合理的な心のはたらきによるものであり、この発現のために、「アイヌの精神」が文化的コードとしての役割を持っていることを指摘することができるのである。
　結論として、第1に時間的、空間的変異を示しながら生成、発展、変化してきた熊祭りは、一貫して初原的同一性と互恵性という思考に支えられた動態系であることが解明された。初原的同一性と互恵性とは具体的にはクマである神の訪問、贈り物の交換、そして神送りとして演出され、人々は祭りへの参加と実践を通して感覚的に体現するものである。この思考は、アイヌの熊祭りという文化特異性を越え、狩猟採集民、とりわけ北方周極地域の狩猟採集民に見られる普遍的な心のはたらきである。初原的同一性と互恵性の思考は、熊祭りの場において見られたように、世界の共生関係を形成する心のはたらきであり、いわば熊祭り動態系をその背後で稼働させている人間の心の本質であるといって良いかも知れない。
　第2に、熊祭り動態系を諸位相に区別することにより、熊祭りの意味がそれぞれの位相により異なることが明らかにされた。たとえば、狩猟の対象としてのクマは、交易経済のための価値財となり、これを背景とした狩猟の積極的行動戦略としての子グマ飼育型の熊祭りが成立し、さらには子グマは熊祭りを行なうための社会的価値へと歴史的に転換しているのである。したがって、従来の熊祭りの意味や起源にかかわる諸説—たとえば、毛皮や胆のうを得るための子グマの飼育、社会的連帯としての意味など—は、それぞれの位相に限定的なものとなる。熊祭りを静的な文化要素としてではなく、連続的に変化する動態系として捉え、それぞれに異なる位相を先史的、歴史的に対応させ、そこでの意味を分析することにより、アイヌの熊祭りの起源と展開の動的過程を明らか

にすることが可能となるのである。

　第3に、熊祭りを現実と象徴の活動系として捉え、自然誌―自然と文化の人類学―の視点から記載、分析することができた。従来の熊祭りの研究においては文化要素の比較、あるいはクマ送りという儀礼的側面だけが強調されていた。しかし、これらは熊祭り全体の一部であり、祭り全体としてのさまざまな意義は論じられてこなかったのである。熊祭り動態系は、クマ送り儀礼を中軸にしながら、象徴的活動を通してアイヌ世界を演出し活性化する場であり、生態、生物、社会、宗教という局面を持つ人間活動系である。そこでは、自然と人間との関係のみならず人間と人間との関係が象徴的に演じられ、狩猟の世界観から社会のしくみ、伝統文化の継続や民族的帰属性までをも含むアイヌ世界の全体が、時間的、空間的に表出され、そのことによってアイヌ世界を稼働させているのである。自然誌の視点からの熊祭り動態系の分析は、人間活動を中心にしたアイヌ文化の全体的理解と、この文化の背後にある人間の心、さらには心の実践を通して人々がいかに現実の自然や社会に対応するのかという行動戦略を明らかにすることができたのである。熊祭りの場において一貫してみられる初原的同一性と互恵性の思考が、世界の共生関係を形成する人間の心のはたらきであり、熊祭り動態系を稼働させている人間の心の本質であることを指摘できるのである。

2　人間の心と人類の未来

　最後に、アイヌの熊祭りの分析から得られた知見に基づき、人類進化史的視点から人間の心と人類の未来について展望する。心とは人類学的には脳のはたらきである。それは、脳と身体の神経生理学的反応に基づく記憶、感情、思考を含む進化的産物であり、同時に所与の条件に適応し得る可塑性をそなえた複雑な体系を構成する主体となるものである（煎本 2007b：3）。北方狩猟採集民の適応を考える場合に、環境に対する技術的側面のみではなく、社会的側面、さらにはそれを可能とする人類の心の社会性の進化を明らかにすることが必要である。心の社会性とは自己とほかの個体や集団との関係に関する心のはたらきである。ここで重要なことは、心の社会性とは人間の社会に対するものだけではないということである。人類の認識する社会には、人間社会と自然の人格

化による超自然的社会との2つがある。狩猟民は自然の事物を人格化し、彼らとの間で社会をつくり、その関係を形成しているのである。人類にとって自然はもう1つの社会なのである。

　これが重要なのは、人類とほかの動物との生態的関係—とくに狩猟を通した殺害と肉食—が二元性を背景とした互恵性の認識の基盤になっていると考えられるからである。超自然的認識のもとでは人間も動物も植物も同じ人格を持った成員として社会を形成することになる。これは人間と自然との同一性という見方である。しかし、狩猟は人間が動物を殺し、食べることである。そこでは動物と人間とを区別する二元性が必要となる。人間と自然との同一性と二元性という2つの矛盾する見方を統合するのが初原的同一性の概念なのである。

　初原的同一性とはアサパスカンにみられる人間と動物とは異なるものではあるが、本来的には同一であるとする論理である。より一般的には、併存する二元性と同一性との間の矛盾を解消しようとする説明原理であるということができる（煎本 1983；1996b：4；2007a：11；Irimoto 1994a：336-337；1994b：426-427）。アサパスカンが語る多くの神話は、「昔、動物は人間の言葉を話した」と始まる。「焚き火を囲んで、それぞれがどの動物になりたいかを話し合っていた。リスは本当は熊になりたかった。しかし、熊はそれを許さなかった。悲しんだリスは焚き火のそばで丸くなって寝てしまった。その間に、焚き火の火で背中が少し焦げて、リスは今のように茶色になった。そして、熊になることをあきらめたリスは木のこずえにかけ登り、現在では子供たちと鳴きながら楽しく遊んでいる」と語られる。神話の中で、「最初は動物は人間の言葉を話した」と語られる背後には、「現在は動物は人間の言葉を話さない」という無言の語りがある。したがって、この神話は、現在は動物と人間の違いがあるけれども、本来的には同じであったということを語っていると解釈することができる。彼らのこの考え方を初原的同一性の概念と名付けることができるのである。この神話は動物の起源譚にとどまらず、動物と人間との二元性と同一性という矛盾する2つの見方を神話的時間を導入することにより説明しようとする論理なのである。

　二元性と同一性を統合するこの論理により、人間は動物を殺し、肉を食べるが、同時に動物の超自然的本質である人格との間で互恵性という概念を用い

て、食料としての肉を贈与として受け取り、これに対して返礼を行なうという狩猟の世界観を成立させることができるのである。

互恵性とは初原的同一性の論理に基づき自然を人格化し、人間と超自然との関係を贈与と返礼による相互関係として認識する思考である。カナダのアサパスカンにおける「おばあさんが育てた」という神話では、トナカイの世界から人間の世界にやって来た主人公の少年であるベジアーゼをおばあさんが育て、敬意を払うことにより、ベジアーゼがトナカイの舌を持ってくるという、人間とトナカイの間の互恵性の起源について語られている。この物語の重要性は、ベジアーゼがトナカイの群れの中に帰るとき、おばあさんに「私のことを人々が話すかぎり、あなた方は飢えることはないだろう」という言葉を残したと語られることにある。これは、人間がトナカイに敬意を払うかぎり、トナカイは人間に肉を持って来るという約束と考えることができる。したがって、トナカイと人間との間の互恵性は神話によってその起源が語られ、さらに約束によって、現在も継続しているということが出来るのである（煎本 1983：94-99, 152-155；Irimoto 1981）。

アイヌのクマ狩猟に続く熊祭りにおいても、同じ互恵性の論理を見いだすことができる。ここで重要なことは、北方周極地域に広く分布するクマに対する特別な尊敬と送り儀礼の中で、アイヌをはじめとする極東地域諸民族に限定して見られる子グマの飼育の存在である。動物の子供が仲介者として人間と動物との間の互恵性の形成に重要な役割をはたしたのは、アサパスカンの神話の中においてのみではない。アイヌは子グマ自体を山の神（キムンカムイ）であると考え、また父母の山の神からの預りものであると考え、人間の母乳を飲ませて人間の子供と同じようにして育てることで、人間と動物（神）との間の人格の本質的同一性を認める。そして人間と動物（神）との間の互恵性を積極的に操作するために熊祭りを行ない、子グマに特別の使者としての役割を持たせ、再び神の国に送り返すのである。したがって、アイヌの熊祭りは、まさにこの神話的互恵性の思考を現実の生活と祭りの中で顕在化させ、実践しているということができるのである。

初原的同一性と互恵性の認識という心のはたらきは、狩猟と強く結びついているため、その起源は10万年から15万年前のホモ・サピエンスにまで遡る

ことが可能かも知れない。もっとも、これらの心のはたらきが芸術として明確に表現されるのは、4万年前の後期旧石器時代の洞窟壁画においてである（煎本 1996b：118；2008b；2010a；2010b；木村 1997）。したがって、互恵性や初原的同一性の認識は現生人類において広く認められることになる。北方狩猟採集民においては動物と人間との結びつきが強いため、これらは動物を中心に展開、強調されているのである。さらに、アフリカのブッシュ・ピープルやオーストラリア・アボリジニなどの南方狩猟採集民においても、絵や踊りやトーテム神話の中で動物や植物などの自然と自己を同一化させることが認められる。同様に、遊牧社会においても、カムチャツカのトナカイ遊牧民に見られるように、儀礼を通して自然のサイクルの中に自己を同一化させ、神々との間で新たな互恵性を形成する。また、モンゴルのシャマンは補助霊である鳥となって旅をし、神話的時空間における初原的同一性の場への回帰と、混沌から秩序への回復によりそこで獲得した力の行使を行ない、チベットのシャマンは神々と同一化し人々に対する治療を実践する。さらに、ウパニシャッドの思想では人間は自己と宇宙とを同一化し、また仏教の高度の哲学的実践において空を体現する修行者や僧は、すべての現象に関する固有の存在や自己の帰属性の否定という本源的な真理に同一化し、そこから互恵性さえ超越し、生きているすべての存在に功徳を捧げ、慈悲を与え続けるという利他的行動を実践するのである（煎本；1996b：169-170；2002：437；2007b：31；2007e；山田 2009；Yamada 1999；Yamada and Irimoto 1997）。初原的同一性と互恵性の認識、さらにそれに基づく行動戦略やさまざまな実践は人間に普遍的であり、さまざまな文化と心の展開を可能としてきたのである。

　すなわち、二元性と同時に同一性も人類に普遍的な心であり、これを自覚し統合する論理が初原的同一性なのである。人間性の起源は初原的同一性にある。そこから、自己と他者とは異なるものではなく本来同じなのだということ、したがって、その関係は対立的ではなく共生的なのだという心のはたらきが生まれるのである。人間への思いやりや生命に対する慈しみの感情は、この人間性に深く根ざしているのである。

　従来より、人間は動物とは異なり、すぐれたものであるという西洋思想のもとでの人間中心主義と過剰なダーウィン主義のもとに進化が語られ、現生人

類の生物学的、文化的特質は生存上、より適応的であり地球における勝者であるという大前提のもとに解釈がなされてきた。ホモ・サピエンスは言語を活用し、自然と人間との関係を認識し、それにより文化を発展させ、地球上への適応放散をはたしてきたということがいえよう。初原的同一性の概念は自然との間の神秘的な関係を人類にもたらし、豊かな世界観を確立させたのである。しかし、別の観点からみれば、自己を正当化し、虚構の論理的世界を構築し、このことが人類を他の生物にとって、もっともやっかいな存在にしたということもいえる。地球上に拡散した人類は文明を作り、環境を破壊し、さらに正義であるとの正当化のもとに同じ人類を殺戮することを行ない、その結果、人類は人類自身にとってさえ、もっとも危険な存在になったということができるのである。現代の地球環境問題も紛争もこの延長線上にある。

　もし、そうならば、人類の進化は、適応という観点からは本当は不適応ということになるかも知れない。人類の進化は生物界全体の中で見ると、ヒト科の脳容量の増加による定向進化的であり、自然と人間との乖離と、自己中心的な一方向への特殊化の過程でしかないと考えることもできるのである。人類の将来についての最悪のシナリオは、人類は他の生物をも道づれにして滅亡するというものであろう。それにもかかわらず、このような状況のもとで、人類についての最良のシナリオをもしあげるのであれば、人類はもう一度、人間性の起源という根源的事実を知り、そこから長期的展望に立って人類の未来を照射し、それを実現するための心の制御を行なうということであろう。心は人類進化においてそうであったように、適応の産物であると同時に行動の主体となるものなのである。

　すなわち、進化的時間の中で自然と人間とは連続しているということ、そして神話が自然への畏敬の念に満ち溢れているように、自然と人間とは物質的ではなく精神的で感情的な繋がりによって結ばれた、同じ1つの世界を形成しているのだという現実の認識こそが、人類の未来への出発点となるはずである。

あとがき

　文化とは、目に見えるさまざまな事物に留まらず、背後でそれらを成り立たせている思考でもある。さらに、思考には人々が意識していないかも知れないが、個々の文化の違いを越えた、より普遍的な原理が潜んでいる。この思考とその原理をここでは人間の「心」と呼ぶことにする。本書では、まず、アイヌの熊祭りに関する資料を地域的差異、時代的変異をふまえて分析、集大成し、アイヌの熊祭りの全容を明らかにした。さらに、アイヌの熊祭りという文化の記述を通して、その背後にある人間の心と、この心の実践を通して人々がいかに現実の自然や社会に対応するのかという行動戦略を明らかにしてきた。

　振り返れば、私が旧北海道大学文学部附属北方文化研究施設で、それまで国立民族学博物館で行なってきていた北アメリカとチベットの研究に加え、新たにアイヌ文化を含む北方文化の研究を広く行なうようになってから、すでに四半世紀を越えている。この間、沙流川流域アイヌ文化の歴史的・文化人類学的分析にはじまり、アイヌ文献データベースの作成、生態、シャマニズム、民族性（エスニシティ）、帰属性（アイデンティティ）、文化創造、文化復興などに関する一連の研究を進めてきた。しかし、この間、アイヌの熊祭りに関しては、常に頭の中にありながら、また、それがアイヌ文化の理解にとっての最重要課題でありながら、まるで緑の山並みのはるか彼方に望む雪を頂いたヒマラヤの高峰のように、その麓に至るまでのアプローチの長さと登攀の困難さゆえに、正面からの挑戦を先送りしてきたという経緯がある。アイヌの熊祭りについては、その存在を誰もが知っているにもかかわらず、その実態については何も分かってはいなかったのである。

　アイヌの熊祭りは北半球に広く見られる熊崇拝に基づく儀礼の一環であり、北方研究という視点からは19世紀から20世紀に行なわれた、フランスの後期旧石器時代の狩猟民と北極のエスキモーとを結びつけようとした試みの産物として、現代に続く周極文化研究の延長線上に位置づけられる研究課題である。しかし、現在までにアイヌの熊祭りに関する個々の記述はあっても、それらを時間的、空間的に比較、分析、統合するという人類学的研究はいまだなかったのである。実際のところ、アイヌ研究は北方周極文化研究の一環として国際的に強い関心を集めており、その位

置づけと新たな解釈をめぐり、私自身も参加、発表を行なった2008年のノルウェーにおける国際シンポジウム「周極の再検討」においても、「アイヌの熊祭りの再検討」としてとり上げられた課題である。

　このような折、私は文化復興活動の一環として熊祭りを復元しようとする場に立ち会う機会を得た。そこで、熊祭りの復元の難しさを目のあたりにすることになったのである。とりわけ、地域差が重要とされる熊祭りに関して、文化伝承者が少なくなっていることに加え、熊祭りの全体像とその地域独自の情報資料とがないのである。事実、アイヌ文化の振興、普及、教育が近年盛んに行なわれるようになってきているが、多くの場合、資料の欠除や従来の不十分な諸説に基づいた誤った文化の紹介や解釈がなされているのが現状である。これは研究者の怠慢と責任の放棄によるものであり、早急に、資料を再整理、再分析し、さらに現状の文化動向をも含めたアイヌ文化の理解、とりわけその中核をなすアイヌの熊祭りの、新たな全体的視点、すなわち自然誌—人間活動に焦点をあてた自然と文化の人類学—からの再検討を行なう必要があると考えるに至った。

　その結果、アイヌの熊祭りというものが、単なる信仰・儀礼ではなく、時代や地域により異なる位相をとりながら連続する動態系であり、互恵性や初原的同一性という人間の心の原理の実践の場そのものであることが明らかになったのである。

　さらに、本書を公刊することには、従来埋もれていた未発表資料、旧記、絵画、映像等の民族学（文化人類学・民俗学）的資料を一般に広く提供し、自然と人間との間の豊かな関係によって成り立っているアイヌ文化の理解に資することができるという意義がある。また、本研究では戦前、沙流郡平取町二風谷に滞在し、施療とアイヌ文化の研究を行なったN.G.マンロー博士（1863-1942年）の遺稿（私は1987年、ロンドンの王立人類学研究所、人類博物館（大英博物館）、オックスフォード大学のピット・リヴァース博物館、エディンバラの国立スコットランド博物館等において、ブリティッシュ・カウンシル・フェローシップ奨学金により、2ヶ月間資料を研究調査した）、および映像記録などのデータを整理し、分析に用いており、これを、今回、日本で公刊することは国内のみならず、国際的にも学術情報の発信という社会的役割をはたすものと考えるのである。

　なお、本研究を通してアイヌ文化を学ぶにあたり、何よりも貴重な体験や文化を提供されてこられたこれまでの多くの文化伝承者の方々と彼らの深いご理解に感謝

する次第である。もちろん、社団法人北海道ウタリ協会（現北海道アイヌ協会）と各支部の方々、各地域において行政にたずさわっておられる方々の理解と協力があったからこそ、学究が続けられたことはいうまでもない。また、アイヌ文化に関する情報資料を長年に渡り記し続けてきた先学諸氏にも敬意を表する。とりわけ、人類学、民族学の手ほどきを頂き、今は故人となられた東京大学教授の渡辺仁博士、および大林太良博士には、あらためて謝辞を述べるものである。さらに、談論を通して考察を深める場を共有できた京都大学教授の山田孝子博士にも、この場を借りて謝意を述べたい。また、アイヌ絵、写真等データの提供と掲載、資料撮影と掲載の許可をいただいた東京国立博物館、国立公文書館、函館市中央図書館、市立函館博物館、天理大学附属天理図書館、平取町立二風谷アイヌ文化博物館、萱野茂二風谷アイヌ資料館、北海道大学附属図書館、北海道大学北方生物圏フィールド科学センター等に感謝する。さらに、マンロー博士に依頼されて写真師故富士元繁蔵氏が撮影された写真乾板を焼付した写真資料の掲載のご承諾をいただいたご遺族、および原板を収蔵している国立歴史民俗博物館に謝意を表する。

　また、本書の記述に際し、研究協力者個人の名前を公表することを控えさせていただき、また写真においても修正をほどこすなど、個人のプライバシーを守ることに配慮した。もちろん、人々の活動に関する記述についても、私個人の主観によるものであり、彼らの人格を何ら規定したり、侵害したりするものではない。

　なお、本研究は平成19〜23年度文部科学省グローバルCOE「心の社会性に関する教育・研究拠点形成プログラム」（北海道大学・人文学）の成果の一部であり、本書の出版は当プログラムの支援によるものである。また、原稿の作成にあたっては、鎌田亜子氏にデータのパソコンへの入力をしていただき、斉藤貴之氏（北海道大学大学院文学研究科専門研究員）にはパソコンによる作図のお手助けをいただいた。さらに、雄山閣編集部桑門智亜紀氏には本書の出版の労をとっていただいた。

　ここに、本書の内容に関する責任は著者個人にあることを明記するとともに、上記関係機関と関係各位に深く感謝の意を表するものである。

2009年11月

煎本　孝

文　献

青柳信克（編）
 1982 『河野広道ノート〈民族誌篇1〉——イオマンテ・イナウ篇』札幌、北海道出版企画センター。

朝日＝ラルース
 1971 『世界動物百科』32号，東京、朝日新聞社。

Asai, T.（浅井亨）
 1974 Classification of Dialects: Cluster Analysis of Ainu Dialects. *Bulletin of the Institute for the Study of North Eurasian Cultures* 8: 45-136.

Batchelor, J.（バチェラー, J.）
 1889 *An Ainu-English-Japanese Dictionary and Grammer.* Tokyo: Kumata（printed for the Hokkaido Cho）.
 1901 『アイヌ人及其説話』東京、教文館［*The Ainu and Their Folklore.* London: Religious Tract Society］。
 1932 The Ainu Bear Festival. *The Transactions of the Asiatic Society of Japan. 2nd series* 9: 37-44.

知里真志保
 1953（1978） 『分類アイヌ語辞典、第1巻　植物編』東京、日本常民文化研究所。
 1962 『分類アイヌ語辞典、第2巻　動物篇』東京、日本常民文化研究所。

知里真志保、山本祐弘
 1979 「コタンの生活（樺太アイヌの生活　第1章）」『樺太自然民族の生活』山本祐弘（編）東京、相模書房、14-94。

de Laguna, F.
 1994 Some Early Circumpolar Studies. In *Circumpolar Religion and Ecology.* Irimoto, T. and T. Yamada (eds.), Tokyo:

Drucker, P.
　1955　　　*Indians of the Northwest Coast.* New York: McGraw-Hill for the American Museum of Natural History.

Eldridge, S.
　1876　　　On the Arrow Poison in Use among the Ainos of Yezo. *Transactions of the Asiatic Society of Japan* 4: 78-88.

富士元繁蔵
　c.1931　　写真資料（国立歴史民俗博物館蔵）
　1952　　　『北国の神秘を語るアイヌ写真帖』平村幸雄（解説・編集）、平取、社団法人北海道アイヌ協会平取支部。

Gjessing, G.
　1944　　　Circumpolar Stone Age. *Acta Arctica.* Fasc. II. København: Ejnar Munksgaard.

後藤興善
　1971　　　「又鬼と山窩」『近代民衆の記録4－流民』林英夫（編）、東京、新人物往来社、396-429。

Gunther, E.
　1928　　　A Further Analysis of the First Salmon Ceremony. *University of Washington Publications in Anthropology* 2(5): 129-173.

Hallowell, I.
　1926　　　Bear Ceremonialism in the Northern Hemisphere. *American Anthropologist* 28(1): 1-175.
　1968　　　Bear Ceremonialism in the Northern Hemisphere: Re-examined, Unpublished paper given at a graduate seminar in anthropology, Bryn Mawr College.

Hamayon, R, N.
　1994　　　Shamanism: A Religion of Nature? In *Circumpolar Religion and Ecology.* Irimoto, T. and. T. Yamada（eds.）, Tokyo: University of Tokyo Press, pp.109-123.

秦檍丸（村上島之丞秦檍丸）
    1798 『蝦夷見聞記』［佐々木利和 1982「「蝦夷島奇観」について」秦檍麿（自筆）、佐々木利和、谷沢尚一（研究解説）、1982『蝦夷島奇観』東京、雄峰社、229-242］。
    1799 『蝦夷島奇観』（東京国立博物館蔵）［秦檍麿（自筆）、佐々木利和、谷沢尚一（研究解説）、1982『蝦夷島奇観』東京、雄峰社］。

服部四郎
    1964 『アイヌ語方言辞典』東京、岩波書店。

服部四郎、知里真志保
    1960 「アイヌ語方言の基礎語彙統計学的研究」『民族学研究』24(4)：307-342。

林善茂
    1964 「アイヌの農耕文化の起源」『民族学研究』29(3)：249-262。

平秩東作
    1784 『東遊記』［大友喜作（編）、1972『北門叢書（第2冊）』東京、国書刊行会］。

平沢屏山
    1800年代後半 『アイヌ狩猟図』（市立函館博物館蔵）
    1800年代後半（1857）
        『蝦夷風俗十二か月屏風』（市立函館博物館蔵）［高倉新一郎（編）、1973『アイヌ絵集成（図録巻）』東京、番町書房］。
    1900年前後 『熊祭図』（天理大学附属天理図書館蔵）［高倉新一郎（編）、1973『アイヌ絵集成（図録巻）』東京、番町書房］。

芳園
    1893 『熊祭り絵巻』（天理大学附属天理図書館蔵）［泉靖一（編）、1968『アイヌの世界』東京、鹿島出版会］。

北条玉洞
    1900年代前後 『熊祭の図』（天理大学附属天理図書館蔵）［泉靖一（編）、1968『アイヌの世界』東京、鹿島出版会］。

北海道ウタリ協会アイヌ史編集委員会（編）
 1989   「アイヌ史　資料編4」札幌：北海道出版企画センター。

伊福部宗夫
 1969   『沙流アイヌの熊祭』札幌、みやま書房。

Ikeya, K.（池谷和信）
 1997   Bear Rituals of the Matagi and the Ainu in Northeastern Japan. In *Circumpolar Animism and Shamanism.* Irimoto, T. and T. Yamada（eds.），Sapporo：Hokkaido University Press, pp.55-63.

犬飼哲夫
 1942   「天災に対するアイヌの態度（呪ひその他）」『北方文化研究報告』6：141-162。
 1950   「熊の生態」『熊の話』吉岡一郎（編）、札幌、観光社、34-63。
 1952   「北海道の鹿とその興亡」『北方文化研究報告』7：1-45。
 1969   「アイヌ犬と熊」『北方農業』20(1)：28-30。

犬飼哲夫、名取武光
 1939   「イオマンテ（アイヌの熊祭）の文化的意義と其の形式(1)」『北方文化研究報告』2：237-271。
 1940   「イオマンテ（アイヌの熊祭）の文化的意義と其の形式(2)」『北方文化研究報告』3：79-135。

煎本孝（Irimoto, T.）
 1981   *Chipewyan Ecology—Group Structure and Caribou Hunting System.* Senri Ethnological Studies No8. Osaka：National Museum of Ethnology.
 1983（2002） 『カナダ・インディアンの世界から』東京、福音館書店。
 1987a   「沙流川流域アイヌに関する歴史的資料の文化人類学的分析：C.1300－1867年」『北方文化研究』18：1-218。
 1987b   Cultural Anthropological Analysis of Dr. N. G. Munro's Ainu Material：A Short Report—Research in Britain, under a British Council Fellowship Grant（1987）.

1988a	「アイヌは如何にして熊を狩猟したか―狩猟の象徴的意味と行動戦略」『民族学研究』53(2): 125-154。
1988b	「沙流川流域アイヌの文化人類学的情報に関するデータベース」『北方文化研究』19: 1-96。
1990	「カナダの先住民」『カナダ研究入門』日本カナダ学会(編)、東京、日本カナダ学会、52-65。
1991	Economic, Social and Political Prospects of the Ainu. *International Conferene on the Indigenous Peoples in Rernote Regions: A Global Peuspective.* University of Victoria, Victoria, July3-5, 1991.
1992a	*Ainu Bibliography.* Sapporo: Hokkaido University.
1992b	Ainu Territoriality. *Bulletin of the Institute for the Study of North Eurasian Cultures, Hokkaido University* 21: 67-81.
1994a	Religion, Ecology, and Behavioral Strategy―A Comparison of Ainu and Northern Athapaskan. In *Circumpolar Religion and Ecology.* Irimoto,T. and T. Yamada (eds.), Tokyo: University of Tokyo Press, pp.317-340.
1994b	Anthropology of the North. In *Circumpolar Religion and Ecology.* Irimoto, T. and T. Yamada (eds.), Tokyo: University of Tokyo Press, pp.423-440.
1995a	「千島列島択捉島、北海道東海岸におけるアイヌ文化に関する一考察」『北方文化研究』22: 117-137。
1995b	「アイヌにシャマニズムはあるか―聖典、治療、演劇の象徴的意味」『民族学研究』60: 187-209。
1996a	Ainu Worldview and Bear Hunting Strategies. In *Shamanism and Northern Ecology.* Pentikainen, J (ed.), Berlin and New York: Mouton de Gruyter, pp.293-303.
1996b	『文化の自然誌』東京、東京大学出版会。
1997	Ainu Shamanism―Oral Tradition, Healing, and Dramas. In *Circumpolar Animism and Shamanism.* Yamada T. and T. Irimoto

	(eds.), Sapporo：Hokkaido University Press, pp.21-45.
1999	「アイヌ民族問題」『文化人類学講義』宮本勝、清水芳見（編）、東京、八千代出版会、190-203。
2000	Political Movement, Legal Reformation, and Transformation of Ainu Identity. In *Hunters and Gatherers in the Modern World*. Schweitzer, P. M. Biesele and R. Hitchcock (eds.), New York and Oxford：Berghahn Books, pp.206-222.
2001	「まりも祭りの創造―アイヌの帰属性と民族的共生」『民族学研究』66(3)：320-342。
2002a	『東北アジア諸民族の文化動態』札幌、北海道大学図書刊行会。
2002b	「モンゴル・シャマニズムの文化人類学的分析」『東北アジア諸民族の文化動態』煎本孝（編）、札幌、北海道大学図書刊行会、357-440。
2004a	Northern Studies in Japan. *Japanese Review of Cultural Anthropology* 5：55-89.
2004b	Anthropology of Ethnicity and Identity. In *Circumpolar Ethnicity and Identity*. Senri Ethnological Studies No.66. Irimoto, T. and T. Yamada (eds.), Osaka：National Museum of Ethnology, pp.401-409.
2004c	*The Eternal Cycle—Ecology, Worldview, and Ritual of Reindeer Herders of Northern Kamchatka*. Senri Ethnological Reports No.48. Osaka：National Museum of Ethnology.
2004d	「アイヌ文化における死の儀礼の復興―紛争解決、共生、行為主体」『北海道大学文学研究科紀要』113：31-64。
2007a	「日本における北方研究の再検討―自然誌‐自然と文化の人類学‐の視点から」*Anthropological Science*（*Japanese Series*）115：1-13。
2007b	「人類学的アプローチによる心の社会性」『集団生活の論理と実践』煎本孝、高橋伸幸、山岸俊男（編）、札幌、北海道大学出版会、3-33。

2007c	「北方研究の展開」『現代文化人類学の課題』煎本孝、山岸俊男（編）、京都、世界思想社、4-30。
2007d	「未来の民族性と帰属性」『北の民の人類学』煎本孝、山田孝子（編）、京都、京都大学学術出版会、317-329。
2007e	『トナカイ遊牧民、循環のフィロソフィー』東京、明石書店。
2007f	「アイヌ文化における死の儀礼の復興をめぐる葛藤と帰属性」『北の民の人類学』煎本孝、山田孝子（編）、京都、京都大学学術出版会、9-36。
2008a	Revival of the Ainu Bear Festival—Mind, Ethnic Symbiosis and Continuity of Traditional Culture. *International Conference on Continuity, Symbiosis, and Mind in Traditional Cultures of Modern Societies*. Hokkaido University, Sapporo, Nov. 1-2, 2008.
2008b	A Reappraisal of the Ainu Bear Festival. *International Symposium on Circumpolar Reappraisal*. Norwegian University of Science and Technology（NTNU）, Trondheim, Oct. 10-12, 2008.
2010a	「人類の進化と北方適応」『文化人類学』74(4)。
2010b	A Reappraisal of the Ainu Bear Festival. In *A Circumpolar Reappraisal*. Oxford: British Archaeological Reports.

煎本孝、山田孝子（編）（Irimoto,T. and T. Yamada（eds.））

1994	*Circumpolar Religion and Ecology*. Tokyo：University of Tokyo Press.
2004	*Circumpolar Ethnicity and Identity*. Senri Ethnological Studies No.66. Osaka：National Museum of Ethnology.
2007	『北の民の人類学』京都、京都大学学術出版会。

石田収蔵

1909	「樺太アイヌの熊送」『東京人類学会雑誌』24（274）：133-136。

石川元助

1958	「アイヌのトリカブト矢毒について─その微量化学的研究」『人類学雑誌』66：116-127。

1961　　　「アイヌが狩猟漁撈に使用した毒物について―その民族毒物学的研究」『人類学雑誌』69：141-153。
　　　1963　　　『毒矢の文化』東京、紀伊国屋書店。
岩川克輝
　　　1926　　　「牛皮消（いけま）根ノ有毒成分「チナンコ，トキシン」ノ実験的研究」『東京医学会雑誌』26(6)：359-383。
泉靖一
　　　1952/53　「沙流アイヌの地縁集団におけるIwor」『民族学研究』16(3/4)：213-229。
泉靖一（編）
　　　1968　　　『アイヌの世界』東京、鹿島出版会。
金子総平
　　　1989(orig.1937)　「南会津北魚沼地方に於ける熊狩雑記」『サンカとマタギ（日本民俗文化資料集成　第1巻）』谷川健一（編）、東京、三一書房、347-400。
加藤博文
　　　2007　　　「考古学文化とエスニシティ―極東ロシアにおける民族形成論再考」『北の民の人類学』煎本孝、山田孝子（編）、京都、京都大学学術出版会、287-316。
萱野茂
　　　1977　　　『炎の馬』東京、すずさわ書店。
　　　1978　　　『アイヌの民具』東京、アイヌの民具刊行運動委員会。
菊池俊彦
　　　1995　　　『北東アジア古代文化の研究』札幌、北海道大学図書刊行会。
木村英明
　　　1997　　　『シベリアの旧石器文化』札幌、北海道大学図書刊行会。
金田一京助
　　　1923　　　『アイヌ聖典』東京、世界文庫刊行会。
　　　1925　　　『アイヌの研究』東京、内外書房。
　　　1929　　　「熊祭の話」『民俗学』1：77-88。

　　　　1943　　　　　『アイヌの神典』東京、八洲書房。
北構保男
　　　　1983　　　　　『1643年アイヌ社会探訪記―フリース艦隊航海記録』東京、雄山閣。
河野広道
　　　　1931　　　　　「墓標の型式より見たるアイヌの諸系統」『蝦夷往来』4：101-121。
　　　　1932　　　　　「アイヌの一系統サルンクルに就いて」『人類学雑誌』47(4)：137-148。
　　　　1934　　　　　「アイヌとトーテム的遺風」『北大文芸』29：1-8。
　　　　1950　　　　　「熊祭」『熊の話』吉岡一郎（編）、札幌、観光社、64-85。
クレイノヴィチ，E.A.
　　　　1993（orig.1973）　『サハリン・アムール民族誌』桝本哲（訳）、東京、法政大学出版局。
久保寺逸彦
　　　　1936　　　　　「熊送り儀礼―イオマンテ」（国立民族学博物館公開映像）［映像、1936年3月27-30日、北海道沙流郡平取町二風谷］。
　　　　1956　　　　　「熊祭」『日本文化財』15：23-24。
　　　　1971　　　　　『アイヌの昔話』（昔話研究資料叢書）東京、三弥井書店。
　　　　1977　　　　　『アイヌ叙事詩―神謡・聖伝の研究』東京、岩波書店。
倉光秀明
　　　　1953　　　　　『上川アイヌ熊祭り』旭川、アイヌ祭祀研究会。
Lévi-Strauss, C.
　　　　1969（orig.1949）　The Elementary Structures of Kinship（orig. Les Structures élémentaires de la Parenté）. Boston：Beacon Press.
Lot-Falck, E.
　　　　1953　　　　　Les Rites de Chasse chez le Peoples Siberians. Paris：Gallimard.
間宮林蔵
　　　　1811　　　　　『北夷分界余話』［間宮林蔵（述）、村上貞助（編）、洞富雄、谷沢尚一（編注）、1988『東韃地方紀行』（東洋文庫484）東京、

平凡社、3-113〕。

Maraini, F.
 1942 Gli iku-bashui degli Ainu. Publicazioni Dell' Istituto Italiano di Cultura in Tokio. 1: 1-94.

松田傳十郎
 1821 『北夷談（第一）』〔大友喜作（編）、1972『北門叢書（第五冊）』東京、国書刊行会〕。

松前廣長
 1781 『松前志』〔大友喜作（編）、1972『北門叢書（第五冊）』東京、国書刊行会〕。

松宮観山
 1710 『蝦夷談筆記』（秦檍丸　文化5『東蝦夷地名考』）〔佐々木利和 1982「蝦夷島奇観」について〕秦檍磨（自筆）、佐々木利和、谷沢尚一（研究解説）、1982『蝦夷島奇観』東京、雄峰社、229-242〕。

松浦武四郎
 1858 『東西蝦夷山川地理取調日誌』〔高倉新一郎（校訂）、秋葉実（解説）、1985. 札幌、北海道出版企画センター〕。

三上次男
 1943 「北東アジアに於ける毒矢使用の慣習について」『民族学研究』1(3)：255-289。

三橋博、山岸喬
 1977 『北海道の薬草』札幌、北海タイムス社。

満岡伸一
 1924 『アイヌの足跡』白老、真正堂。

宮岡伯人
 1987 『エスキモー――極北の文化誌』東京、岩波書店。

最上徳内
 1790 『蝦夷草紙』〔大友喜作（編）、1972『北門叢書（第一冊)』東京、国書刊行会〕。

Moore, O. K.
 1965 Divination—A New Perspective. *American Anthropologist* 59：69-74.

Munro, N. G.
 c.1931 The Ainu Bear Ceremony [A Film advised by Dr. Neil G. Munro, ed. by Royal Anthropological Institute. London：Royal Anthropological Institute].
 1963 *Ainu—Creed and Cult*. New York：Columbia University Press.
 n.d. Munro's Ainu Material（Royal Anthropological Institute of Great Britain and Ireland）. Ms.（f：folder, n：number）

Nakai, T.
 1953 A New Classification of Lycoctonum and Aconitum in Korea, Japan and their surrounding Areas. *Bulletin of the National Science Museum* No.32.

難波恒雄
 1980 『原色和漢薬図巻（上）』東京、保育社。

名取武光
 1937 「花矢より見たるアイヌ民族―主としてアイヌの花矢の地方型」『日本人類学会日本民族学協会連合大学紀事』2：101-105。
 1941 「沙流アイヌの熊送りに於ける神々の由来とヌサ」『北方文化研究報告』4：35-112。
 1974 『アイヌと考古学（二）、名取武光著作集2』札幌、北海道出版企画センター。
 1984 「有翼酒箸の諸型式と地域性」『河野広道博士没後二十年記念論文集』河野広道博士没後二十年記念論文集刊行会（編）、札幌、北海道出版企画センター、143-167。
 1985 『アイヌの花矢と有翼酒箸』東京、六興出版。

名取武光、犬飼哲夫
 1934 「北大付属博物館所蔵アイヌ土俗品解説、1」『ドルメン』3(2)：31-39。

西川北洋
 1800 年代末 『アイヌ風俗絵巻』（函館市中央図書館蔵）［高倉新一郎（編）、1973『アイヌ絵集成（図録巻）』東京、番町書房］。

野村崇、宇田川洋（編）
 2004 『擦文・アイヌ文化』札幌、北海道新聞社。

大林太良
 1973 「コタンの生活と熊祭」『太陽』118：73-77。

大林太良、ハンス＝ヨアヒム　リュディガー・パプロート（H.-J. R. Paproth）
 1964 「樺太オロッコの熊祭」『民族学研究』29（3）：218-236。

小田原千代松
 1908 「樺太アイヌの熊祭」『東京人類学会雑誌』23（262）：146-147。

相賀徹夫（編）
 1985 『イヨマンテ―上川地方の熊送りの記録』東京、小学館。

太田雄治
 1979 『消えゆく山人の記録―マタギ（全）』東京、翠楊社。

大友喜作（編）
 1972 『北門叢書』東京、国書刊行会。

大内餘庵
 1861 『東蝦夷夜話（巻之下）』［大友喜作（編）、1972『北門叢書（第五冊）』東京、国書刊行会］。

Pilsudski, B.（ピウスツキ，ブロニスワフ）
 1909 Das Bärenfest der Ajnen auf Sachalin. *Globus* XCVI, Nr.3：37-41, Nr.4：53-60.

竜円斉小玉貞良
 1700 年代半ば（1756）
    『蝦夷国風図絵』（函館市中央図書館蔵）［高倉新一郎（編）、1973『アイヌ絵集成（図録巻）』東京、番町書房］。

坂倉源次郎
 1739 『北海随筆』［大友喜作（編）、1972『北門叢書（第二冊）』東京、国書刊行会］。

佐藤玄六郎
 1786   『蝦夷拾遺』［大友喜作（編）、1972『北門叢書（第一冊）』東京、国書刊行会）］。

佐藤直太郎
 1958   「釧路アイヌのイオマンデ」『市立釧路図書館叢書』4：1-110。
 1961   「釧路アイヌのイオマンデ」『釧路叢書』3（佐藤直太郎郷土研究論文集）：95-178。

更科源蔵
 1955   『熊祭』札幌、楡書房。

更科源蔵、更科光
 1976a (*orig.*1942)『コタン生物記(1)樹木・雑草篇』東京、法政大学出版局。
 1976b (*orig.*1942)『コタン生物記(2)野獣・海獣・魚族篇』東京、法政大学出版局。

佐藤今朝夫
 1979   『写真集アイヌ―二風谷のウトンムヌカラとイヨマンテ』萱野茂（文）、須藤功（写真）、東京、国書刊行会。

佐々木長左衛門（編）
 1926   『アイヌの熊狩と熊祭』旭川、佐々木豊栄堂。

佐々木利和
 1982   「「蝦夷島奇観」について」秦憶磨（自筆）『蝦夷島奇観』東京、雄峰社、229-242。

寒川恒夫
 1977   「イオマンテの地域差」『民族学研究』42(2)：188-199。

瀬川清子
 1952/53   「沙流アイヌ婦人の Upshor について」『民族学研究』16 (3/4)：62-70。
 1953   「Upshor-kut について」『日本人類学会日本民族学協会連合大会紀事』6：121-124。
 1972   『アイヌの婚姻』東京、未來社

関場不二彦
 1896   『あいぬ医事談』（東西書屋蔵版）札幌、北門活版所。

Spevakovsky, A.V.
 1994 Animal Cults and Ecology – Ainu and East Siberian Examples. In *Circumpolar Religion and Ecology*. Irimoto, T, and T. Yamada (eds.), Tokyo: University of Tokyo Press, pp. 103-108.

Sternberg, L.（シュテルンベルク，レオ）
 1905 Die Religion der Giljaken.（Aus dem russischen Manuskript üiber setzt von A. von Peters）, *Archiv für Religion swissenschaft*, Bd. VIII, S. 244-274.

杉浦健一
 1952/53 「沙流アイヌの親族組織」『民族学研究』16（3/4）: 3-28。
 1955 「アイヌの社会組織」『日本人類学会日本民族学協会連合大会紀事』8: 146-153。

高橋文太郎
 1989（orig. 1937）「秋田マタギ資料」『サンカとマタギ（日本民俗資料集成第1巻）』谷川健一（編）、東京、三一書房、295-346。

高倉新一郎（編）
 1973 『アイヌ絵集成』東京、番町書房。

武田　淳
 1977 「秋田マタギの熊猟とロコモーション」『人類学講座12 生態』渡辺仁（編）、東京、雄山閣、117-132。

田村すず子
 1996 『アイヌ語沙流方言辞典』東京、草風館。

宇田川洋
 1988 『アイヌ文化成立史』札幌、北海道出版企画センター。
 1989 『イオマンテの考古学』東京、東京大学出版会。

宇田川洋（編）
 2004 『クマとフクロウのイオマンテ―アイヌの民族考古学』東京、同成社。

和田文次郎
 1941   「矢毒考」『樺太時報』49：60-69。

和田完（訳）
 1966   「レオ　シュテルンベルク著　ギリヤークの宗教(I)」『北アジア民族学論集』2：25-41]。
 1998   「ブロニスワフ　ピウスツキ著　サハリン・アイヌの熊祭り」『小樽商科大学人文研究』96：11-41。

和田完（編）
 1999   『サハリン・アイヌの熊祭―ピウスツキの論文を中心に』東京、第一書房。

渡辺仁（Watanabe, H.）
 1952/53 「沙流アイヌにおける天然資源の利用」『民族学研究』16 (3/4)：255-266。
 1953   「アイヌに於ける弓」『日本人類学会日本民族学協会連合大会第6回紀事』129-132。
 1964a   The Ainu—A Study of Ecology and the System of Social Solidarity between Man and Nature in relation to Group Structure. *Journal of the Faculty of Science, University of Tokyo, Section V, Anthropology* 2 (6)：1-164. [reprint 1972 *The Ainu Ecosystem*. The American Ethnological Society Monograph 54]
 1964b   「アイヌの熊祭の社会的機能並びにその発展に関する生態的要因」『民族学研究』29(3)：206-217。
 1972   「アイヌ文化の成立―民族・歴史・考古諸学の合流点」『考古学雑誌』58(3)：47-64。
 1974   「アイヌ文化の源流―特にオホーツク文化との関係について」『考古学雑誌』60(1)：72-82。
 1994   The Animal Cult of Northern Hunter-Gatherers—Patterns and Their Ecological Implications. In *Circumpolar Religion and Ecology*. Irimoto, T. and T. Yamada (eds.), Tokyo：University of Tokyo Press, pp. 47-67.

山田孝子（Yamada, T.）
 1986   「アイヌの植物分類体系」『民族学研究』51(2)：141-167。
 1987   「アイヌの動物分類と世界観」『北方文化研究』18：219-258。
 1994（2009） 『アイヌの世界観』東京、講談社。
 1999   *An Anthropology of Animism and Shamanism*. Bibliotheca Shamanistica 8. Budapest：Akadémiai Kiadó.
 2001a *The World View of the Ainu*. London：Kegan Paul.
 2001b Gender and Cultural Revitalization Movements among the Ainu. In *Identity and Gender in Hunting and Gathering Societies*. Senri Ethnological Studies No.56. Keen, I. and T. Yamada (eds.), Osaka: National Museum of Ethnology, pp.237-257.
 2003   Anthropological Studies of the Ainu in Japan—Past and Present. *Japanese Review of Cultural Anthropology* 4：75-106.
 2009   『ラダック―西チベットにおける病いと治療の民族誌』京都、京都大学学術出版会。

Yamada,T. and T. Irimoto（eds.）
 1997   *Circumpolar Animism and Shamanism*. Sapporo：Hokkaido University Press.

米村喜男衛
 1952   「アイヌの熊祭」『網走市立博物館叢書』3：1-45。

吉田巌
 1912a 「アイヌのト筮禁厭」『人類学雑誌』28(6)：314-328。
 1912b 「夢に関するアイヌの説話」『人類学雑誌』28(7)：394-403。

財団法人アイヌ民族博物館
 2003   『伝承事業報告書2　イヨマンテ―日川善次郎翁の伝承による』白老、財団法人アイヌ民族博物館。

作者不詳
 1791   『東蝦夷地道中記』（北海道立文書館蔵）
 1800年代前半 『蝦夷風俗図』（北海道大学附属図書館蔵）
 1809   『東蝦夷地各場所大概書』（北海道立文書館蔵）

1800年代後半	『神に御神酒を捧げる男』（苫小牧市立図書館蔵）［泉靖一（編）、1968『アイヌの世界』東京、鹿島出版社］。
1860年以後	『北海道風俗一斑』（北海道大学附属図書館蔵）［泉靖一（編）、1968『アイヌの世界』東京、鹿島出版社）］。

≪著者紹介≫

煎本　孝（いりもと　たかし）

1947年生まれ。東京大学大学院理学系研究科修了。カナダ、サイモン・フレーザー大学大学院にて人類学・社会学を修める。Ph.D.（哲学博士）。
国立民族学博物館を経て、現在、北海道大学大学院文学研究科教授。
1970年以来、日本各地、カナダ、チベット、インド、パキスタン、中国、モンゴル、ロシアなどにおいて、調査・研究に従事。文化人類学・生態人類学・自然誌専攻。

主要著書・論文
1983　（2002）『カナダ・インディアンの世界から』（福音館書店）
1987　「沙流川流域アイヌに関する歴史的資料の文化人類学的分析：C.1300-1867年」『北方文化研究』18号（第16回金田一京助博士記念賞）
1992　*Ainu Bibliography*. Hokkaido University.
1996　『文化の自然誌』（東京大学出版会）
2002　（編）『東北アジア諸民族の文化動態』（北海道大学図書刊行会）
2007　（共編）『北の民の人類学』（京都大学学術出版会）
2007　『トナカイ遊牧民、循環のフィロソフィー』（明石書店）
2007　（共編）『集団生活の論理と実践』（北海道大学出版会）
2007　（共編）『現代文化人類学の課題』（世界思想社）

2010年3月25日発行　　　　　　　　　　　　　　《検印省略》

アイヌの熊祭り

著　者	煎本　孝
発行者	宮田哲男
発行所	株式会社 雄山閣
	〒102-0071　東京都千代田区富士見2-6-9
	TEL 03-3262-3231㈹ ／FAX 03-3262-6938
	URL http://www.yuzankaku.co.jp
	E-mail info@yuzankaku.co.jp
印　刷	日本制作センター
製　本	協栄製本 株式会社

ⓒ 2010　Irimoto, Takashi
Printed in Japan 2010
ISBN 978-4-639-02131-5　C3021